THOMAS HEIDINGSFELDER

Der umgekehrte Subsumtionsirrtum

Strafrechtliche Abhandlungen · Neue Folge

Herausgegeben von Dr. Eberhard Schmidhäuser
em. ord. Professor der Rechte an der Universität Hamburg

und Dr. Friedrich-Christian Schroeder
ord. Professor der Rechte an der Universität Regensburg

in Zusammenarbeit mit den Strafrechtslehrern der deutschen Universitäten

Band 73

Der umgekehrte Subsumtionsirrtum

Von

Thomas Heidingsfelder

Duncker & Humblot · Berlin

Zur Aufnahme in die Reihe empfohlen von
Prof. Dr. Claus Roxin, München

Die Deutsche Bibliothek – CIP-Einheitsaufnahme

Heidingsfelder, Thomas:
Der umgekehrte Subsumtionsirrtum / von Thomas Heidingsfelder. – Berlin: Duncker und Humblot, 1991
(Strafrechtliche Abhandlungen ; N. F., Bd. 73)
Zugl.: München, Univ., Diss., 1990
ISBN 3-428-07247-2
NE: GT

Satz: Hagedornsatz, Berlin 46
Druck: Berliner Buchdruckerei Union GmbH, Berlin 61
Printed in Germany

ISSN 0720-7271
ISBN 3-428-07247-2

Für meine Eltern

Vorwort

Die Arbeit wurde im Sommersemester 1990 von der Juristischen Fakultät der Ludwig-Maximilians-Universität München als Dissertation angenommen. Das Manuskript habe ich im Februar 1990 abgeschlossen.

Zu besonders herzlichem Dank verpflichtet bin ich meinem verehrten Lehrer, Herrn Professor Dr. Claus Roxin, der für mich jederzeit ansprechbar war und den Fortgang der Arbeit in vorbildlicher Weise gefördert hat. Mein Dank gilt auch dem Zweitgutachter, Herrn Professor Dr. Lothar Philipps, und Herrn Professor Dr. Friedrich-Christian Schroeder für die Aufnahme meiner Dissertation in die Schriftenreihe.

Dieses Buch widme ich meinen Eltern Anton und Marianne Heidingsfelder als Dank für alles, was sie auf dem langen Weg der Ausbildung für mich getan haben.

Kranzberg, im Februar 1991 *Thomas Heidingsfelder*

Inhaltsverzeichnis

2. Kapitel
Der Gegenstand des Vorsatzes

3. Kapitel
Die Rechtsprechung

5. Kapitel

Die weiteren Kategorien der Abgrenzung

Einführung

„Nun kenne ich auf dem ganzen Gebiete der Rechtswissenschaft, soweit ich es übersehe, keine Lehre, die in ihrer Reinheit einfacher, einleuchtender, fast möchte ich sagen ästhetisch befriedigender wäre als die Lehre vom Irrtum bei der deliktischen Handlung. (...) Ich kenne aber auch keine, auf deren Verderb die Jahrhunderte ein solches Maass krankhafter geistiger Energie verwendet haben."[1]

Dieses vernichtende Urteil Bindings, des ersten Begründers einer umfassenden Lehre vom umgekehrten Irrtum[2], kann für das 20. Jahrhundert keinen Anspruch auf Fortschreibung erheben. Auf die Thematik der Irrtumsprobleme ist „wie kaum auf eine andere ein erstaunliches Maß an scharfsinniger, differenzierender Gedankenarbeit gewendet worden"[3]. In fruchtbarem geistigen Austausch konnten Gesetzgebung, Rechtsprechung und Rechtswissenschaft eine Vielzahl offener Irrtumsprobleme einer dauerhaften und in ihren Ergebnissen befriedigenden Lösung zuführen und damit auch dem Ringen um Erkenntnis die Schärfe der Auseinandersetzung nehmen, wie sie noch in der Äußerung Bindings zum Ausdruck kommt. Schon in den frühen sechziger Jahren wurden deshalb Stimmen laut, die die Irrtumsprobleme für ausdiskutiert hielten und das Erstarren der Diskussionsfronten beklagten[4]. Beides trifft sicherlich für weite Bereiche der Irrtumsproblematik zu, wobei aber nicht verkannt werden sollte, daß sich gerade in letzter Zeit wieder bedeutende Monographien[5] mit dieser Thematik auseinandergesetzt haben und dabei teilweise völlig neuen Wegen das Wort reden.

Zu den Teilbereichen der strafrechtlichen Irrtumslehre, bei denen es bisher noch nicht gelungen ist, einen allgemein anerkannten Konsens zu erzielen und die deshalb eigentlich auch nie aus der wissenschaftlichen Diskussion verschwunden sind, gehört die rechtliche Behandlung des umgekehrten Subsumtionsirrtums mit der damit unmittelbar zusammenhängenden Abgrenzungspro-

---

[1] Binding, Die Normen III, S. 7f.

[2] Vergleiche auch Thomsen, S. 137ff. mit seiner Differenzierung zwischen dem „wegtäuschenden Irrtum" als der Nichtkenntnis von etwas Vorhandenem und dem „vortäuschenden Irrtum" als der irrigen Annahme von etwas Nichtvorhandenem.

[3] Dreher, FS-Heinitz (1972), S. 207.

[4] Roxin, MschrKrim 1961, 211; Arthur Kaufmann, ZStW 76 (1964), 543.

[5] Schlüchter, Irrtum über normative Tatbestandsmerkmale im Strafrecht, 1983; Kuhlen, Die Unterscheidung von vorsatzausschließendem und nichtvorsatzausschließendem Irrtum, 1987.

blematik zwischen strafbarem untauglichen Versuch und straflosem Wahndelikt. Schon allein eine Auswahl derjenigen Stimmen[6] in der Rechtswissenschaft, die sich zu dieser Thematik mit zum Teil höchst kontroversen Lösungsvorschlägen seit 1980 zu Wort gemeldet haben, läßt erahnen, welches Maß an „scharfsinniger, differenzierter Gedankenarbeit" im Sinne Drehers gegenwärtig dafür eingesetzt wird, um auch diese Problematik einer von breiter Basis getragenen Lösung zuzuführen. Zugleich machen die oft diametral entgegengesetzten Ergebnisse, zu denen die verschiedenen Vorschläge in der konkreten Fallanwendung führen, aber auch deutlich, wie weit man noch von diesem Ziel entfernt ist.

Dieser Befund in einer so elementaren strafrechtlichen Frage am Schnittpunkt von Strafbarkeit und Straflosigkeit läßt es geboten erscheinen, den derzeitigen Erkenntnisstand in seiner Vielfalt der Meinungen zu veranschaulichen und auf der Grundlage dieses Wissens einen Beitrag zu leisten, der das Problem, wie der umgekehrte Subsumtionsirrtum zu bestimmen ist, einer konsensfähigen Lösung näher bringt.

---

[6] Haft, JuS 1980, 588ff. (590ff.); ders. JA 1981, 281ff.; ders., Strafrecht Allgemeiner Teil, 1987, S. 266ff.; Herzberg, JuS 1980, 469ff.; Eser, Studienkurs Bd. II, 1980, S. 135ff.; Kühl, JuS 1981, 193; Peter Backes, Zur Problematik der Abgrenzung von Tatbestands- und Verbotsirrtum im Steuerstrafrecht, 1981, S. 111ff.; Burkhardt, JZ 1981, 681ff.; ders., wistra 1982, 178ff.; Stree, JR 1981, 297ff.; Dencker, NStZ 1982, 458ff. (459); Arthur Kaufmann, Die Parallelwertung in der Laiensphäre, 1982, S. 21 Fn. 68; Jakobs, Strafrecht Allgemeiner Teil, 1983, S. 595ff.; Schlüchter, Irrtum über normative Tatbestandsmerkmale, 1983, S. 145ff.; dies., wistra 1985, 94f.; dies., JuS 1985, 527ff.; Armin Kaufmann, FS-Klug, 1983, S. 277ff. (289); Samson, in: Kohlmann, Strafverfolgung und Strafverteidigung im Steuerstrafrecht, 1983, S. 99ff. (109ff.); Blei, Strafrecht I, Allgemeiner Teil, 1983, S. 220f.; Tischler, Verbotsirrtum und Irrtum über normative Tatbestandsmerkmale, 1984, S. 264ff., 329ff.; Maiwald, Unrechtskenntnis und Vorsatz im Steuerstrafrecht, 1984, S. 29f.; Maurach/Gössel/Zipf, Strafrecht, Allgemeiner Teil, Teilband II, 1989, S. 44ff.; Roxin, ESJ Strafrecht, Allgemeiner Teil, 1984, S. 171f.; Otto NJW 1984, 2685f.; ders., Allgemeine Strafrechtlehre, 1988, S. 281ff.; LK-Vogler, 1984, § 22 Rdnrn. 133ff.; Nierwetberg, Jura 1985, 238ff.; Baumann/Weber, Strafrecht Allgemeiner Teil, 1985, S. 483ff.; Reiß, wistra 1986, 193ff.; Schünemann, GA 1986, 293ff. (312ff.); Dobslaff, GA 1987, 1ff. (25f.); Wessels, Strafrecht, Allgemeiner Teil, 1987, S. 179ff.; Puppe, FS-Lackner, 1987, S. 199ff.; Kuhlen, Die Unterscheidung von vorsatzausschließendem und nichtvorsatzausschließendem Irrtum, 1987, insb. S. 558ff.; Bockelmann/Volk, Strafrecht, Allgemeiner Teil, S. 211; Hruschka, Strafrecht nach logisch-analytischer Methode, 1988, S. 242ff.; SK-Samson, 1988, § 22 Rdnrn. 30ff.; S/S-Eser, 1988, § 22 Rdnrn. 78ff.; Jescheck, Lehrbuch des Strafrechts, 1988, S. 480f.; Lackner, 1989, § 22 Anm. 2c).

1. Kapitel

Grundlegung

A. Begriffsbestimmung

Unter einem Irrtum des Täters ist eine Fehlvorstellung zu verstehen, bei der die objektive Wirklichkeit und die Vorstellungen, die sich der Täter von ihr macht, nicht übereinstimmen[1].

Der Irrtum kann verschiedene Bezugsobjekte haben (Tatbestand, Schuldvoraussetzungen, Entschuldigungsgründe, persönliche Strafausschließungsgründe etc.)[2]. Diese Bezugspunkte bestimmen die rechtliche Behandlung der Fehlvorstellungen. Auf ihrer Grundlage hat sich daher eine umfangreiche Irrtumssystematik aufgebaut.

Der Begriff des Subsumtionsirrtums hat sich zwar allgemein eingebürgert, umschreibt aber nur sehr ungenau Gegenstand und Bedeutung der ihm zugrundeliegenden Fehlvorstellung, wie sich anhand einer operationalen Aufbereitung des Subsumtionsvorganges deutlich machen läßt.

I. Der Subsumtionsvorgang

Bei der juristischen Subsumtion handelt es sich um einen syllogistischen Schluß[3], mit Hilfe dessen ein konkreter Geschehensablauf unter den abstrakten Tatbestand einer Norm gefaßt wird[4].

Damit dies möglich ist, muß man sich zunächst darüber Klarheit verschaffen, welchen Aussageinhalt die jeweilige Rechtsnorm hat. Dieser erschließt sich dem Rechtsanwender nicht uno actu, sondern schrittweise mit Hilfe der Definitionen der einzelnen Tatbestandsmerkmale. Die Definition umschreibt, welche Eigenschaften ein Tatumstand aufweisen muß, um unter das jeweilige Tatbestands-

---

[1] Nachweise zu den unterschiedlichen Formulierungen im Detail finden sich bei Tischler, S. 17 Fn. 28.

[2] Vergleiche den Überblick bei S/S-Cramer, § 16 Rdnrn. 8ff., 14ff., 26ff., 29ff.

[3] Illustrativ zur „Gewinnung konkreter juristischer Urteile aus dem Rechtssatz" Engisch, Einführung, S. 43ff.; ders., Logische Studien, insb. S. 6ff.; Zippelius, Methodenlehre, S. 89ff.; Haft, Juristische Rethorik, S. 75ff., 153ff.; Larenz, Methodenlehre, S. 260ff.

[4] Die nachfolgende Darstellung vereinfacht stark. Ausführliche, auch die Schwachpunkte der Subsumtion herausarbeitende Darstellungen des Subsumtionsvorganges finden sich bei den in der vorhergehenden Fußnote genannten Autoren.

merkmal zu fallen. Sie bildet im Rahmen des syllogistischen Schlusses den sog. Obersatz.

In einem zweiten Schritt wird sodann untersucht, ob der jeweilige Tatumstand tatsächlich die geforderten Eigenschaften besitzt. Die daraus ableitbare Beschreibung eines bestimmten Sachverhaltselements bildet den sog. Untersatz.

In einem dritten Akt folgt sodann der syllogistische Schluß: Findet das Tatbestandsmerkmal im jeweiligen Geschehenselement seine Entsprechung, wird dieser Sachverhaltsausschnitt unter das Tatbestandsmerkmal eingeordnet, indem der Tatumstand mit dem Begriff des Tatbestandsmerkmals benannt wird.

Dieser Vorgang wiederholt sich bei allen Tatbestandsmerkmalen der Rechtsnorm. Läßt sich allen Tatbestandsmerkmalen ein entsprechendes Sachverhaltselement zuordnen, ist der objektive Tatbestand der Norm erfüllt.

II. Die Person des Irrenden

Obwohl die Terminologie auf eine spezifisch juristische Tätigkeit verweist, wird mit dem Begriff „Subsumtionsirrtum“ nicht auf einen — wie auch immer gearteten — Fehler des subsumierenden Juristen abgestellt, der das Geschehen als unbeteiligter Dritter rechtlich zu beurteilen hat. Der Irrtum unterläuft vielmehr, wie immer in der strafrechtlichen Irrtumsdogmatik, dem unmittelbar Tatbeteiligten, dessen Strafbarkeit untersucht wird. Dabei sei schon an dieser Stelle darauf hingewiesen, daß es für eine Bestrafung auch wegen eines Vorsatzdelikts unstreitig nicht erforderlich ist, daß der Täter eine exakte juristische Subsumtion im oben beschriebenen Sinn vornimmt.

III. Der Gegenstand des Subsumtionsirrtums

Der komplexe Vorgang der Subsumtion, wie er oben beschrieben wurde, bietet mindestens zwei Ansatzpunkte für den Gegenstand eines möglichen Irrtums: In Betracht kommt sowohl ein Irrtum über den Aussageinhalt der Subsumtionsnorm, als auch ein Irrtum über den zu beurteilenden Lebenssachverhalt. Für letzteren hat sich jedoch allgemein der Begriff des Tatbestandsirrtums eingebürgert, der in § 16 StGB seine Kodifizierung gefunden hat. Treffender wäre es, in diesen Fällen von einem Tatumstandsirrtum zu sprechen[5], irrt sich der Täter doch gerade nicht über den Tatbestand der Norm, sondern über Tatumstände, d.h. über den Sachverhalt, der zu subsumieren ist.

Unter einem Subsumtionsirrtum wird dagegen überwiegend[6] eine Fehlvorstellung über den Tatbestand der Strafrechtsnorm verstanden, unter die der

[5] So Hardwig, GA 1956, 369ff. (370f., 376); Baumann/Weber, S. 406ff.; Burkhardt, JZ 1981, 681ff. (683); Tischler, S. 18.

[6] S/S-Cramer, § 15 Rdnr. 45 m.w.N.; Jescheck, S. 282 m.w.N.; SK-Rudolphi, § 16 Rdnr. 23 m.w.N.; LK-Schroeder, § 16 Rdnrn. 41ff.; Dreher/Tröndle, § 16 Rdnr. 11;

Sachverhalt zu subsumieren ist, also eine Konstellation, die eigentlich zutreffend mit dem Begriff Tatbestandsirrtum umschrieben wird. Der Täter legt in voller Kenntnis des Sachverhalts[7] ein Tatbestandsmerkmal unrichtig aus.

Trotzdem soll hier an den Begriffen „Tatbestandsirrtum“ und „Subsumtionsirrtum“ nach herkömmlichem Verständnis festgehalten werden, da sie sich überwiegend durchgesetzt haben und eine vertraute Terminologie nicht ohne Not aufgegeben werden sollte[8].

IV. Die Erscheinungsformen des Subsumtionsirrtums

1. Der Subsumtionsirrtum

Schlicht von einem Subsumtionsirrtum wird gesprochen, wenn der Täter den Normbereich zu eng faßt, d. h. wenn ein objektiv tatbestandsmäßiges Geschehen von ihm nicht als solches erkannt und infolgedessen auch nicht mit den Begriffen des jeweiligen Tatbestandsmerkmales benannt wird. Es handelt sich insoweit also um einen Irrtum zugunsten des Täters.

2. Der umgekehrte Subsumtionsirrtum

Daneben gibt es, wie bei allen strafrechtlichen Irrtumsarten, auch einen sog. umgekehrten Irrtum zu Ungunsten des Täters. Der Täter stellt sich eine Rechts- oder Sachlage vor, die für ihn ungünstiger ist als die tatsächlich vorhandene. Während sich der Täter in einem sog. umgekehrten Tatbestandsirrtum befindet, wenn er irrig einen nicht vorliegenden Tatumstand annimmt, der den objektiven Tatbestand ausfüllt, befindet er sich in einem sog. umgekehrten Subsumtionsirrtum, wenn er den Normbereich einer Vorschrift überdehnt und ein Geschehen, das nicht alle Eigenschaften aufweist, die der Tatbestand kumulativ beschreibt, unter die Norm einordnet. So unterliegt etwa einem umgekehrten Subsumtionsirrtum, wer glaubt, durch das Aufbrechen und Eindringen in einen PKW einen Hausfriedensbruch zu begehen, weil es sich um einen abgeschlossenen Raum handele, welcher „zum Verkehr bestimmt“[9] sei.

Warda, Jura 1979, 71ff. (82); Nierwetberg, Jura 1985, 238ff.; mißverständlich Baumann/Weber, S. 485, die von einem „umgekehrten Subsumtionsirrtum“ sprechen, wenn der Täter „nicht über die Existenz einer Norm, sondern über *Tatumstände* einer existenten Norm irrt“. Der inhaltliche Zusammenhang zeigt allerdings, daß Baumann und Weber mit dem Begriff „Tatumstände“ die Tatbestandsmerkmale einer Strafnorm meinen.

[7] Und in Kenntnis der Bedeutung der in Frage stehenden Tatumstände, vergleiche zur sog. Parallelwertung in der Laiensphäre unten D.

[8] Roxin, FS-Bockelmann (1979), S. 279ff. (303).

[9] Vergleiche den Wortlaut des § 123 I StGB.

B. Gegenstand der Untersuchung

I. Beschränkung der Untersuchung auf die Tatbestandsebene

Die fälschliche Ausdehnung des Anwendungsbereiches einer Norm auf von ihr nicht erfaßte Sachverhalte kann, im Hinblick auf die Systematik des Verbrechensaufbaus, sowohl auf der Ebene der Tatbestandsmäßigkeit als auch — als Irrtum zugunsten des Täters — auf den Ebenen der Rechtswidrigkeit (z. B. Überdehnung des Anwendungsbereichs eines Rechtfertigungsgrundes, sog. indirekter Verbotsirrtum) und der Schuld (z. B. Überdehnung des Anwendungsbereichs eines Entschuldigungsgrundes) erfolgen. In der Irrtumslehre wird mit dem Begriff des umgekehrten Subsumtionsirrtums nur eine entsprechende Fehlvorstellung auf der Ebene des Tatbestandes bezeichnet. Auch die nachfolgende Untersuchung beschränkt sich auf diesen Bereich.

II. Das der Untersuchung zugrundeliegende Tatbestandsverständnis

1. Der Unrechtstatbestand

Aus der Untersuchung ausgespart wird die der Klärung irrtumsrechtlicher Probleme logisch vorausgehende Frage, aus welchen Elementen sich der Tatbestand eines Deliktes zusammensetzt. Insoweit wird mit der herrschenden Auffassung[1] von einem Unrechtstatbestand ausgegangen, der als Systembegriff der Verbrechenslehre und als Wertungsstufe im Deliktsaufbau lediglich die Merkmale enthält, die den spezifischen Unrechtsgehalt der betreffenden Deliktsart konstituieren. Insbesondere wird darauf verzichtet, entsprechend der — logisch allerdings kaum widerlegbaren — Lehre von den negativen Tatbestandselementen die außerhalb des Deliktstypus liegenden Rechtfertigungsgründe als negative Tatbestandselemente zu behandeln. Der objektive Unrechtstatbestand umfaßt danach alle Merkmale der Strafbestimmung, die das strafrechtserhebliche Unrecht begründen, erhöhen oder vermindern. Es handelt sich um die genaue Beschreibung des mißbilligten Verhaltens, die die tatbe-

[1] Gallas, ZStW 67 (1955), 1 ff. (16 ff.); Maurach-Zipf, AT Teil 1, S. 265 ff.; Wessels, Allgemeiner Teil, § 5 II; S/S-Lenckner Vorbem. §§ 13 ff. Rdnrn. 45 ff.; Jescheck, S. 221.

Die eigentliche Lehre vom Tatbestand ist durch Beling (Lehre vom Verbrechen) 1906 begründet worden. Der Tatbestand Belingscher Prägung war allerdings wertfrei, d. h. rein beschreibender Natur und „rein von allen Rechtswidrigkeitsmomenten" (S. 145). Im Tatbestand lag nach Beling, im Gegensatz zum Unrechtstatbestand in der heutigen Fassung, kein (vorläufiges) gesetzgeberisches Unwerturteil über das beschriebene Geschehen. Der Tatbestand war nur Gegenstand der Wertung, enthielt selbst aber keine Wertung. Den Umschwung leitete 1915 Max Ernst Mayer ein mit seiner „Entdeckung" der normativen Tatbestandselemente als „echte Elemente der Rechtswidrigkeit" (Lehrbuch, S. 185). Schon 1926 konnte Mezger (FS-Traeger, 1926, S. 187 ff., 195) feststellen: „Der Tatbestand ist das Urteil darüber, daß die ihm unterfallende Handlung bis auf weiteres unrecht ist." Zur weiteren Entwicklung Roxin, Offene Tatbestände, S. 42 ff., Engisch, FS-Mezger (1954), S. 127 ff. (129 ff.).

standsmäßigen Verhaltensweisen von strafrechtlich irrelevanten „tatbestandslosen" Handlungen trennt.

2. *Die Lehre von den Rechtspflichtmerkmalen*

Auch auf die — zwischenzeitlich weitgehend[2] abgeschlossene — Diskussion über die Lehre von den sog. „Rechtspflichtmerkmalen"[3], die als spezielle Rechtspflichtmerkmale Rechtsbegriffe wie „zuständig" i.S.d. §§ 153ff. StGB, „Amtsträger" (vgl. § 11 I Nr. 2 StGB) und die „Rechtmäßigkeit der Amtsausübung" in §§ 113, 117 StGB vom Tatbestand und den darauf anzuwendenden Irrtumsregeln ausnehmen und als Bestandteile der Rechtswidrigkeit behandeln wollte, wird nicht näher eingegangen. Letztlich scheitert diese Lehre an § 16 I 1 StGB, nach dem sich der Vorsatz auf alle Tatbestandsmerkmale zu beziehen hat.

3. *Die Lehre von den gesamttatbewertenden Merkmalen*

Ebenso unerörtert bleibt die allerdings immer noch aktuelle[4] Frage einer Einstufung bestimmter, herkömmlicherweise als Tatbestandsmerkmale behandelter Merkmale als sog. „gesamttatbewertende Merkmale", die teils zum Tatbestand, teils zur Rechtswidrigkeit gehören. Zu diesen „rechtswidrigkeitsumschließenden Merkmalen"[5] zählt Roxin viele der von Welzel als Rechtspflichtmerkmale bezeichneten Merkmale, wie die Rechtmäßigkeit der Amtsausübung in §§ 113, 117 StGB[6], die Zuständigkeit der Behörde oder einer Stelle in §§ 153ff. StGB[7], aber auch mehrere von Welzel nicht berücksichtigte Merkmale, wie die Rechtswidrigkeit der beabsichtigten Zueignung bzw. des erstrebten Vermögensvorteils in §§ 242, 253, 263 StGB[8], den Steueranspruch in § 396 AbgO, jetzt § 370 AO[9], oder die Verletzung fremden Jagdrechts in § 292 StGB[10].

---

[2] Als Verfechter der Lehre von den Rechtspflichtmerkmalen weiterhin literarisch aktiv ist vor allem Armin Kaufmann, vergleiche etwa seinen Beitrag „Rechtspflichtbegründung und Tatbestandseinschränkung" in der Festschrift für Klug, (1983), S. 277ff.; für eine Rückbesinnung auf die Lehre von den Rechtspflichtmerkmalen auch Baumann, FS-Welzel (1974), S. 533ff. (542); vergleiche dazu Blei, JA 1977, 582ff. (583f.).

[3] Welzel, JZ 1952, 19f., 133ff., 208f.; ders., JZ 1953, 119ff.; ders., ZStW 67 (1955), S. 196ff. (224ff.); auf Welzel aufbauend Armin Kaufmann, Lebendiges und Totes, S. 98ff.; zur Kritik grundlegend Roxin, Offene Tatbestände, S. 53ff.

[4] Die von Roxin in seiner Dissertation „Offene Tatbestände und Rechtspflichtmerkmale" begründete Lehre hat in der Literatur zahlreiche Anhänger gefunden: Schaffstein, FS-OLG Celle (1961), S. 175ff. (189ff.); Krümpelmann, GA 1968, 120ff. (138); Herdegen, S. 195ff. (200f.); Jescheck, S. 223; weitere Nachweise bei Tischler, S. 242 Fn. 249.

[5] Roxin, Offene Tatbestände, S. 76.

[6] Roxin, Offene Tatbestände. S. 76ff.

[7] Roxin, Offene Tatbestände, S. 80.

[8] Roxin, Offene Tatbestände, S. 85.

[9] Roxin, Offene Tatbestände, S. 85.

[10] Roxin, Offene Tatbestände, S. 85.

4. Die Strafbarkeit des untauglichen Subjekts

Nicht eingegangen wird schließlich auch auf den Streit um die Strafbarkeit des Versuches eines untauglichen Subjekts. Bekanntlich folgert die wohl herrschende Meinung[11] aus der Einordnung der Täterqualifikation beim echten Sonderdelikt als „normales" Tatbestandsmerkmal die Strafbarkeit des in einem umgekehrten Tatbestandsirrtum befangenen untauglichen Täters, während eine starke Gegenmeinung[12] diese Fälle als Wahndelikt behandelt und aus einer „katagorialen Besonderheit"[13] der Sonderdeliktsmerkmale die Straflosigkeit herleitet. Die in der vorliegenden Untersuchung gewonnenen Ergebnisse sind daher auf den Versuch des untauglichen Subjekts nur insoweit anwendbar, als man sich mit der herrschenden Meinung für die Behandlung der besonderen Täterqualität als gewöhnliches Tatbestandsmerkmal entscheidet.

C. Die rechtliche Bedeutung des umgekehrten Subsumtionsirrtums

Durch die strafrechtlichen Deliktstatbestände werden Handlungspflichten (Gebote oder Verbote) begründet bzw. aus anderen Rechtsgebieten übernommen und mit einer Strafandrohung versehen, um damit präventiv bestimmte Rechtsgüter zu schützen. Unter dem Schutz des Strafrechts stehen also nicht bestimmte Rechtsgüter als solche und schlechthin, sondern nur im Hinblick auf genau umschriebene Verhaltensweisen. Aus diesem Umstand resultiert die sog. Garantiefunktion des gesetzlichen Tatbestandes. Nach Art. 103 II GG, § 1 StGB kann eine Tat nur bestraft werden, wenn die Strafbarkeit gesetzlich bestimmt war, bevor die Tat begangen wurde. Die staatliche Strafgewalt findet damit ihre Grenze am Gesetzlichkeitsprinzip. Nur ein geschriebenes Gesetz kann die Strafbarkeit einer Handlung begründen und eine Strafe als Rechtsfolge androhen (nullum crimen, nulla poena sine lege). Eine tatbestandslose Handlung scheidet unbeschadet außerstrafrechtlicher Rechtsfolgen für die strafrechtliche Beurteilung aus.

---

[11] Bruns, Der untaugliche Täter im Strafrecht, S. 16ff.; ders., GA 1979, 161ff. (183ff.); Lauenstein, S. 122f.; Jescheck, S. 482f.; S/S-Eser, § 22 Rdnr. 76; Dreher/Tröndle, § 22 Rdnr. 28; SK-Rudolphi, § 22 Rdnr. 28; Lackner, § 22 Anm. 2b bb; Wessels, Allgemeiner Teil, § 14 III 2; Maurach/Gössel/Zipf, Strafrecht, Allgemeiner Teil, Teilband 2, § 40 IV D 5; Blei, Allgemeiner Teil, S. 231f.; Eser, Strafrecht II, S. 141; Kühl, JuS 1981, 193ff. (194).

[12] Langer, S. 498; Hardwig, GA 1957, 170ff. (175f.); Welzel, S. 194f.; Stratenwerth, Allgemeiner Teil I, Rdr. 699; ausführlich ders., FS-Bruns (1978), S. 59ff.; Jakobs, S. 597; Foth, JR 1965, 366ff. (371); Salm, S. 101; Armin Kauffman, FS-Klug (1983), S. 277ff. (286); Roxin/Schünemann/Haffke, S. 376; Otto, Grundkurs Strafrecht, S. 284; im Ergebnis ebenso vom Standpunkt der objektiven Versuchstheorie Dicke, JuS 1968, 157ff. (158f.).

Differenzierend Stöger, S. 68ff.; LK-Vogler, § 22 Rdnrn. 157ff.; Schünemann, GA 1986, 293ff. (318f.).

[13] Schünemann, GA 1986, 293ff. (318).

Hält man sich die obigen Ausführungen vor Augen, so machen sie gleichzeitig die Bedeutung einer exakten Bestimmung des umgekehrten Subsumtionsirrtums deutlich. Der Täter, der in seiner Vorstellung eine Rechtsnorm überdehnt und gegen diese Bestimmung nur in ihrer überdehnten Form verstößt, mißachtet nicht geschriebenes Recht, sondern ein imaginäres, nur in seiner Einbildung existierendes Verhaltensgebot oder -verbot. Er begeht lediglich ein Wahndelikt. Seiner Bestrafung steht der Grundsatz „nulla poena sine lege" entgegen.

Die Sachlage unterscheidet sich damit grundlegend von einem umgekehrten Tatbestandsirrtum, bei dem zwar die aus der Verhaltensanweisung erwachsenden Ge- und Verbote zutreffend erfaßt werden, der Täter aber sein Handeln falsch einschätzt und irrtümlich glaubt, dieses verstoße gegen die strafrechtliche Verhaltensanweisung. Im letzteren Fall liegt ein — wenn auch untauglicher — Versuch eines normierten Delikts vor, der, soweit der Versuch des entsprechenden Delikts überhaupt strafbar ist, nach Maßgabe der §§ 22, 23 StGB sanktioniert wird. Der Täter nimmt den Verstoß gegen eine tatsächlich so bestehende Strafrechtsbestimmung zumindest in Kauf und verfolgt seine Ziele auch um den Preis eines solchen Gesetzesverstoßes. Diese Bewußtseinslage birgt die Gefahr einer Beeinträchtigung der Rechtsordnung, des Rechtsfriedens und des Rechtsbewußtseins der Allgemeinheit in sich und verwirklicht so den Strafgrund des Versuchs, wie er von der herrschenden Eindruckstheorie[1] vertreten wird[2].

Der gegen eine so nur in seinen Vorstellungen bestehende Rechtsnorm verstoßende Täter erreicht weder durch seine Bewußtseinslage noch durch sein Verhalten die Ebene der objektiv gegebenen Rechtsordnung. Der Rechtsfrieden wird durch ihn daher nicht gestört. Seine Bestrafung könnte höchstens den negativen Effekt haben, bei der Allgemeinheit ein falsches Rechtsbewußtsein dahingehend zu schaffen, eine solche imaginäre Verhaltensnorm existiere tatsächlich.

Die eigentliche rechtliche Bedeutung des umgekehrten Subsumtionsirrtums tritt damit klar hervor: Mit der Einstufung einer Fehlvorstellung des Täters als umgekehrter Subsumtionsirrtum wird an der Schnittstelle zwischen dem grundsätzlich strafbaren (untauglichen) Versuch und dem ausnahmslos straflosen Wahndelikt eine entscheidende Weichenstellung für die Strafbarkeit des Täters getroffen.

---

[1] So bereits 1907 v. Bar; S. 527; heute etwa Roxin, JuS 1979, 1; SK-Rudolphi, Rdnrn. 13f. vor § 22; Schünemann, GA 1986, 293ff. (323); Meyer ZStW 87 (1975), 598 ff. (604); Wessels, Allgemeiner Teil, § 14 I 2; S/S-Eser, Vorbem. § 22 Rdnr. 23; Jescheck, S. 463; Stratenwerth, Allgemeiner Teil I, Rdnrn. 657f.; kritisch Schmidhäuser, Allgemeiner Teil, S. 340; Kratzsch, S. 63ff.; Alwart, S. 208ff.

[2] Dazu auch 6. Kapitel, E.

D. Die Problematik der Abgrenzung

Die Abgrenzung zwischen dem umgekehrten Tatbestandsirrtum und dem umgekehrten Subsumtionsirrtum, d.h. die Unterscheidung zwischen einer Überdehnung des Normbereichs und der Verkennung des Sachverhalts, erscheint auf den ersten Blick einfach, ist die Differenzierung zwischen dem zu beurteilenden Sachverhalt und dem Gesetz als rechtlicher Maßstab doch gewissermaßen das tägliche Brot des Juristen im Rahmen seiner Subsumtionsarbeit.

Trotzdem stößt diese Abgrenzung speziell im Rahmen der Irrtumsproblematik[1] auf erhebliche Schwierigkeiten; der Irrtum des Täters bezieht sich häufig nicht direkt auf den Normbereich der einschlägigen Strafrechtsbestimmung, sondern auf andere Gesichtspunkte, insbesondere auf Normen im Vorfeld des Straftatbestandes, die dann aber möglicherweise einen Irrtum über den Normbereich zur Folge haben können. Hierbei ist es höchst zweifelhaft, ob der Irrtum des Täters die Sachverhaltsebene oder den Normbereich betrifft. Paradebeispiel ist der Irrtum über eine Kompetenzzuweisungsnorm im Rahmen der Frage, ob eine Behörde für die Abnahme von Eiden „zuständig" ist. Irrt der Täter über den Sachverhalt oder über den Normbereich? Entscheidet man sich für die zweite Variante, so ist der umgekehrte Subsumtionsirrtum bei einer derartigen Konstellation ein durch andere Fehlvorstellungen verursachter Folgeirrtum.

Damit ist für die Bestimmung des umgekehrten Subsumtionsirrtums eine wichtige Unterscheidung getroffen. Er kommt zum einen in Betracht als unmittelbarer Normbereichsirrtum in Gestalt direkter rechtlicher Fehlvorstellungen über den Straftatbestand, zum anderen aber möglicherweise auch als mittelbarer Normbereichsirrtum über Gesichtspunkte, die indirekten Einfluß auf die Vorstellung des Täters vom Normbereich haben. Die Abgrenzungsproblematik verlagert sich in dieser zweiten Konstellation auf eine andere Ebene. Es geht um die Frage, ob, und wenn ja, welche primären Fehlvorstellungen des Täters über andere Rechtsvorschriften zu einer Überdehnung des Straftatbestandes und damit mittelbar zu einem umgekehrten Subsumtionsirrtum führen. Die Klärung dieses Problems wird den Schwerpunkt der folgenden Untersuchung bilden.

---

[1] Verwandte Probleme treten bei der Abgrenzung zwischen Rechts- und Tatfrage im Revisionsrecht auf, vergleiche Larenz, Methodenlehre, S. 294ff.; Rüßmann in: Koch, Methodenlehre, S. 242ff.; Schünemann, JA 1982, 71ff. (insb. 74f.); Nierwetberg, JZ 1983, 237ff.; Roxin, Strafverfahrensrecht, § 53 D; Neumann, GA 1988, 387ff. Eine Übernahme der dort gefundenen Lösungsvorschläge verbietet sich allerdings aufgrund des unterschiedlichen Problemansatzes, der mit der Frage einer Überdehnung des Normbereiches durch den Straftäter verbunden ist.

2. Kapitel

Der Gegenstand des Vorsatzes

A. Die Bedeutung des Vorsatzgegenstandes für den umgekehrten Subsumtionsirrtum

Für eine Bestrafung des Täters ist nicht erforderlich, daß dieser den Sachverhalt unter den Tatbestand der einschlägigen Strafnorm subsumiert hat. Ausreichend ist im Bereich der Vorsatztaten vielmehr, daß er bezüglich eines bestimmten tatbestandsmäßigen Geschehens mit Vorsatz gehandelt hat. Die oben beschriebene Bedeutung des umgekehrten Subsumtionsirrtums läßt sich im Hinblick auf den Vorsatz mit der Feststellung umschreiben: Wer den Normbereich überdehnt, macht ein tatbestandsloses Geschehen zu einem vermeintlich tatbestandsmäßigen und handelt deshalb ohne Vorsatz. Der damit aufgezeigte Zusammenhang zwischen Normbereich und Vorsatz impliziert notwendig die Prämisse, daß der objektive Tatbestand der Norm den Gegenstand des Vorsatzes beschreibt. Der Terminus vom Gegenstand des Vorsatzes ist dabei von anderen Bestimmungsgrößen des Vorsatzes zu unterscheiden, wie z. B. der Intensität des Wissens[1] oder dem „Grad der Sicherheit des Vorgestellten“[2], wie er in der Differenzierung zwischen dolus eventualis und dolus directus zum Ausdruck kommt.

Der umgekehrte Subsumtionsirrtum beginnt dort, wo der Vorsatzgegenstand endet. Er markiert die Grenzen des Vorsatzgegenstandes. Der fehlende Vorsatz ist die Kehrseite des umgekehrten Subsumtionsirrtums. Mit Hilfe seiner exakten Bestimmung kann daher auch der Gegenstand des Vorsatzes in kritischen Fällen

---

[1] Vergleiche die Untersuchungen von Platzgummer zum sog. Mitbewußtsein in „Die Bewußtseinsform des Vorsatzes“; Platzgummer (S. 83) versteht unter Mitbewußtsein „ein Bewußtsein, das zwar nicht explizit beachtet wird, das aber mit einem anderen beachteten Bewußtseinsinhalt mitbewußt ist und implicite notwendig auch mitbeachtet werden muß“. Als Formen des Mitbewußtseins erkennt Platzgummer zum einen das sog. „wahrnehmungsbedingte Mitbewußtsein“, das darauf beruht, daß der Mensch „die Dinge der Umwelt sofort als Dinge mit einer bestimmten Bedeutung und mit einem bestimmten Sinngehalt wahrnehmen muß“ (S. 85). Weiterhin gibt es nach Platzgummer das sog. „dauernde Begleitwissen“, das als aktueller Bewußtseinsinhalt trotz fehlenden Darandenkens ständig vorhanden ist (S. 89).

Roxin, ZStW 78 (1966), 248ff., reichert Platzgummers Systematik um das sog. „handlungsimmanente Mitbewußtsein“ als dritte Form des Bewußtseins an. Er sieht darin die Verknüpfung von Tatvorsatz und Unrechtsbewußtsein. Wer eine Straftat begehe, „dem ist das Unerlaubte seines Tuns mitbewußt, auch wenn er daran nicht denkt“.

[2] Schmidhäuser, FS-Oehler (1985), S. 135ff. (144 Fn. 28).

ermittelt werden. Diese Möglichkeit, die Rechtsfigur des umgekehrten Subsumtionsirrtums rechtsmethodisch für die schwierige Feinabstimmung des Vorsatzgegenstandes einzusetzen, übersieht Schumann[3], wenn er ausführt, daß es einzig darauf ankomme, den notwendigen Inhalt des Vorsatzes zu bestimmen und im Einzelfall festzustellen, wohingegen es bedeutungslos sei, welche Vorstellungen der Handelnde statt des Vorsatzes habe.

Richtig ist allerdings, daß die Überdehnung des Normbereichs durch den Täter strafrechtlich irrelevant wäre, wenn der mögliche und notwendige Gegenstand des Vorsatzes außerhalb des Normbereichs läge bzw. nicht vom Normbereich gedeckt sein müßte, wenn man also als Vorsatzgegenstand gegenüber dem, was die Tatbestandsmerkmale beschreiben, ein Weniger genügen lassen würde. Der Täter würde dann unabhängig von einer Überschreitung des Normbereiches weiterhin vorsätzlich handeln. Die Abgrenzung zwischen strafbarem Versuch und straflosem Wahndelikt würde in einen Bereich jenseits des Normtatbestandes verschoben. Im folgenden soll daher geklärt werden, ob die Prämisse, aus der sich die rechtliche Bedeutung des umgekehrten Subsumtionsirrtums ableitet, tatsächlich richtig ist und der Gegenstand des Vorsatzes durch den objektiven Tatbestand der Norm bestimmt wird.

B. Die Bestimmung des notwendigen Vorsatzgegenstandes mit Hilfe der Merkmale des objektiven Tatbestandes nach der herrschenden Meinung

I. Das „gewöhnliche" Vorsatzdelikt

Das Strafgesetzbuch umschreibt in § 16 I StGB negativ den Gegenstand des Vorsatzes: „Wer bei der Begehung der Tat einen Umstand nicht kennt, der zum gesetzlichen Tatbestand gehört, handelt nicht vorsätzlich." Im Anschluß an diese Formulierung wird der gängige Vorsatzbegriff von der herrschenden Meinung definiert als „das Wissen und Wollen der zum gesetzlichen Tatbestand gehörenden objektiven Merkmale"[1], als „Wissen und Wollen der Tatbestandsverwirklichung"[2] oder auch als „das vom Wissen beherrschte Wollen der Verwirklichung des objektiven Tatbestandes"[3]. Gegenstand von Wissen und Wollen und damit des Vorsatzes ist demnach die Summe der den „Deliktstypus"[4] kennzeichnenden objektiven Merkmale innerhalb des bereits

---

[3] Schumann, JZ 1987, 523ff. (526).

[1] Jescheck, S. 263; ähnlich S/S-Cramer § 15 Rdnr. 16.

[2] Dreher-Tröndle, § 15 Rdnr. 2; Lackner, § 15 Anm. II; SK-Rudolphi, § 16 Rdnr. 1; Stratenwerth, Strafrecht AT I, Rdnr. 250.

[3] Maurach-Zipf, Strafrecht, Allgemeiner Teil, Teilband 1, § 22 Rdnr. 1; ähnlich Wessels, Allgemeiner Teil, § 7 I 1: „Wille zur Verwirklichung eines Straftatbestandes in Kenntnis aller seiner objektiven Tatumstände".

[4] Gallas, ZStW 67 (1955), 1ff. (17).

beschriebenen Unrechtstatbestandes. Hierzu gehören die Merkmale, mit denen die jeweilige Strafnorm das Handlungssubjekt, das Angriffsobjekt und einen etwa erforderlichen Erfolg umschreibt ebenso wie die Kausalität zwischen Handlung und Erfolg und gegebenenfalls erforderliche Tatmodalitäten[5].

Die „Kongruenz"[6] von Normbereich und notwendigem Vorsatzgegenstand ist damit zur Gänze gewahrt.

Zur Klarstellung sei hervorgehoben, daß definitionsgemäß die sog. objektiven Bedingungen der Strafbarkeit als notwendige Bezugspunkte des Vorsatzes ausscheiden. Sie stehen — obwohl materielle Strafbarkeitsvoraussetzungen — als Tatbestandsannex außerhalb des objetiven Unrechtstatbestandes[7]. Die fälschliche Annahme, eine objektive Bedingungen der Strafbarkeit sei erfüllt, stellt daher immer ein Wahndelikt dar[8].

II. Das „erfolgsqualifizierte" Vorsatzdelikt

Zu einer Einschränkung der Entsprechung bzw. zu einer Art Kongruenz minderer Qualität kommt es bei vorsätzlichen Delikten, die durch hinzutretende Fahrlässigkeit bzw. Leichtfertigkeit im Hinblick auf die Herbeiführung eines weitergehenden Erfolges qualifiziert sind (sog. erfolgsqualifizierte Delikte § 18 StGB, wie z. B. §§ 178 III, 226, 239 II, 251 StGB)[9].

Allein der Befund, daß bei diesen Delikten nicht alle Elemente des objektiven Unrechtstatbestandes im Vorsatz eine Entsprechung finden müssen, macht den umgekehrten Subsumtionsirrtum indessen rechtlich nicht bedeutungslos. Entscheidend dafür ist, daß sich im übrigen an einer an den Merkmalen des objektiven Tatbestandes ausgerichteten Bestimmung des Vorsatzgegenstandes nichts ändert. Eine Überdehnung dieser Tatbestandsmerkmale in der Tätervorstellung verhindert auch weiterhin das Vorliegen eines strafrechtlichen relevan-

---

[5] Ausführlicher S/S-Cramer, § 15 Rdnrn. 15ff.

[6] Maurach-Zipf, Allgemeiner Teil, Teilband 1, § 20 Rdnrn. 17ff.

[7] S/S-Lenckner, Vorbem. §§ 13ff. Rdnrn. 124ff.; Lackner, Anm. III 5b vor § 13; Dreher-Tröndle, § 16 Rdnr. 32; Jescheck, S. 500; Wessels, Allgemeiner Teil, § 5 IV 1; anders etwa Engisch, FS-Mezger (1954), S. 127ff. (132f.), der die objektiven Bedingungen der Strafbarkeit dem Unrechtstatbestand zurechnet und deshalb vom Unrechtstatbestand noch einmal den „gesetzlichen Tatbestand" im Sinne des § 16 StGB (damals noch § 59 StGB) absondert. Dieser gesetzliche Tatbestand stellt nach Engisch denjenigen Teil des Unrechtstatbestandes dar, auf den sich Vorsatz und Fahrlässigkeit zu beziehen haben. Die objektiven Strafbarkeitsbedingungen gehören also nicht zu ihm.

[8] Roxin, ESJ, S. 131.

[9] Als weiterer, in der vorliegenden Untersuchung nicht interessierender Fall fehlender Kongruenz ist auf die Delikte mit sog. überschießender Innentendenz hinzuweisen, bei denen der subjektive Tatbestand gegenüber dem objektiven überwiegt und bestimmte subjektive Tendenzen, Motive oder Absichten voraussetzt, wie z. B. die Zueignungsabsicht beim Diebstahl (§ 242 StGB) oder das Motiv der Habgier beim Mord (§ 211 StGB).

ten Vorsatzes. Der Zusammenhang zwischen Vorsatzgegenstand und Normbereich bleibt gewahrt.

Auch an der Methode der Normbereichsermittlung, wie sie für den umgekehrten Subsumtionsirrtum oben mit Hilfe der Beschreibung des Subsumtionsvorganges dargestellt wurde, ändert sich aufgrund der obigen Erkenntnis nichts. Der Umstand, daß ein Sachverhalt, um den objektiven Tatbestand ausfüllen zu können, sämtliche Tatbestandsmerkmale kumulativ erfüllen muß, bedingt, daß der Normbereich durch jedes Tatbestandsmerkmal begrenzt wird. Entsprechend kann die Frage der Überdehnung des Normbereichs nicht im Rahmen einer ganzheitlichen Tatbestandsbetrachtung, sondern nur durch eine Prüfung ermittelt werden, die sich an den einzelnen Tatbestandsmerkmalen ausrichtet. Eine Überdehnung des Normbereichs ist zurückzuführen auf die Überdehnung eines oder mehrerer dieser Tatbestandsmerkmale. Bei den erfolgsqualifizierten Delikten werden für die Prüfung der Frage, ob der Täter den Normbereich überdehnt hat, lediglich diejenigen Merkmale von der Untersuchung ausgenommen, für die Fahrlässigkeit oder Leichtfertigkeit verlangt wird, da sie den Vorsatzgegenstand nicht beeinflussen und so für die Versuchsstrafbarkeit im Hinblick auf den Tatentschluß ohne Bedeutung sind.

Für den Zusammenhang zwischen Normbereich und Vorsatz ist damit lediglich dahingehend eine Einschränkung zu machen, daß nicht eine Überdehnung des objektiven Tatbestands einer Strafnorm als solche den Täter vorsatzlos handeln läßt, sondern nur eine Überdehnung der objektiven Tatbestandsmerkmale des Grunddelikts, die den Gegenstand des Vorsatzes beschreiben[10].

C. Die Lehre von den Komplexbegriffen

In seiner Auseinandersetzung mit der Irrtumsrechtsprechung des Reichsgerichts unterschied v. Hippel[1] zwei Arten von Rechtsbegriffen, an die er unterschiedliche Vorsatzanforderungen stellte. Einerseits gebe es Rechtsbegriffe wie „fremde Sache", „Ehe", „strafbare Handlung", deren Inhalt jedem Laien selbstverständlich vertraut sei. Diese Rechtsbegriffe könne man daher wie eine Tatsache behandeln, die voll vom Vorsatz erfaßt sein müsse. Daneben gebe es aber auch Rechtsbegriffe, wie „Beamter", „Unzucht" oder „Urkunde", die als

[10] Eine ganz andere — im vorliegenden Zusammenhang nicht zu erörternde — Frage ist allerdings, unter welchen generellen Voraussetzungen der Versuch eines erfolgsqualifizierten Delikts anzunehmen ist, vgl. dazu S/S-Cramer, § 18 Rdnrn. 8ff. m.w.N. Da notwendigerweise bei den hier in Frage stehenden Fallkonstellationen nur ein untauglicher Versuch möglich ist, kommt man zum Versuch des erfolgsqualifizierten Delikts wohl meist nur, falls man dessen Strafbarkeit auch bejaht, wenn weder das Grunddelikt noch die — vom Täter wenigstens billigend in Kauf genommene — schwere Folge eingetreten ist. Dies ist umstritten, vgl. einerseits S/S-Cramer, § 18 Rdnr. 11; LK-Schroeder, § 18 Rdnr. 41; andererseits Maurach-Schroeder, Strafrecht, Besonderer Teil, Teilband 1, S. 104.

[1] v. Hippel, Vergleichende Darstellung, S. 373ff. (562).

zusammenfassende Schlagworte („Abkürzung") „eine Reihe von tatsächlichen, möglicherweise aber auch rechtlichen Momenten"[2] zusammenfaßten, „deren Verwirklichung unter Strafe gestellt werden soll". Bei diesen „Komplexbegriffen"[3] genüge für den Vorsatz des Täters die Vorstellung der den jeweiligen Begriff konstituierenden Merkmale. Was „Beamter", „Unzucht" oder „Urkunde" im Sinne des Gesetzes bedeuten, brauche der Täter nicht zu wissen.

Die Lehre von den Komplexbegriffen fand in der Folgezeit eine ganze Reihe von Anhängern in der Literatur[4]. Sie wurde zum letzten Mal prononciert vertreten[5] im Jahre 1953 von Hellmuth v. Weber[6]. Im Zuge der fortgeschrittenen Rechtsentwicklung unterschied v. Weber zwischen normativen Tatbestandsmerkmalen[7] und Komplexbegriffen. Während für erstere Sachverhalts- und Bedeutungskenntnis erforderlich sei, genüge bei den Komplexbegriffen — ohne daß ihr Charakter als Tatbestandsmerkmal in Frage gestellt werde[8] — die bloße Sachverhaltskenntnis[9]. Um derartige Komplexbegriffe handelt es sich nach v. Weber bei den Merkmalen „Zuständigkeit", „Beamter", „Rechtmäßigkeit der Amtsausübung", „Hilfeleistungspflicht bei Gefahr", „Urkunde".

V. Weber entnimmt also die Komplexbegriffe ausschließlich aus dem Kreis der von der herrschenden Meinung als normative Tatbestandsmerkmale behandelten Tatbestandsbegriffe. Schon v. Weber hatte allerdings erkannt[10], daß eine der Hauptschwächen der Lehre darin besteht, daß es ihr nicht gelungen ist, Kriterien herauszuarbeiten, nach denen sich ermitteln läßt, ob ein Begriff ein normatives Tatbestandsmerkmal oder ein Komplexbegriff ist. Auch v. Webers Konzeption bleibt diesem Einwand ausgesetzt, hält er doch die Abgrenzung für eine Frage der „Auslegung des einzelnen Tatbestandes"[11]. Dies wird besonders deutlich, wenn v. Weber darauf abstellt, daß die Auslegung „maßgeblich vom Ergebnis bestimmt"[12] werde, eine Betrachtungsweise, die eigentlich dazu führen müßte, daß sich von Einzelfall zu Einzelfall die Einordnung ein und desselben

---

[2] v. Hippel, Vergleichende Darstellung, S. 373ff. (562).

[3] v. Hippel, Lehrbuch des Strafrechts, S. 138.

[4] Vergleiche den Überblick bei Schlüchter, Irrtum über normative Tatbestandsmerkmale, S. 71ff.; weitere Nachweise bei Tischler, S. 57 Fn. 75 und Probst, S. 143 Fn. 569.

[5] Beachte aber auch Schlüchter, Irrtum über normative Tatbestandsmerkmale, 1983, S. 73, nach der in der Reduktion von Bewertungen auf Einzeltatsachen durch die Lehre von den Komplexbegriffen „nicht nur ein Rückschritt" liegt.

[6] v. Weber, GA 1953, 161ff. Schon 1936 (DStR 1936, 91ff.) hatte v. Weber als Verfechter der Lehre von den Komplexbegriffen erstmals in die Diskussion eingegriffen.

[7] Der Begriff wurde erst sieben Jahre nach v. Hippels Theorie von Max Ernst Mayer 1915 in die Strafrechtslehre eingeführt (Lehrbuch, S. 182ff.).

[8] v. Weber, GA 1953, 161ff. (163).

[9] v. Weber, GA 1953, 161f.

[10] v. Weber, GA 1953, 161ff. (162); so auch Roxin, Offene Tatbestände, S. 152.

[11] v. Weber, GA 1953, 161ff. (163), dort expliziert am Beispiel der „Zuständigkeit der Behörde".

[12] v. Weber, GA 1953, 161ff. (163).

Merkmals als Komplexbegriff oder als normatives Tatbestandsmerkmal verändern kann.

Die Lehre von den Komplexbegriffen wird nunmehr einheitlich abgelehnt[13]. Hingewiesen sei an dieser Stelle nur noch auf ein weiteres entscheidendes Defizit. Wie Kunert[14] überzeugend dargestellt hat, erschöpft sich die Bedeutung der vermeintlichen Komplexbegriffe nicht in der bloßen Kenntnis der von ihnen beschriebenen Tatsachen. So enthält der Begriff „zuständige Behörde" mehr als den Ersatz der enumerativen Nennung zahlreicher Behörden, „nämlich auch noch den Hinweis auf die Dimension dieser Behörden, die rechtliche Befugnis zu einer bestimmten Handlung — z.B. Eidesabnahme — zu haben"[15]. Auf die Kenntnis dieser Bedeutung kann im Lichte des § 16 I 1 StGB als Vorsatzerfordernis nicht verzichtet werden. Es handelt sich insoweit um einen „Umstand (...), der zum gesetzlichen Tatbestand gehört"[16].

D. Die sog. Parallelwertung in der Laiensphäre

I. Deskriptive und normative Tatbestandsmerkmale

Die von Mezger[1] im Anschluß an Binding[2] begründete und heute ganz überwiegend vertretene[3] Lehre von der sog. Parallelwertung in der Laiensphäre nimmt ihren Ausgangspunkt in der Differenzierung zwischen normativen und deskriptiven Tatbestandsmerkmalen.

Die herrschende Meinung[4] unterscheidet diese beiden Kategorien von Tatbestandsmerkmalen. Normative Tatbestandsmerkmale erfassen danach im Gegensatz zu deskriptiven Ausdrücken keine „sinnlich wahrnehmbaren" Eigenschaften[5], ihr Inhalt ist nur durch „kognitive oder wertende Beurteilung sozial

---

[13] Kunert, S. 108ff.; Probst, S. 146ff.; LK-Schroeder, § 16 Rdnr. 44; Mlosch, S. 103f.; Der Kommentar von Schönke/Schröder und die großen Lehrbücher von Jescheck und Jakobs erwähnen die Lehre von den Komplexbegriffen überhaupt nicht mehr.

[14] Kunert, S. 108ff.

[15] Kunert, S. 109.

[16] Diese Erkenntnis wird auch im weiteren Zusammenhang der Untersuchung noch von Bedeutung sein, vergleiche unten 5. Kapitel, C. III. und 6. Kapitel, D. III. 1. b).

[1] Mezger, JW 1927, 2006ff.

[2] Binding, Normen, Band III, S. 148ff.

[3] Vergleiche etwa die Kommentarliteratur: S/S-Cramer, § 15 Rdnr. 45 m.w.N.; SK-Rudolphi, § 16 Rdnr. 23 m.w.N.; LK-Schroeder, § 16 Rdnrn. 41ff. m.w.N.; Dreher/Tröndle, § 16 Rdnr. 11; Lackner, § 15 Anm. II 2b.

Aus der Rechtsprechung etwa BGHSt 3, 248ff. (255); 4, 347ff. (352); 10, 35ff. (41).

[4] Arthur Kaufmann, Parallelwertung, S. 11 Fn. 27, hält die Unterscheidung für ein Scheinproblem. Richtig könne nur sein, innerhalb der einzelnen Tatbestandsmerkmale zwischen dem deskriptiven und dem normativen Aspekt zu unterscheiden. Auf letzteren beziehe sich die Parallelwertung in der Laiensphäre.

[5] So Dreher/Tröndle, § 16 Rdnr. 4; SK-Rudolphi, § 16 Rdnr. 21; S/S-Cramer, § 15 Rdnr. 18.

bedeutsamer Tatsachen zu erfassen"[6], sie sind nur „geistig verstehbar"[7] im Gegensatz zu den ihre Bezugsobjekte beschreibenden „deskriptiven" Tatbestandsmerkmalen. Allerdings setzt sich besonders in letzter Zeit zunehmend die Erkenntnis durch, daß es rein deskriptive Merkmale praktisch nicht gibt. Wenn diese Autoren auch an der Differenzierung zwischen normativen und deskriptiven Merkmalen festhalten, so betonen sie doch zugleich, daß zumindest der überwiegende Teil der deskriptiven Tatbestandsmerkmale einen normativen Einschlag besitze. Gewissermaßen als Kehrseite dieser Erkenntnis, wird zunehmend darauf hingewiesen, daß umgekehrt auch normative Merkmale deskriptive Elemente enthielten[8]. Schließlich gibt es aber auch Stimmen, die auf eine entsprechende Unterscheidung ganz verzichten wollen und allen Tatbestandsmerkmalen rein normativen Charakter zusprechen. Diese Meinung wurde zum ersten Mal von E. Wolf[9] im Jahre 1928 vertreten. Nach seiner Auffassung erhält jeder Begriff, der aus einem anderen Lebensraum zum Aufbau des Straftatbestandes in das Strafrecht aufgenommen werde, durch diese Aufnahme eine Beziehung zu spezifischen Strafrechtswerten, so daß durch diese Vertatbestandlichung eine Normativierung aller Tatbestandselemente erfolge[10].

II. Parallelwertung in der Laiensphäre und Vorsatzgegenstand

Soweit nach dem obigen Meinungsspektrum[11] rein deskriptive Merkmale anerkannt werden, soll die Kenntnis der Tatsachen, die durch diese Merkmale bezeichnet werden, für die Bejahung des Vorsatzes ausreichen. Bei normativen Tatbestandsmerkmalen bzw. im Hinblick auf die normativen Elemente deskriptiver Tatbestandsmerkmale genügt die bloße Tatsachenkenntnis dagegen nicht. Erforderlich ist insoweit vielmehr, daß der Täter auch den besonderen sozialen Bedeutungsgehalt dieser Merkmale bezüglich seiner Tathandlung erfaßt. Der Weg, der dem Handelnden diese Erkenntnis erschließt, ist ein nach Laienart vollzogener Akt des geistigen Verstehens, der von Rechtsprechung und Lehre als sog. Parallelwertung in der Laiensphäre bezeichnet wird[12]. Für das Verhältnis

---

[6] Warda, Jura 1979, 71ff. (79).

[7] In diesem Sinne Welzel, JZ 1953, 119ff. (120), S/S-Cramer, § 15 Rdnr. 19 m.w.N.

[8] Warda; Jura 1979, 71ff. (80); SK-Rudolphi, § 16 Rdnr. 22; Dreher/Tröndle, § 16 Rdnr. 4; S/S-Lenckner, Vorbem. §§ 13ff. Rdnr. 64.

[9] Wolf, Reichsgerichtspraxis, S. 44ff. (56): „... alle Tatbestandsmerkmale sind normative".

[10] Zur großen Zahl derer, die Wolf gefolgt sind, vergleiche die Nachweise bei Tischler, S. 73 Fn. 80 sowie in neuerer Zeit Nierwetberg, Rechtswissenschaftlicher Begriff, S. 131 Fn. 446.

[11] Zum Streitstand vergleiche auch Lenckner, JuS 1968, 249f. Fn. 7, sowie insbesondere im Zusammenhang mit den verschiedenen Tatbestandsbegriffen Engisch, FS-Mezger (1954), S. 127ff.

[12] Die verwendeten Formulierungen variieren etwas. Binding als geistiger Urvater (Normen III S. 148) sprach noch von der „Subsumtion nach Laienart". Welzel (JZ 1954,

zwischen notwendigem Vorsatzgegenstand und Normbereich stellt sich in diesem Zusammenhang die Frage, ob der soziale Bedeutungsgehalt, den der Täter zu erfassen hat, den Normbereich mit seinen einzelnen Tatbestandsmerkmalen in ihrer spezifisch rechtlichen Bedeutung ausfüllt, oder anders ausgedrückt: Umfaßt die soziale Bedeutung eines Geschehens auch jene Eigenschaften, die die Tatbestandsmäßigkeit des Sachverhalts bedingen?

Um die Antwort vorwegzunehmen: Die Lehre von der Parallelwertung in der Laiensphäre läßt den am Normbereich ausgerichteten notwendigen Inhalt des Vorsatzes unberührt. Historisch betrachtet wird man sogar umgekehrt sagen müssen, erst mit der Einführung der Lehre von der Parallelbeurteilung wurde wirklich dem Postulat des § 16 StGB (damals § 59 StGB) Rechnung getragen und der Vorsatzgegenstand am Tatbestand ausgerichtet. Zuvor begnügte man sich mit der reinen Tatsachenkenntnis, ohne daß der Täter den Tatumständen auch eine entsprechende tatbestandsmäßige Bedeutung beimessen mußte[13]. Mit dem Begriff der Parallelwertung wird der Weg der Erkenntnisgewinnung des Täters umschrieben, der zur Verwirklichung der Wissenskomponente des Vorsatzes führt. Der rechtlich ungeschulte unmittelbar Beteiligte, der den „Sachverhalt als Geschehnis“[14] erlebt, kann die einzelnen Tatumstände schon rein tatsächlich nur in ihrer umfassenden sozialen Bedeutung erfassen, wobei sinnliche Wahrnehmung und Erfassung nicht sinnlich greifbarer Eigenschaften uno actu erfolgen. Platzgummer[15] spricht insoweit zutreffend vom wahrnehmungsbedingten Mitbewußtsein, das auf dem wahrnehmungspsychologischen Gesetz beruhe, daß der Mensch „die Dinge der Umwelt sofort als Dinge mit einer bestimmten Bedeutung und mit einem bestimmten Sinngehalt wahrnehmen muß“. Aus dieser umfassenden sozialen Bedeutung greift das Gesetz diejenigen Merkmale heraus, auf die es rechtlich ankommt. Der Richter handelt dementsprechend einen Sachverhalt, der ihm „als Aussage“[16] vorliegt, von Merkmal zu Merkmal ab. „Parallel“wertung heißt damit letztlich ein Doppeltes: Zum einen steht der am einzelnen Tatbestandsmerkmal orientierten, auf der juristischen Subsumtion fußenden Betrachtungsweise des Richters die ganzheitliche, Tatumstände in ihrer gesamten sozialen — und damit auch ihrer rechtlich relevanten — Bedeutung erfassende Sachverhaltsrezeption durch den Handelnden gegenüber. Außerdem erfolgen diese Erkenntnisvorgänge auf unterschiedlichen Sprachebenen[17]. Der Täter erfaßt die soziale Bedeutung auf der Grundlage

---

276ff., 279; ihm folgend zum Beispiel Jakobs, S. 235 Fn. 108) verwendet die Bezeichnung „Parallelbeurteilung im Täterbewußtsein“. Arthur Kaufmann (Parallelwertung, S. 19 Fn. 57) zieht trotz des anders lautenden Titels seines Beitrages die Begriffe „Parallelverständnis“ oder „Parallelbewußtsein“ der Formel von der „Parallelwertung“ vor.

[13] So etwa auch noch BGH JZ 1951, 177ff., vergleiche dazu unten, 3. Kapitel, B. I. 1.

[14] Larenz, Methodenlehre, S. 266.

[15] Platzgummer, S. 85.

[16] Larenz, Methodenlehre, S. 266.

[17] Kaufmann, Parallelwertung, S. 27ff.

der ihm eigenen, regelmäßig vagen Umgangssprache. Der Richter bedient sich der rechtlichen Fachsprache, die gerade darauf ausgerichtet ist, mit Hilfe exakter Definitionen die rechtlichen Eigenschaften eines Geschehens greifbar zu machen.

Unterschiedliche Methoden der Erkenntnisgewinnung und unterschiedliche Sprachebenen lassen aber den geforderten Vorsatzgegenstand unberührt. Die soziale Gesamtbedeutung, wie sie der Täter erfährt, umfaßt auch die Elemente, die vom Gesetzgeber herausgegriffen und durch exakte fachsprachliche Formulierung und die Aufnahme in den Tatbestand verrechtlicht worden sind. Wenn der Richter nun im Rahmen seiner juristischen Vorgehensweise diese Wertung nachvollzieht, so unterlegt er der sozialen Bedeutung gewissermaßen einen juristischen Filter und arbeitet den rechtlichen Kern des einzelnen Tatumstandes und damit der vom Täter erfaßten sozialen Bedeutung heraus.

Dabei läßt sich allerdings nicht leugnen, daß die umgangssprachlich erfaßte soziale Bedeutung jener Exaktheit und Konkretheit entbehrt, mit der der Normbereich als Gegenstand des Vorsatzes juristisch abgegrenzt wird. Dies ist zurückzuführen auf die Tatsache, daß es um die Rezeption einer komplexen Gesamtsituation geht, die der Handelnde umgangssprachlich nicht vollständig beschreiben kann. Er befindet sich insofern wesentlich früher in einem Grenzbereich der sprachlichen Ausdrucksfähigkeit als dies beim Juristen mit seiner Fachsprache der Fall ist, in den aber auch dieser gelangen kann[18]. Der Umstand, daß der juristische Laie den rechtlichen Bedeutungsgehalt in einen sozialen Bedeutungsgehalt einkleidet, ändert indessen nichts daran, daß eben dieser rechtliche Kern in seinen Vorstellungen auch enthalten ist. Die rechtliche Bedeutung wird so zu einer der Komponenten, die den sozialen Bedeutungsgehalt mitbestimmen. Fehlt sie, so ist letztlich auch die soziale Bedeutung nicht richtig erfaßt worden oder anders ausgedrückt: Wer die soziale Bedeutung eines Geschehens kennt, mißt ihm auch die für den Vorsatz maßgebliche rechtliche Bedeutung bei, denn diese ist einer der Bestimmungsfaktoren der sozialen Bedeutung.

Die Forderung, daß der Täter zur Verwirklichung der Wissenskomponente des Vorsatzes, die soziale Bedeutung der Tatumstände erfassen muß, trägt somit den tatsächlichen Bedingungen und Möglichkeiten Rechnung, unter denen der den Sachverhalt unmittelbar als Geschehen erlebende Beteiligte den Sachverhalt erfassen kann. Entscheidend bleibt, daß Element dieser sozialen Bedeutung auch die rechtliche Bedeutung ist. Rechtlich notwendig ist nur das Erfassen dieses rechtlichen Bedeutungsgehalts, wie er durch den Normbereich umschrieben wird. Ein solches isoliertes Erkennen ist dem Handelnden nur rein tatsächlich nicht möglich. Die Wahrnehmung auf der Ebene der Alltagssprache im Zusammenhang mit der sozialen Gesamtbedeutung reicht indessen für die Bejahung des Vorsatzes aus.

---

[18] Siehe dazu Roxin, Strafverfahrensrecht, § 50 D III 2; Neumann, GA 1988, 387ff. (395).

E. Die von den Merkmalen des objektiven Tatbestandes losgelöste Bestimmung des Vorsatzgegenstandes

Der umgekehrte Subsumtionsirrtum hat keine selbständige rechtliche Bedeutung, wenn man den Zusammenhang zwischen Normbereich und Vorsatzgegenstand löst und die Bestimmung des Vorsatzgegenstandes nicht mehr an den Merkmalen des objektiven Unrechtstatbestandes ausrichtet.

I. Die teleologisch-reduzierte Sachverhaltssicht

In ihrer Habilitationsschrift „Irrtum über normative Tatbestandsmerkmale im Strafrecht"[1] erteilt Ellen Schlüchter der Lehre von der Parallelwertung in der Laiensphäre eine klare Absage. Nach ihrer Auffassung ist die Kenntnis der sozialen Bedeutung der einzelnen Tatumstände für den Vorsatz bei normativen Tatbestandsmerkmalen nicht erforderlich. Der Sachverhalt dürfe nicht in subsumtionserhebliche Einzeltatsachen zerlegt werden. Ein derartiges analytisches Vorgehen widerspreche der Art und Weise, wie der Laie den Sachverhalt erfasse[2].

Schlüchter entnimmt den Gegenstand des Vorsatzes deshalb nicht den einzelnen Merkmalen des objektiven gesetzlichen Tatbestandes, sondern legt ihn materiell im Rahmen einer ganzheitlichen Betrachtung fest[3]. Danach besitzt der Täter eine den Versuchsvorsatz begründende Sachverhaltssicht,

— wenn er sich einen Sachverhaltsausschnitt vorgestellt hat, der die rechtsgutsbezogene Komponente(n) der einzelnen Tatbestandsmerkmale verwirklicht und

— wenn sich die Zuweisung der Komponente(n) auf ein Tatbild gründet, das extensional nicht völlig aus dem Rahmen des Tatbestandes herausfällt.

Diese Abgrenzungskriterien zur Bestimmung des notwendigen Vorsatzgegenstandes werfen eine Reihe von Fragen[4] auf:

— Was macht die rechtsgutsbezogene Komponente eines Tatbestandsmerkmals aus bzw. worin besteht sie? Worin insbesondere unterscheidet sich diese Komponente von dem Vorsatz, ein Geschehen zu verwirklichen, das rechtlich betrachtet unter den objektiven Tatbestand einer Strafbestimmung fällt, wie dies herkömmlicherweise für den Vorsatzgegenstand verlangt wird?

---

[1] Ebenso Schlüchter, JuS 1985, 373ff., 527ff.; dies., wistra 1985, 43ff., 94f.

[2] Schlüchter, Irrtum über normative Tatbestandsmerkmale, S. 102.

[3] Zusammenfassend Schlüchter, Irrtum über normative Tatbestandsmerkmale, S. 115ff., sowie S. 154f.; interessant auch der Hinweis von Tischler, S. 369, auf frühere Tendenzen in der Literatur, die Kenntnis der Rechtsgutsverletzung zum Vorsatzgegenstand zu machen.

[4] Nicht von ungefähr hält Arthur Kaufmann FS-Lackner (1987), S. 186ff., 191f.) die Formel von der „Parallelwertung" für griffiger. Zudem habe sie den Vorteil auf die zwei sprachlichen Ebenen hinzuweisen, die hier eine Rolle spielten.

— Wann fällt das Tatbild trotz der Realisierung der rechtsgutsbezogenen Komponente völlig aus dem Rahmen des Tatbestandes?

Eine griffige Antwort auf diese Frage bleibt Schlüchter letztlich schuldig. Ihre Konzeption verharrt in den obigen vagen Formulierungen. Aus der abgestuften Zuordnung der Abgrenzungskriterien läßt sich entnehmen, daß die rechtsgutsbezogene Komponente weiter reichen muß als die Tatbildbeschreibung, die der objektive Unrechtstatbestand gibt und an die herkömmlicherweise zur Bestimmung des notwendigen Vorsatzgegenstandes angeknüpft wird. Offenbar soll die Möglichkeit bestehen, die Komponente zu verwirklichen trotz einer Überschreitung des Tatbildes, wie es der Tatbestand formuliert, solange sich diese in gewissen Grenzen hält. Konkret kann das nur heißen, daß der Täter die rechtsgutsbezogene Komponente auch dann verwirklichen und vorsätzlich handeln kann, wenn er sich ein Tatgeschehen vorstellt, das von der Tatbildbeschreibung des Tatumstandes gar nicht erfaßt wird.

Dabei ist nach Schlüchter der Tatbestandsrahmen erst dann völlig verlassen, wenn der Täter von einem Sachverhalt ausgeht, der sich auch durch das Hinzufügen weiterer Sachverhaltselemente („Mosaiksteine") nicht unter die Strafnorm subsumieren läßt[5]. Wie mit einer derartigen Konstruktion im Hinblick auf die Versuchsstrafbarkeit das aus der Garantiefunktion des Strafgesetzes erwachsende Bestimmtheitsgebot gewahrt werden soll, bleibt unklar. Die Gesetzesfassung muß dem Bürger Klarheit darüber verschaffen, was verboten ist, damit er sein Verhalten darauf einrichten kann. Wenn nun aber im subjektiven Bereich hinter diese Anforderungen des Gesetzes zurückgetreten wird und zudem unklar bleibt, wieweit dies der Fall ist, wie soll sich der Bürger dann noch Gewißheit darüber verschaffen können, ob er bei der Umsetzung eines bestimmten Entschlusses unmittelbar zu einer Deliktsverwirklichung ansetzt?

Gänzlich versagen muß Schlüchters Kriterium für eine beachtliche Tatbildüberschreitung in den Fällen des umgekehrten Irrtums[6]. Mit der Formel vom Hinzufügen weiterer Sachverhaltselemente, die die Subsumtion unter den Tatbestand erlauben, läßt sich dort nicht arbeiten. Wenn beim umgekehrten Irrtum ein Geschehen von der Tatbildbeschreibung des Tatbestandes nicht mehr erfaßt wird, kann der Sachverhalt, den sich der Täter vorstellt, niemals, nicht nur in Einzelfällen von besonderer Qualität, durch das Hinzufügen weiterer Sachverhaltselemente unter die jeweilige Strafbestimmung subsumiert werden. Letzteres ist vielmehr nur möglich, wenn man die unpassenden Sachverhaltselemente der Tätervorstellung, die den Normbereich überschreiten, *streicht* und durch tatbestandsadäquate Tatumstände *ersetzt*. Nur so lassen sich die normbereichsüberschreitenden Sachverhaltselemente eliminieren. Wenn etwa Schlüch-

---

[5] Schlüchter, Irrtum über normative Tatbestandsmerkmale, S. 114f.

[6] Kritisch im Hinblick auf den umgekehrten Irrtum auch der sonst Schlüchters Konzeption durchaus positiv gegenüberstehende Otto in NJW 1984, 2685 (2686).

ter[7] für den untauglichen Versuch einer Begünstigung eine Ordnungswidrigkeit in der Tätervorstellung ausreichen lassen will, weil der Übergang von der Ordnungswidrigkeit zum Vergehen häufig nur durch einen „Sachverhaltssplitter" gekennzeichnet sei, so kann ihr deshalb nicht gefolgt werden. Tatsächlich nämlich wird aufgrund dieses „Sachverhaltssplitters" das eine Ordnungswidrigkeit auslösende Geschehen durch eine als Straftat zu beurteilende Handlung *ersetzt*. Mit dieser Methode aber manipuliert man am Sachverhalt bzw. an der Tätervorstellung und begründet erst die strafrechtlich relevante Qualität. Letztlich läßt sich so jedes tatbestandslose Geschehen in ein tatbestandsadäquates verwandeln. So könnte man etwa im Fall des Täters, der im Glauben, Hausfriedensbruch zu begehen, in einen PKW eindringt, den Wagen durch ein Wohngebäude ersetzen. Der Vorsatz des Täters ist in diesen Fallkonstellationen gerade nicht darauf gerichtet, die rechtsgutsbezogene Komponente in dem von Schlüchter selbst vorgegebenen Sinn zu verwirklichen, denn der Täter hat sich ja gerade einen anderen Sachverhalt vorgestellt.

Weiterhin trägt Schlüchters Konzeption der Vorsatzreichweite nicht in ausreichendem Maße der Eingrenzungsfunktion Rechnung, die der tatbestandlichen Tatbildbeschreibung zukommt. Rechtsgüter sind nicht nur dann ohne Schutz durch das Strafrecht, wenn die konkreten Tatmodalitäten völlig von der tatbestandlichen Tatbildbeschreibung abweichen, sondern auch dann, wenn dies in einem scheinbar völlig unwesentlichen Gesichtspunkt der Fall ist. Nur die in ihrer Strafbarkeit gesetzlich genau bestimmten Handlungen sind strafrechtlich relevant. Dies gebietet bereits der Grundsatz des nullum crimen sine lege (Art. 103 II GG, § 1 StGB) und gilt auch für den Vorsatz des Täters. Schon aus diesem Grund ist an der Identität von subjektivem und objektivem Tatbestand, die von der Konzeption Schlüchters zumindest in Frage gestellt wird, festzuhalten. Ein Geschehen erfüllt entweder den Tatbestand oder erfüllt ihn nicht. Demgemäß handelt der Täter bei einer entsprechenden Vorstellung mit Vorsatz oder eben ohne Vorsatz. Jeder andere Ansatz, der zwischen subjektivem und objektivem Tatbestand differenziert, verstößt gegen § 16 StGB.

Verblüffend ist in diesem Zusammenhang allerdings, daß sich Schlüchter selbst auf den materiellen Gehalt der Garantiefunktion des Tatbestandes beruft und ihn sogar als Fundament ihrer Konstruktion ausweist. Auch sie geht davon aus, daß die Tatbestandsmerkmale durch ihre Tatbildbeschreibung den strafrechtlichen Rechtsgüterschutz nicht nur konstituieren, sondern auch auf die gegebene Beschreibung begrenzen[8]. Gerade diese Schutz- und Eingrenzungsfunktion macht laut Schlüchter die rechtsgutsbezogene Komponente eines Tatbestandsmerkmals aus. Wie soll es dann aber möglich sein, die rechtsgutsbezogene Komponente durch ein Geschehen zu verwirklichen, das gar nicht vom Tatbild des Tatbestandes als dem einzig möglichen Ursprung der rechtsgutsbezogenen Komponente erfaßt wird?

---

[7] Schlüchter, S. 160.

[8] Schlüchter, Irrtum über normative Tatbestandsmerkmale, S. 107ff.

Muß demgemäß der Vorsatz auf einen Sachverhalt gerichtet sein, der den objektiven Tatbestand ausfüllt, so ist im Hinblick auf den materiellrechtlichen Ansatz von Schlüchter folgendes zu bedenken: Die Feststellung, welche Geschehen vom objektiven Tatbestand erfaßt werden, ist das Ergebnis einer Auslegung, im Rahmen derer insbesondere auch teleologische Aspekte eine Rolle spielen. Damit ist bereits nach der Konzeption der herrschenden Meinung das Vorsatzerfordernis sozusagen mittelbar teleologisch reduziert. Bei einer korrekten teleologischen Auslegung des objektiven Tatbestandes ist die teleologische Karte ausgereizt. Was an teleologischer Reduktion — gerade auch im Hinblick auf die geschützten Rechtsgüter — rechtlich möglich und geboten ist, ist mit dieser Auslegung getan. Für eine weitere teleologische Reduktion ist kein Raum. Sie hätte nur den Effekt, daß subjektiver und objektiver Tatbestand voneinander abwichen und würde in letzter Konsequenz dazu führen, daß auf der Ebene der Versuchsstrafbarkeit strafrechtlicher Rechtsgüterschutz nicht mehr im Hinblick auf bestimmte tatbestandlich exakt fixierte strafbare Handlungen, sondern schlechthin gewährleistet wird — ein klarer Verstoß gegen den Grundsatz nullum crimen sine lege.

Schließlich ist noch auf einen weiteren Gesichtspunkt hinzuweisen, der schon von anderer Seite[9] kritisch vermerkt wurde:

Die Ermittlung des Rechtsguts bzw. der durch einen bestimmten Tatbestand geschützten Rechtsgüter bereitet häufig nicht unerhebliche Probleme. Sie ist zudem belastet mit einer noch völlig offenen Diskussion über den Rechtsgutsbegriff, in der vor allem noch immer nicht endgültig ausgetragen ist, ob es nicht rechtsgutslose Delikte gibt[10]. Gerade die besonders schwierige Abgrenzung zwischen Wahndelikt und untauglichem Versuch wird so mit weiteren delikaten Rechtsproblemen überfrachtet.

II. Vorsatz als „Risikowissen“

Wolfgang Frisch geht es in seiner 1983 erschienenen Monographie „Vorsatz und Risiko“ um eine „Präzisierung des Vorsatzgegenstandes“[11]. Auch er sieht den Bezugspunkt vorsätzlichen Handelns nicht direkt im objektiven Tatbestand[12]. Was im objektiven Tatbestand verlangt werde, sei nicht einfach ein Erfolg oder gar ein bevorstehender Erfolg. Verlangt sei ein „eingetretener

---

[9] Tischler, S. 369; Kuhlen, S. 436ff.; Maurach/Gössel/Zipf, Strafrecht, Allgemeiner Teil, Teilband II, § 40 IV 4. a) b).

[10] So etwa Roxin (Täterschaft und Tatherrschaft, S. 412ff., 664) für eine Reihe von verhaltensgebundenen Delikten; kategorisch anderer Auffassung zum Beispiel Lenckner (S/S-Lenckner, Vorbem. §§ 13ff. Rdnr. 10): „Strafrechtsvorschriften ohne Rechtsgutsbeziehung gibt es mithin nicht.“; differenzierend etwa Jakobs (S. 34): „ Eine Rechtsgutsverletzung kann also nicht als Kern aller Delikte behauptet werden.“

[11] Küper, GA 1987, 479ff. (480); vgl. dazu auch Köhler, JZ 1985, 671.

[12] Vergleiche Frisch, S. 56ff.

Erfolg“[13], der sich „zurechenbar entwickelt hat“[14]. Daß ein bestimmter Erfolg eingetreten sei, könne man aber erst wissen, „wenn der Täter das Seine getan hat“[15]. Entscheidend für den Vorsatz sei indessen das Wissen vor der Tat. Wer den Vorsatzgegenstand im objektiven Tatbestand sehe, verkenne den Unterschied zwischen den Kategorien „Verhaltensnorm“ und „Sanktionsnorm“[16]. Der objektive Tatbestand erweise sich als eine Kategorie der Sanktionsnorm, die an den Rechtsanwender adressiert sei und dessen erst ex post vorhandene Erkenntnismöglichkeit voraussetze. Der Vorsatzgegenstand dagegen sei aus der an den Täter adressierten Verhaltensnorm zu ermitteln.

Nach Frisch[17] ist Gegenstand des Vorsatzes nicht der Tatbestand als solcher, sondern das sog. tatbestandsmäßige Verhalten. Der Erfolg verdanke seine „Relevanz im Vorsatzkontext“ nicht der Zugehörigkeit zum Tatbestand, sondern seinem Stellenwert im Zusammenhang des tatbestandsmäßigen Verhaltens. Er ist „(Teil-)Definiens“ des tatbestandsmäßigen Verhaltens der Erfolgsdelikte. Tatbestandsmäßig im Sinne der Erfolgsdelikte sei ein Verhalten, das eine bestimmte Möglichkeit oder Wahrscheinlichkeit, ein bestimmtes nicht mehr toleriertes Risiko des Eintritts des tatbestandlich vertypten Erfolges nach den Umständen der konkreten Situation in sich berge.

Frisch mißdeutet bei seiner Kritik an der herrschenden Meinung deren Vorsatzgegenstand[18]. Bei der Formel vom objektiven Tatbestand als Bezugspunkt des Vorsatzes handelt es sich um eine schlagwortartige Verkürzung. Notwendiger Vorsatzgegenstand ist ein Geschehen, das die im objektiven Tatbestand beschriebenen Eigenschaften aufweist und das deshalb zugleich Bezugspunkt des objektiven Unrechtstatbestandes ist. In diesem Sinn ist auch die Identität von objektivem und subjektivem Tatbestand zu verstehen. Entscheidend ist dabei nicht, ob dieses Geschehen ex post gesehen wird, wie dies der Gesetzgeber mit seiner Beschreibung des Sachverhalts im Rahmen des objektiven Tatbestandes praktiziert, oder ob es aus einer ex-ante-Position gesehen wird, wie dies durch den Täter im Rahmen seines Vorsatzes geschieht. Der vorsätzlich handelnde Täter antizipiert den gesamten Geschehensablauf, d.h. er stellt sich ein Geschehen vor, an dessen Ende der Erfolg eingetreten *ist*. Mit seinen Tathandlungen wird der vorgestellte Geschehensablauf nur noch in der Realität nachvollzogen. Es ist also zu unterscheiden zwischen dem Geschehen als objektive Realität und dem inhaltlich identischen Geschehen, das sich mit zeitlichem Vorlauf in der Tätervorstellung abspielt. Beide Vorgänge stellen sich als abgeschlossene Geschehensabläufe dar, an deren Ende ein

---

[13] Frisch, S. 57.

[14] Frisch, S. 57.

[15] Frisch, S. 57.

[16] Frisch, S. 59ff.

[17] Zusammenfassend Frisch, S. 94ff., 115ff., 300ff., 340ff., 407ff.

[18] Kritisch insoweit auch Küper, GA 1987, 479ff. (503).

eingetretener, nicht lediglich ein künftiger Erfolg steht. Eine Betrachtungsweise, die diese „prognostische"[19] Vorwegnahme „im Kopf" des Täters leugnet, und mit Vorsatz die „nachträglich-kognitive"[20] Rezeption eines Geschehensablaufs meint, führt zu einer Bestrafung des Täters wegen und trotz bloßem dolus subsequens, eine allgemein abgelehnte Vorstellung, der auch Frisch selbst eine klare Absage erteilt[21].

Ausschlaggebend ist, daß subjektiver und objektiver Tatbestand denselben Bezugspunkt und den gleichen Geschehensablauf zum Inhalt haben. Der Zeitfaktor, d.h. die Tatsache, daß Gesetzgeber und Täter sich mit dem inhaltlich identischen Geschehen zu unterschiedlichen Zeitpunkten befassen, ist ohne Bedeutung, wie sich auch leicht mit einem Beispiel aus dem außerrechtlichen Bereich belegen läßt: Der Gang einer Theateraufführung kann ex ante im Programm beschrieben werden oder ex post von einem Veranstaltungsbesucher an einen Dritten referiert werden. Immer handelt es sich um die Beschreibung des gleichen Geschehens. Eine Notwendigkeit, daß beide Berichterstatter im Hinblick auf den realen Geschehensablauf zeitlich auf der gleichen Stufe stehen, besteht nicht. In diesem Sinne bezieht sich der Vorsatz nicht auf die Beschreibung des Geschehens durch den objektiven Tatbestand, sondern auf das Geschehen selbst, das diese Eigenschaften aufweist. Frisch vermengt Geschehen und Geschehensbeschreibung durch den objektiven Tatbestand, wenn er das Postulat, der Vorsatz müsse sich auf den eingetretenen Erfolg beziehen, nicht erfüllt sieht.

Was die Anreicherung des Vorsatzgegenstandes um die Risikokomponente anbelangt, so liegt dogmatisch ein interessanter Ansatz vor[22]. Die Formel vom Wissen um das Risiko erlaubt es insbesondere, wie Frisch überzeugend nachweist[23], auf die Vorsatzform des dolus eventualis zu verzichten. „Der Grad der Sicherheit des Vorgestellten"[24] ist immer der gleiche. Es geht um das Wissen um das Risiko. Allerdings darf insofern nicht verkannt werden, daß sich dadurch eine ganze Reihe von Problemen, die in diesem Zusammenhang auftauchen, lediglich in den Bereich des Vorsatzgegenstandes verschieben. Hingewiesen sei in dieser Stelle nur auf die komplizierten Überlegungen, die Frisch im Hinblick auf Art und Maß des relevanten Risikos anstellt[25].

Der Kontext der angestellten Überlegungen verlangt insoweit keine nähere Auseinandersetzung. Die vorliegende Untersuchung des Vorsatzgegenstandes ist begrenzt auf die Frage, ob die exakte Bestimmung des Normbereichs

---

[19] Küper, GA 1987, 479ff. (503).

[20] Küper, GA 1987, 479ff. (503).

[21] Frisch, S. 58.

[22] Zustimmend Schünemann, GA 1985, 341 ff. (361); Küper, GA 1987, 479ff. (504ff.).

[23] Siehe insbesondere Frisch, S. 342, 411 f., 488ff.

[24] Schmidhäuser, FS-Oehler (1985), S. 135ff. (144 Fn. 28).

[25] Frisch, S. 118ff.

irrtumsrechtlich von Bedeutung ist. Daran besteht auch nach der Konzeption von Frisch kein Zweifel. Auch wenn man den Vorsatzgegenstand bei Erfolgsdelikten als Wissen um das Risiko eines tatbestandsmäßigen Erfolges durch tatbestandsmäßiges Verhalten definiert, bildet jener Tatbestand zumindest eine der Grenzen, jenseits derer der Vorsatz entfällt. Der Vorsatzgegenstand wird damit unter anderem auch durch den Normbereich des objektiven Tatbestandes begrenzt.

III. Die Sachverhaltsbeschreibung als Gegenstand des Vorsatzes

In seinem „Plädoyer für einen Verzicht auf die Unterscheidung in deskriptive und normative Tatbestandsmerkmale“[26] erarbeitet Ulrich Dopslaff eine neue dogmatische Konzeption für den Gegenstand des Vorsatzes. Er lehnt eine Unterscheidung zwischen normativen und deskriptiven Tatbestandsmerkmalen ab und entwickelt auf dieser Grundlage eine einheitliche Sicht des Vorsatzes bei allen Elementen des objektiven Tatbestandes[27]. Kenntnis von seiner Tat könne ein Täter nur haben, wenn er die Bestandteile, aus denen sich das Tatgeschehen zusammensetzt (Gegenstände, Individuen etc.), richtig wiedererkenne. Dies verlange von ihm eine Identifizierungsaufgabe, die er mit Hilfe der Bedeutung der zu seinem Wissensrepertoire gehörenden Begriffe löse. Dabei handele es sich um Begriffe von großer Konkretheit und Anschaulichkeit, mit denen die alltägliche Umwelt in ihren konkreten *Erscheinungsformen* erfaßt werde. Begriffe genau dieser Sprachebene verwende aber auch der Rechtsanwender zur Beschreibung des Sachverhalts und zur Beschreibung des Normbereichs mit Hilfe von Definitionen[28]. Es liege deshalb nahe, die Begriffe der Sachverhaltsbeschreibung als diejenigen aufzufassen, in denen der Täter seine Tat erfasse; Kenntnis von seiner Tat habe ein Täter, wenn er die Sachverhaltsbeschreibung kenne.

Im Rahmen der vorliegenden Untersuchung wurde bereits im Zusammenhang mit der sog. Parallelwertung in der Laiensphäre darauf hingewiesen, daß Sprache und Vorsatz zwei eng miteinander verwobene Problemkreise darstellen. Dies hat zutreffend auch Dopslaff erkannt. Den rechtlichen Konsequenzen, die er aus diesem Zusammenspiel zieht, kann allerdings nicht gefolgt werden.

In der Auseinandersetzung mit Dopslaff soll vorab ein Gesichtspunkt ausgespart werden, der zwar zu den wesentlichen Grundfesten seiner Konzeption gehört, später aber, im Zusammenhang mit der Entwicklung eines eigenen Lösungsvorschlages, einer grundsätzlichen Klärung zugeführt werden wird,

---

[26] Dopslaff, GA 1987, 1ff.

[27] Dopslaff, GA 1987, 1ff. (20ff.).

[28] Detailliert entwickelt von Dopslaff am Modell der sog. dualen Codierung (GA 1987, 1ff. (9ff.)).

nämlich die Frage, ob es wirklich möglich ist, den Normbereich allein mit Hilfe von Begriffsbestimmungen abschließend festzulegen[29], wie Dopslaff dies offenbar meint.

Dopslaff geht bei seinem Lösungsansatz von einer falschen Prämisse aus. Die von ihm propagierte Identität von Normbereichs- und Sachverhaltsbeschreibung durch den Richter einerseits sowie Sachverhaltsbeschreibung durch den Täter andererseits gibt es nicht. Für den Richter geht es darum, bei der Entfaltung des Normbereichs die spezifisch juristischen Bedeutungsmerkmale eines Geschehens darzustellen, um damit losgelöst von einem konkreten Sachverhalt *abstrakt* alle denkbaren Konstellationen zu bestimmen, die unter die Norm fallen[30]. Von dieser Beschreibung unterscheidet sich die Sachverhaltsaufnahme und damit auch die Sachverhaltsbeschreibung durch den Täter grundlegend. Der Täter erfaßt die einzelnen Umstände des *konkreten* Geschehens, und diese, wie bereits dargelegt, in ihrer umfassenden sozialen Bedeutung. Ein wichtiger Bestimmungsfaktor der sozialen Bedeutung ist zwar der rechtliche Aspekt. Dieser ist jedoch regelmäßig im Rahmen der Sachverhaltsbeschreibung seitens des Täters eingekleidet in die umfassende Beschreibung der sozialen Bedeutung. Differenzierungen nimmt der Täter diesbezüglich nicht vor. Die Beschreibung der umfassenden sozialen Bedeutung stellt so ein inhaltliches „Mehr" dar gegenüber den rein rechtlichen Gesichtspunkten, die der Normbereich entfaltet. Auch eine noch so differenzierte Definition der Tatbestandsmerkmale kann in dieses Bedeutungsfeld nicht vordringen, wird sie doch begrenzt durch die einseitig rein rechtliche Sicht. Definiendum bleibt eben ein Begriff, der durch seine Aufnahme in den objektiven Tatbestand fachsprachlichen Charakter erhalten hat; dieser fachsprachliche Charakter lebt *inhaltlich* in all seinen Definitionen, mögen sie auch noch so anschaulich sein, fort[31]. Völlig zu Recht stellt deshalb Nierwetberg[32] fest: „Das rechtswissenschaftliche Begriffspotential beansprucht demgemäß auch gar nicht, eine vollständige Beschreibung der erfahrbaren Wirklichkeit des sozialen Lebens zu sein." Selbst wenn sich daher die einzelnen Begriffe der einen Tatbestand auflösenden Definitionen scheinbar auf der Ebene der Alltagssprache bewegen, bleibt die Gesamtumschreibung weiterhin eine typisch juristische, auf die rechtlich als wesentlich erscheinenden Faktoren beschränkte und in diesem Sinne fachsprachliche Betrachtung. Diese spezifisch rechtliche Sichtweise eines Sachver-

---

[29] Dagegen indirekt etwa Burkhardt, JZ 1981, 681 ff. (686).

[30] Vergleiche dazu bereits Kriegsmann, S. 15: „Von den gesamten Umständen des Einzelfalls in seiner individuellen Gestaltung sind nun nur ein Teil *kriminell relevant*, die übrigen irrelevant. Das ist der Sinn des § 59 (jetzt § 16 StGB): er statuiert einen Unterschied zwischen den strafrechtlich bedeutsamen und den gleichgültigen Umständen."

[31] Zu den beiden sprachlichen Ebenen anschaulich Arthur Kaufmann, Parallelwertung, S. 27 ff.

[32] Nierwetberg, Rechtswissenschaftlicher Begriff, S. 127.

halts führt zu einer von rechtlichen Vorgaben geprägten, abstrakten Geschehensbeschreibung durch die Norm[33].

Als Beleg für diese andersgeartete Betrachtungsweise eines Bezugsobjekts, sozusagen durch die juristische Brille, möge das Tatbestandsmerkmal „Sache“ dienen, wie es etwa in § 242 StGB vorzufinden ist. Dieses wird, streng reduziert auf die rechtlich wesentlichen Eigenschaften unter Hinweis auf § 90 BGB definiert als „körperlicher Gegenstand“[34]. Ob es sich um eine goldene Uhr, einen elektrischen Rasenmäher oder ein Damenfahrrad handelt, spielt für die Verwirklichung eines tatbestandlichen Geschehens[35] keine Rolle. Immer bleibt die Betrachtung reduziert auf eine spezifisch juristische Sichtweise[36]. Die soziale Bedeutung, in der auch der Gesichtspunkt „körperlicher Gegenstand“ mitenthalten ist, wird im übrigen nicht berücksichtigt. Aufgrund dieses fachsprachlichen Einschlages kann es keine Identität zwischen der juristischen „Alltagssprache“, wie sie Dopslaff in den Definitionen sieht, und der Alltagssprache des jurisitschen Laien, der das tatbestandmäßige Geschehen beschreibt, geben[37]. Trotzdem handelt der Täter vorsätzlich, der das Tatobjekt in seiner umfassenden sozialen Bedeutung erkennt.

Sachverhaltsbeschreibung durch den Täter und Normbereichsbeschreibung durch den Rechtsanwender sind daher auch bei einem tatbestandsmäßigen Geschehen nicht identisch. Mit der Falsifizierung dieser Prämisse verliert aber der Lösungsansatz Dopslaffs seine Grundlage. Ein Festhalten daran würde zu

---

[33] Deshalb ist auch die Antwort auf die von Podlech (in Koch: Methodenlehre, S. 31 ff. (49)) aufgeworfene Frage, ob sich ein juristisches Definitionslexikon erstellen läßt, in dem die Normtatbestände mit Hilfe von Begriffsbestimmungen umschrieben sind, in denen keine Ausdrücke der juristischen Fachsprache als undefinierte Grundbegriffe enthalten sind, letztlich müßig. Die Gesamtumschreibung eines Tatbestandes erweist sich immer schon kraft des gewählten Bezugsobjekts als spezifisch rechtliche und damit auch fachsprachlich geprägte Beschreibung.

[34] Vergleiche nur S/S-Eser, § 242 Rdnr. 9.

[35] Anders natürlich bei der Strafzumessung; diese ist indessen für die hier interessierende Frage des tatbestandlichen Normbereiches ohne Bedeutung.

[36] Die allerdings nicht zu verwechseln ist mit der teleologisch-reduzierten Sachverhaltssicht Schlüchters, die, wie dargelegt, eine über die rechtlich-reduzierte Sichtweise hinausgehende Beschränkung auf die rechtsgutsbezogene Komponente propagiert.

[37] In der Sache letztlich nicht anders, obwohl in den Schlußfolgerungen gegen Kaufmann, Schünemann, nulla poena sine lege, S. 20: Die juristische Fachsprache entlehne zwar die termini, nicht aber automatisch auch die Bedeutungen der Umgangssprache. Der natürliche Sprachgebrauch stelle die Grenze der teleologisch-analogisch struktuierten Auslegung der Rechtsbegriffe dar. Das bedeutet: Begriffe können sich in ihrer umgangs- und fachsprachlichen Bedeutung decken, wenn man zu dem Auslegungsergebnis kommt, daß die Fachsprache den ihr gegebenen Spielraum voll ausschöpft. Zwingende Notwendigkeit ist eine derartige Identität allerdings nicht. Nach der in der vorliegenden Untersuchung vertretenen Auffassung ist sie gerade die Ausnahme: Die Wortlautgrenze der Umgangssprache wird durch die fachsprachliche Verwendung des Begriffes nur erreicht, wenn sich die soziale Bedeutung der möglichen Bezugsobjekte in ihrer rechtlichen Bedeutung erschöpft.

rechtlich untragbaren Konsequenzen führen. Eine Schlußfolgerung dahingehend, daß es vorsätzliches Handeln deshalb eben überhaupt nicht gibt, verbietet sich von selbst. Um das Kriterium der Sachverhaltsbeschreibung allgemeingültig als Vorsatzgegenstand zu retten, bliebe logischerweise nur die Möglichkeit, aus der Sachverhaltsbeschreibung, wie der Täter sie mit seiner Alltagssprache gibt, den *gesetzlich* gebotenen Vorsatzgegenstand herzuleiten, ein ebenso sinnwidriger Ansatz, löst man sich doch vom objektiven Maßstab des Gesetzes und erhebt das Objekt der Beurteilung selbst zum Richtmaß.

Auch hier bestätigt sich wieder die bereits gewonnene Erkenntnis: Die Sprache ist im Hinblick darauf ein Problem, wie festgestellt werden kann, ob der Täter vorsätzlich handelt. Die Lehre von der Parallelwertung weist insoweit den richtigen Weg. Der notwendige Gegenstand des Vorsatzes dagegen kann von sprachlichen Besonderheiten nicht abhängig gemacht werden. Eine sprachlich identische Beschreibung, einerseits des Normbereichs durch den Rechtsanwender, andererseits des Sachverhalts durch den Täter, gibt es nicht.

Einen weiteren naheliegenden Einwand gegen seinen Lösungsansatz sieht Dopslaff selbst[38]: Die bloße Beschreibung des äußeren Geschehensablaufs werde möglicherweise dem sozialen Bedeutungsgehalt der normativen Tatbestandsmerkmale (richtig müßte es heißen: der die normativen Tatbestandsmerkmale ausfüllenden Tatumstände) nicht gerecht. Nach Dopslaff kann das Postulat von der Kenntnis der sozialen Bedeutung im Hinblick auf die Vorsatzrelevanz insoweit nur zum notwendigen Inhalt haben, daß der Täter alle juristisch relevanten Merkmale kennen muß. Eine solche Kenntnis habe der Täter aber, wenn er die Sachverhaltsbeschreibung kenne.

Gegen diese These bestehen erhebliche Bedenken, impliziert sie doch die Deckungsgleichheit von Tatsachen- und Bedeutungskenntnis. So dürften etwa viele Menschen in der Lage sein, einen Vogel als Möwe zu identifizieren, die wenigsten werden damit aber die Bedeutung verbinden, daß es sich dabei um eine dem Jagdrecht unterliegende Tierart handelt. Allgemein ausgedrückt: Wie es das auch von Dopslaff anerkannte[39] Phänomen gibt, daß Menschen einem von ihnen richtig erkannten (und deshalb auch korrekt beschreibbaren) Sachverhalt eine falsche Bedeutung beimessen, gibt es auch den umgekehrten Effekt, daß einem richtig erkannten und demzufolge auch korrekt beschreibbaren Sachverhalt eine objektiv gegebene Bedeutung nicht beigelegt wird.

Ein von Dopslaff[40] für die Abgrenzung zwischen untauglichem Versuch und Wahndelikt gebildetes Beispiel zeigt schließlich die Mehrdeutigkeit des von ihm verwendeten Begriffs der „Sachverhaltsbeschreibung“ und deutet darauf hin, daß Dopslaff die in seiner Konzeption festgestellten Defizite bei der Bedeutungskenntnis durch besonders strenge Anforderungen an die Tatsachenkennt-

[38] Dopslaff, GA 1987, 1ff. (22f.).

[39] Vergleiche dazu anschließend das von Dopslaff gebildete Fallbeispiel.

[40] Dopslaff, GA 1987, 1ff. (26).

nis kompensieren will. In diesem Beispiel hatte der potentielle Täter einer Unterschlagung irrtümlich angenommen, daß die von ihm verkaufte Sache auch ohne Übergabe — und damit entgegen § 929 BGB in das Eigentum des Käufers übergegangen sei. Da sich die Kaufsache tatsächlich noch im Eigentum des Täters befand, es sich für ihn mithin noch nicht um eine fremde Sache handelte, kam nur der untaugliche Versuch einer Unterschlagung (§§ 246 II i.V.m. I, 22f. StGB) in Betracht. Dopslaff[41] lehnt dies ab und stuft das Täterverhalten als Wahndelikt ein. Zur Frage eines entsprechenden Tatentschlusses führt er aus: „Nach diesem (d.h. dem von Dopslaff vorgeschlagenen) Vorsatzverständnis ist die Wissenskomponente des Vorsatzes auf die Sachverhaltsbeschreibung gerichtet. Kennt der Täter diesen Sachverhalt — weiß er also, daß er seine eigene Sache zwar verkauft, aber jedenfalls noch nicht an den Käufer übergeben hat — und führt dieser Sachverhalt nicht zur Fremdheit der Sache, dann gehören zusätzliche Überlegungen für die Bedeutung des Normbegriffs „fremd" nicht mehr zum Vorsatz. Führt der Täter also etwas für den Vorsatz Irrelevantes in seine Vorstellungen ein, dann wird der Vorsatz hiervon nicht berührt."

In ihrer rein am äußerlichen Geschehensablauf orientierten Sicht erinnern diese Ausführungen stark an die bereits im 19. Jahrhundert vertretene[42] und in den achtziger Jahren von Burkhardt[43] wieder aufgegriffene Unterscheidung nach error iuris und error facti zur Abgrenzung zwischen Wahndelikt (bei Rechtsirrtum) und untauglichem Versuch (bei Tatsachenirrtum). Dopslaffs Standpunkt geht aber streng genommen über diesen Ansatz noch hinaus. Offenbar soll es nämlich nicht genügen, daß der Täter die Tatsachen der eigentlichen Tatsituation erfaßt und in einer Sachverhaltsbeschreibung korrekt wiedergeben kann, sondern es kommt zusätzlich auf das zur Tatsituation hinführende Geschehen an. Tatsituation ist im Beispiel der Unterschlagungsvorgang. Der vorausgehende Verkauf nebst vermeintlicher Übereignung ist ein strafrechtlich neutraler Vorgang und wird demzufolge von der Tatbildbeschreibung des § 246 StGB auch gar nicht erfaßt. Der eigentlich relevante Gesichtspunkt in der Tatsituation, die angenommene Fremdheit der Sache, wird dagegen vernachlässigt. Kritierien dafür, welche Tatsachen im Vorfeld der eigentlichen Tathandlung dem Täter für den Vorsatz bekannt sein müssen, liefert Dopslaff nicht. Eine tragfähige Begründung ist auch kaum denkbar, widerspricht dieses Ergebnis doch § 16 I StGB, der den Vorsatzgegenstand auf das vom gesetzlichen Tatbestand beschriebene unmittelbare Tatgeschehen beschränkt.

Zusammenfassend kann daher festgestellt werden, daß auch die These von der Sachverhaltsbeschreibung als Vorsatzgegenstand nicht überzeugt. Es bleibt daran festzuhalten, daß der Normbereich die rechtlich relevante Grenze des Vorsatzgegenstandes darstellt.

---

[41] Dopslaff, GA 1987, 1ff. (26).

[42] Zur Dogmengeschichte ausführlich Heinemann, ZStW 1893, 371ff.

[43] Burkhardt, JZ 1981, 681ff.; vergleiche dazu 5. Kapitel, C. II., III.

F. Resümee und Stellungnahme

Eine Zusammenschau der verschiedenen in den achtziger Jahren ermittelten Modelle zur Bestimmung des Vorsatzgegenstandes führt zu dem Ergebnis, daß der Normbereich des objektiven Tatbestandes an seiner Bedeutung für die Bestimmung des Vorsatzgegenstandes nichts verloren hat, soweit man diejenigen Elemente (objektive Bedingungen der Strafbarkeit, fahrlässig herbeiführbare Erfolgsqualifikationen etc.) ausscheidet, die bereits aus grundsätzlichen Erwägungen nicht als Bezugspunkte des Vorsatzes in Betracht kommen. Dies legt bereits § 16 StGB nahe. Angesichts der Bedeutung des Vorsatzgegenstandes für die Strafbarkeit einer Handlung als Versuch, verstößt eine Vorsatzkonzeption, die hinter den Anforderungen des so verstandenen Normbereichs zurückbleibt, gegen den Grundsatz nullum crimen sine lege (Art. 103 II GG, § 1 StGB). Auch auf der Versuchsebene bleibt die Funktion des Strafgesetzes als „magna charta des Verbrechers“[1] bestehen. Ein Geschehen das als realer Sachverhalt den objektiven Tatbestand nicht ausfüllt, kann auf der subjektiven Ebene kein ausreichender Bezugspunkt des Tatentschlusses sein.

Die Einführung weiterer Gesichtspunkte in den Vorsatzgegenstand, wie dies Frisch mit dem Wissen um das Risiko propagiert, begegnet dagegen keinen Bedenken, ändert aber andererseits auch nichts daran, daß der Täter bei einer Überdehnung des Normbereiches keinen strafrechtlich relevanten Vorsatz hat. Der Täter muß sich als notwendigen[2] Vorsatzgegenstand ein Geschehen vorstellen, das nach seinem äußeren Erscheinungsbild diejenigen Eigenschaften aufweist, die der objektive Tatbestand umschreibt, *und* er muß diesem Geschehen diejenige Bedeutung zumessen, die ihm durch die Beschreibung der Tatumstände im objektiven Tatbestand beigelegt wird. Das Ende des Normbereichs markiert damit weiterhin die Grenze zwischen Wahndelikt und strafbarem (untauglichen) Versuch. Die Antwort auf die Frage, ob sich der Täter in einem umgekehrten Subsumtionsirrtum befindet, liefert so eine grundlegende Weichenstellung für die Beurteilung der Strafbarkeit. Die exakte Bestimmung des umgekehrten Subsumtionsirrtums hat daher durch die vorgenommene Konkretisierung des Vorsatzgegenstandes nichts an ihrer rechtlichen Relevanz verloren.

---

[1] Franz v. Liszt, Aufsätze und Vorträge, Band II, 1905, S. 80.

[2] Eine andere Frage ist, ob dieser Vorsatzgegenstand auch hinreichend ist; vergleiche etwa die Anreicherung des Vorsatzgegenstandes um die Risikokomponente bei Frisch.

3. Kapitel

Die Rechtsprechung

Der Begriff des „umgekehrten Subsumtionsirrtums" wird als terminus technicus in der höchstrichterlichen Rechtsprechung von Reichsgericht und Bundesgerichtshof an keiner Stelle gebraucht, ein Umstand der umso überraschender ist, als der damit angesprochene Problemkreis Gegenstand einer ganzen Reihe von Entscheidungen ist. Das vorliegende Kapitel soll — ohne daß Vollständigkeit angestrebt und von einer gewissen Gewichtung abgesehen wird — einen exemplarischen Überblick über die Behandlung des umgekehrten Subsumtionsirrtums in der Rechtsprechung geben.

A. Das Reichsgericht

I. Ausgewählte Rechtsprechungsbeispiele

1. Irrtümliche Annahme der Rechtswidrigkeit des erstrebten Vermögensvorteils im Rahmen des § 263 StGB

Die Gelegenheit zu einer ersten grundsätzlicheren Erörterung der Abgrenzungsproblematik zwischen umgekehrtem Subsumtionsirrtum und untauglichem Versuch nahm das Reichsgericht in einer Entscheidung vom 3. 12. 1908[1] wahr.

Nach dem dort zu beurteilenden Sachverhalt hatten die Angeklagten gegenüber einer Versicherung als Todeszeitpunkt eines von ihnen zuvor versicherten Pferdes bewußt einen im Verhältnis zum tatsächlichen Todeseintritt späteren Tag angegeben. Tatsächlich war das Pferd einen Tag nach Zahlung der Versicherungsprämie, aber vor Aushändigung der Police gestorben. Obwohl das Versicherungsverhältnis damit im Todeszeitpunkt schon bestand, glaubten die Angeklagten, es beginne erst mit der Aushändigung der Police und bezeichneten deshalb einen Tag nach dem Erhalt des Versicherungsscheines als Todeszeitpunkt.

Da die Leistungspflicht der Versicherungsgesellschaft auch nach dem wahren Geschehensablauf bestand, fehlte es unter anderem an der Rechtswidrigkeit des erstrebten Vermögensvorteils, so daß vollendeter Betrug (§ 263 StGB) ausschied. Die Frage war allerdings, ob sich die Angeklagten wegen untauglichen Versuchs (§§ 263, 22f. StGB) strafbar gemacht hatten.

---

[1] RGSt 42, 92ff.

Dies muß nach der Auffassung des Reichsgerichts bejaht werden. Insbesondere liege ein über den objektiv eingetretenen Erfolg hinausgehender Vorsatz vor, „denn der Täter will einen Tatbestand verwirklichen, der dem gesetzlichen Tatbestand eines Delikts entspricht“[2]. Wesentlich sei, daß der Wille des Täters auf einen wirklich, nicht bloß vermeintlich verbotenen und unter Strafe gestellten Erfolg gerichtet war, daß also „das Verbot nicht bloß im Wahne des Täters besteht“[3]. Kennzeichen eines solchen Wahndelikts sei es, daß der Irrtum das Bestehen oder das Geltungsgebiet einer Strafrechtsnorm betreffe. Beziehe der Täter eine Norm infolge irrtümlicher Erweiterung ihres Geltungsbereichs auf die von ihm gewollte Handlung, befindet er sich also in einem umgekehrten Subsumtionsirrtum, so halte sich sein Wille innerhalb der Schranken des positiven Rechts und sei auf einen „unverbotenen“[4] Erfolg gerichtet, während bei vermeintlicher Erfüllung des Tatbestands der Wille über diese Schranken hinweg in das Gebiet des positiven Strafrechts übertrete und auf ein wirkliches, nicht bloß vermeintliches Delikt hinziele. In diesen Fällen des untauglichen Versuchs beziehe der Täter eine bestehende, von ihm richtig gewürdigte Norm auf sein Tun, weil er irrtümlich ein in der Norm liegendes Tatbestandserfordernis — d.h. nach dem hier zugrunde gelegten Begriffsverständnis einen Tatumstand — für tatsächlich vorliegend erachte.

Insbesondere zur Begründung der Strafbarkeit des untauglichen Versuchs stützt sich das Reichsgericht auf einen Umkehrschluß, der in der Folgezeit, jedenfalls der Sache nach, die Entscheidungsfindung der Rechtsprechung prägt:

„Wie der tatsächliche Irrtum nach § 59 St.G.B.'s (jetzt § 16 I 1 StGB) die Schuld ausschließt, so findet er auch umgekehrt zu Ungunsten des Täters Beachtung, wenn er zur Annahme eines in Wirklichkeit nicht vorhandenen Tatbestandserfordernisses führt. Und wie der Irrtum über Bestehen und Tragweite eines Strafgesetzes zur Schuldausschließung nicht geeignet ist, so kann er auch gegen den Täter nicht als schuldbegründend in Betracht kommen, der gegen eine in Wirklichkeit ihm nicht entgegenstehende Strafvorschrift zu handeln glaubt.“[5]

Noch einmal hervorgehoben zu werden verdient: Das Reichsgericht[6] benutzt diesen Umkehrschluß nicht nur zur strukturellen Abgrenzung von umgekehrtem Subsumtionsirrtum und umgekehrtem Sachverhaltsirrtum, sondern zieht ihn als Argument für die Strafbarkeit des untauglichen Versuchs heran.

Für die Abgrenzung zwischen untauglichem Versuch und Wahndelikt bedeutet der Rückgriff auf den Umkehrschluß, daß sie nach denselben

[2] RGSt 42, 92ff. (93).

[3] RGSt 42, 92ff. (93).

[4] RGSt 42, 92ff. (94).

[5] RGSt 42, 92ff. (94).

[6] In diesem Sinne außer den im folgenden angeführten Urteilen u.a. auch die Entscheidungen RGSt 55, 138ff. (142); 56, 316ff.

Gesichtspunkten erfolgt, wie beim einfachen Irrtum zwischen vorsatzausschließendem und nichtvorsatzausschließendem Irrtum unterschieden wird. Dort differenzierte das Reichsgericht zwischen Tatsachenirrtum und Rechtsirrtum, wobei es den letzteren in außerstrafrechtliche und strafrechtliche Rechtsirrtümer unterteilte. Vorsatzausschließende (d.h. nach der Tatbestandssystematik des Reichsgerichts auch schuldausschließende) Wirkung hatten der Tatsachenirrtum und der außerstrafrechtliche Rechtsirrtum[7]. Der strafrechtliche Rechtsirrtum hingegen war grundsätzlich unbeachtlich. Für den umgekehrten Irrtum bedeutet eine konsequente Anwendung des Umkehrschlusses daher: Tatsachenirrtum und außerstrafrechtlicher Rechtsirrtum führen zum untauglichen Versuch, der strafrechtliche Rechtsirrtum hingegen begründet ein Wahndelikt. Die folgende Entscheidungsübersicht wird allerdings erweisen, daß diese Unterscheidung dann zu einem Dilemma führt, wenn „ein Delikt Thatbestandsmerkmal eines anderen Delikts“[8] ist. Einerseits handelt es sich bei einer entsprechenden Fehleinschätzung um einen eigentlich unbeachtlichen strafrechtlichen Irrtum, andererseits stellt die angenommene Straftat gerade eine der Tatsachen dar, die vorliegen müssen, um den weiteren Deliktstatbestand zu verwirklichen.

Nach der heutigen Irrtumssystematik müßte die Formel des Reichsgerichts auf der Grundlage des finalen Verbrechensaufbaus — das Reichsgericht behandelte den Vorsatz noch als Element der Schuld — lauten: Wie der Tatbestandsirrtum nach § 16 I 1 StGB (zu ergänzen: mangels Vorsatzes) die Verwirklichung des subjektiven Tatbestandes (und damit die Strafbarkeit) ausschließt, führt der umgekehrte Tatbestandsirrtum (zu ergänzen: wegen des gegebenen Vorsatzes) zu einem Versuch (der trotz seiner Untauglichkeit strafbar ist). Und wie der Subsumtionsirrtum den subjektiven Tatbestand (zu ergänzen: wegen des fortbestehenden Vorsatzes) nicht entfallen läßt, so kann der umgekehrte Subsumtionsirrtum (zu ergänzen: wegen des fortbestehenden Vorsatzmangels) den subjektiven Tatbestand nicht ausfüllen.

Dieser Rückschluß vom Vorliegen des Vorsatzes auf die Strafbarkeit des untauglichen Versuchs ist — wie noch dargelegt werden wird[9] — unhaltbar und wird deshalb zu Recht heute allgemein abgelehnt[10].

---

[7] Zur Kritik grundlegend mit zahlreichen Rechtsprechungsnachweisen Kohlrausch, S. 84ff., 118ff. und passim. Der Kritik von Kohlrausch ist das Schrifttum nahezu einmütig gefolgt, vgl. die ausführlichen Nachweise bei Tischler, S. 43f. Fn. 17. Weitere umfassende Rechtsprechungsnachweise bei v. Olshausen, 11. Auflage (1927), S. 311ff.; in der neueren Zeit Schlüchter, Irrtum über normative Tatbestandsmerkmale, S. 38ff.; Tischler, S. 40ff., Kuhlen, S. 161ff.

[8] Kohlrausch, S. 165.

[9] Vergleiche unten, 4. Kapitel, A.III.

[10] Grundlegend Spendel, ZStW 69 (1957), 441ff.; ders., NJW 1965, 1881ff.; vor Spendel z.B. v. Hippel, Lehrbuch, S. 158 Fn. 1; Dohna, S. 56f.; Spendel folgend u.a.: Hartwig, GA 1957, 170ff. (172ff.); Traub, NJW 1960, 348f. (349); Stöger, S. 31ff.; Baumann, NJW 1962, 16ff. (18); Maurach, NJW 1962, 716ff. (718f. Fn. 9); König, S. 56; Sax, JZ 1964, 241ff. (244f.); Kuhrt, S. 82f.; Dicke JuS 1968, 157ff. (158); Probst, S. 39ff.;

2. *Irrtümliche Annahme des geschlechtlichen Verkehrs mit der leiblichen Tochter*

In seiner in RGSt 47, 189ff. veröffentlichten Entscheidung hatte das Reichsgericht die Strafbarkeit eines Täters zu beurteilen, der mit seiner 16-jährigen Stieftochter geschlechtlich verkehrt hatte, die er für seine leibliche Tochter hielt, tatsächlich aber aus einer Beziehung seiner Frau mit einem Dritten stammte. Das Gericht sah den Tatbestand der versuchten Blutschande (§ 173 I StGB a. F.; Blutschande wurde als Verbrechen geahndet) als verwirklicht an. Zur Abgrenzung zwischen Wahnverbrechen und untauglichem Versuch folgt es in der Urteilsbegründung dem in RGSt 42, 92ff. eingeschlagenen Weg: „Um ein Wahnverbrechen handelt es sich andererseits nicht, denn der Angeklagte hat nicht etwa irrig angenommen, das was er tue, sei gesetzlich verboten, sondern das, was er tat, wäre in Wahrheit ein vollendetes Verbrechen gewesen, wenn die Tatumstände so gestaltet gewesen wären, wie er es annahm. Sein Wille war nicht auf die Begehung einer straflosen und nur aus Rechtsirrtum für strafbar erachteten Tat gerichtet, sondern sein Vorsatz war so beschaffen, daß die davon umfaßte Handlung ein vollendetes Verbrechen dargestellt hätte, wenn die Begleitumstände die gewesen wären, die der Angeklagte für gegeben erachtete. Der Angeklagte befand sich nicht im Irrtum über das Strafgesetz, sondern in einem Irrtum über Tatumstände."[11] Das Gericht grenzt also auf der Grundlage der in RGSt 42, 92ff. getroffenen Unterscheidungskriterien Wahndelikt und untauglichen Versuch ab. Auch am Umkehrschluß zur Begründung der Strafbarkeit des untauglichen Versuchs hält es fest, wenn es in diesem Zusammenhang, ohne den Gedankengang ausdrücklich darzulegen, auf RGSt 42, 92ff. verweist[12].

3. *Irrtümliche Annahme der Zuständigkeit*

In der Folgezeit behandelte das Reichsgericht in zwei Entscheidungen die Frage, wie die irrtümliche Annahme der Zuständigkeit der den Eid abnehmenden Stelle im Rahmen des Meineidtatbestands rechtlich zu beurteilen ist. Diese Konstellation ist, wie bereits angedeutet[13], deshalb besonders interessant, weil der Täter sich in diesen Fällen primär über den Anwendungsbereich einer Norm im Vorfeld des Straftatbestandes irrt, die die Zuständigkeit zur Eidesabnahme begründet.

a) In RGSt 60, 25ff. verurteilte das Reichsgericht eine Frau wegen versuchten Meineids, die diesen vor dem insoweit unzuständigen Staatsanwalt geleistet

---

Engisch, FS-Heinitz (1972), S. 185ff.; Hall, FS-Maurach (1972), 107ff.; Herzberg, JuS 1980, 469ff. (479f.); Puppe, FS-Lackner (1987), S. 199ff.

[11] RGSt 47, 189ff. (190f.).

[12] Ebenso RGSt 49, 16ff. (20) bei der Frage, ob ein versuchter Betrug gegeben ist.

[13] Vergleiche die Anmerkungen zur Abgrenzungsproblematik oben 1. Kapitel, D.

hatte. Auf die höchst komplizierte Abgrenzungsproblematik, die sich um das Tatbestandsmerkmal „zuständig“ rankt, geht das Gericht nicht näher ein.

b) In RGSt 65. 206ff. wurde die Beeidigung von einer dafür unzuständigen Referendarin vorgenommen. Das Reichsgericht verurteilte auch hier wegen versuchten Meineids und lieferte dafür eine Begründung, die wohl auch unausgesprochen dem vorstehenden Urteil zugrunde liegt. Die Angeklagte sei bei der Eidesleistung ersichtlich davon ausgegangen, vor einer zur Abnahme von Eiden zuständigen Behörde zu stehen. Sie habe also irrtümlich einen Umstand als vorhanden angesehen, der zum gesetzlichen Tatbestand gehöre und vom Vorsatz umfaßt sein müsse. Ein Hinweis auf den Umkehrschluß ist der Entscheidung nur indirekt zu entnehmen, wenn sie auf das Urteil in RGSt 60, 25ff. verweist, das seinerseits auf die den Umkehrschluß begründenden Ausführungen in RGSt 42, 92ff. Bezug nimmt.

4. Irrtümliche Annahme einer rechtswidrigen Tat im Rahmen der §§ 259, 260 StGB

Die Entscheidung RGSt 64, 130ff. befaßt sich mit einem Fall, der insbesondere auch für das grundsätzliche Verständnis der reichsgerichtlichen Irrtumsrechtsprechung von großem Interesse ist[14].

Der Angeklagte hatte bei einer Druckerei gefälschte Fahrscheine „bestellt“, die er als echt verkaufen wollte. Die Druckerei war darauf allerdings nur zum Schein eingegangen und übersandte dem Angeklagten lediglich unbedruckte Blöcke. Der Angeklagte wiederum hatte zwischenzeitlich Kontakt mit weiteren in den Plan eingeweihten Personen aufgenommen, die die Fahrkarten verkaufen sollten. Der Angeklagte glaubte dabei, daß er sich bereits mit dieser Kontaktaufnahme wegen versuchten Betrugs strafbar machte.

Das Reichsgericht lehnt eine solche Verurteilung wegen versuchten Betruges (§§ 263, 43 StGB, jetzt §§ 263, 22f. StGB) mangels unmittelbaren Ansetzens zu einer Täuschungshandlung ab. Zu verurteilen ist der Angeklagte nach der Meinung des Reichsgerichts jedoch wegen versuchter gewerbsmäßiger Hehlerei (§§ 259, 260, 43 StGB, jetzt §§ 259, 260, 22f. StGB). Zwar gehöre eine strafbare Vortat stets zum Tatbestand der §§ 259, 260 StGB, ihr Mangel schließe jedoch die Annahme eines strafbaren Versuchs nach §§ 260, 43 StGB dann nicht schlechthin aus, wenn der Nachtäter irrtümlich eine strafbare Handlung als Vortat für vorliegend erachte. Von einem solchen Versuch am untauglichen Objekt könne ausgegangen werden, wenn der Täter irrtümlich Tatsachen als vorhanden angenommen habe, die bei ihrem Vorliegen ergeben würden, daß die Sachen im Sinne des § 259 StGB mittels einer strafbaren Handlung erlangt sind.

Für den umgekehrten Fall, bei dem dem Täter diese Tatsachenkenntnis fehlt, bedeutet das: Der Irrtum über den Normbereich einer Strafbestimmung in ihrer

[14] Vergleiche unten A. II. 2.

Eigenschaft als Vorfeldnorm führt zu einer Überdehnung der eigentlichen Strafnorm und damit zu einem straflosen Wahndelikt infolge umgekehrten Subsumtionsirrtums.

5. Irrtümliche Annahme einer Pflicht zur Steuerzahlung

In einer Reihe von Entscheidungen beschäftigte sich das Reichsgericht mit der Frage, wie im Rahmen des Tatbestandes der Steuerhinterziehung (damals § 360 RAbgO, jetzt § 370 I Nr. 2 AO) die Unterscheidung zwischen Wahndelikt und untauglichem Versuch zu treffen ist. Dabei ist es ihm nicht gelungen, eine einheitliche Linie in seine Entscheidungsfindung zu bringen[15]. Exemplarisch dafür seien die folgenden Urteile genannt.

a) In seiner Entscheidung RGSt 64, 229ff. (238) führt das Gericht aus, daß zwar der Mangel der Steuerpflicht der Annahme eines strafbaren Versuchs der Steuerhinterziehung keineswegs grundsätzlich entgegenstehe. Vielmehr seien diejenigen, die den subjektiven Tatbestand der Steuerhinterziehung erfüllten, auch dann wegen Versuchs zur Verantwortung zu ziehen, wenn die Steuerpflicht objektiv nicht (mehr) bestehe, etwa weil eine Vorauszahlung sie schon voll abgedeckt habe: „Die Strafbarkeit des Versuchs beruht bei so beschaffenen Handlungen darauf, daß die Täter in ihrem steuerunehrlichen Vorgehen durch falsche Vorstellungen über *tatsächliche* Verhältnisse (. . .) geleitet werden.“[16] Ein strafloses Wahndelikt hingegen begehe, wer ausschließlich über die Grenzen des Herrschaftsgebietes des maßgebenden Steuergesetzes irre und seine Tat wegen eines Irrtums über die Anwendbarkeit einer steuerrechtlichen Strafvorschrift für verboten halte. Ergänzend heißt es dazu in einer wenige Monate später ergangenen Entscheidung[17]: „Angesichts der Unübersichtlichkeit der Pflichten, die in den Steuergesetzen um der Besteuerung willen auferlegt sind, angesichts des weiten Raums der sich für einen Irrtum über das Bestehen und die Anwendbarkeit steuerrechtlicher Vorschriften eröffnet, würde es unerträgliche Folgen nach sich ziehen, wenn zugelassen würde, daß jeder nach § 360 RAbgO. verantwortlich zu machen sei, in dem Rechtsunkenntnis die Vorstellung hervorruft, daß sein Verhalten, das mangels des Bestehens des vermeintlichen Steueranspruchs steuerrechtlich belanglos ist, die Verkürzung eines Steueranspruchs zur Folge haben werde.“

Nach dieser Konzeption führt also die Überdehnung des Normbereichs einer Bestimmung im Vorfeld des Straftatbestandes (= einschlägige Steuernorm) zu

---

[15] Hintergrund der Uneinigkeit sind unterschiedliche Rechtsauffassungen dreier Senate des Reichsgerichts, die sich alle mit dem Problem befaßt haben. Während der erste (RGSt 68, 44ff. 53f.) und der fünfte Strafsenat (HRR 1938 Nr. 131) sich entschieden für untauglichen Versuch aussprachen, ging der zweite Strafsenat in ständiger Rechtsprechung (vgl. RGSt 64, 229ff. 238; 65, 165ff. 172; 66, 194ff. 200) von einem Wahndelikt aus.

[16] RGSt 64, 229ff. (238); Hervorhebung vom Verfasser.

[17] RGSt 65, 165ff. (172); zustimmend Meyer in: Erbs/Kohlhaas, Strafrechtliche Nebengesetze, § 370 AO, Anm. 9 a) bb).

einer Überdehnung der Strafbestimmung selbst (= § 360 RAgbO bzw. § 370 AO) und damit zu einem Wahndelikt aufgrund umgekehrten Subsumtionsirrtums.

b) Ganz gegen diese Grundsätze entschied das Reichsgericht wenige Jahre später[18]. Wer sich in einem Irrtum über die Tragweite eines Steuergesetzes befinde, begehe kein Wahndelikt. Der Strafrichter könne einen Angeklagten auch bei objektivem Nichtbestehen eines Steueranspruches wegen untauglichen Versuchs verurteilen, wenn der Angeklagte das Bestehen des Anspruches angenommen und durch sein Verhalten den nach seiner Vorstellung bestehenden Anspruch zu verkürzen versucht habe. Der Irrtum über den Normbereich der Vorfeldnorm ist nach diesem Urteil also ohne Bedeutung für den Tatbestand der Strafbestimmung und läßt folglich auch den Vorsatz unberührt[19].

6. Irrtümliche Annahme des Fälschens einer öffentlichen Urkunde

In der Entscheidung RGSt 66, 124ff. hielten die Angeklagten im Zusammenhang mit einer Urkundenfälschung eine Privaturkunde irrig für eine öffentliche Urkunde. Die Frage war deshalb, ob sich die Angeklagten wegen des Versuchs der Fälschung einer öffentlichen Urkunde strafbar gemacht hatten. Das Reichsgericht, das den Fall zum Anlaß nahm, seine Auffassung zur Abgrenzung Wahndelikt — untauglicher Versuch ausführlich darzulegen, kam zu dem Ergebnis, daß es sich um ein bloßes Wahndelikt (zu ergänzen: in Gestalt eines umgekehrten Subsumtionsirrtums) handelte. In Anwendung des zuvor noch einmal skizzierten Umkehrschlusses aus RGSt 42, 92ff. führt das Reichsgericht auf der Grundlage des § 59 StGB (jetzt § 16 I StGB) aus: „Ist also der Täter in Kenntnis aller Tatumstände der Ansicht, diese ergäben, daß ein von ihm mit einem bestimmten Inhalt fälschlich angefertigtes Papier eine Urkunde im Sinne des § 267 StGB. sei, so kann dieser Glaube allein das Papier nicht zur Urkunde und damit zum Gegenstand einer Urkundenfälschung machen. Dann muß aber das Entsprechende auch gelten, wenn der Täter in Kenntnis aller Tatsachen aus bloßem *strafrechtlichem Irrtum* eine Privaturkunde als eine öffentliche Urkunde ansieht. (...) Ganz anders liegt der Fall, wenn der Täter ein von einem Strafgesetz verlangtes Tatbestandserfordernis irrtümlich für tatsächlich vorliegend erachtet; dann ist ihm dieses nur in seinem Irrtum vorhandene Tatbestandserfordernis in Umkehr des § 59 StGB. zuzurechnen (RGSt. Bd. 42 S. 94). Hier liegt ein Versuch der Tat vor.“[20]

---

[18] RGSt 68, 44ff. (53f.).

[19] Dieser Auffassung schloß sich auf der Grundlage des Umkehrschlusses das Bayerische Oberste Landesgericht in seiner Entscheidung NJW 1955, 1567f. (1568) an. Ebenso entschied 1981 das Kammergericht nach der zwischenzeitlich von Blei und Herzberg entwickelten Lehre vom Rechtsirrtum im Vorfeld des Straftatbestandes. Vergleiche unten C. I. 5. Der Bundesgerichtshof hat die Frage in der Entscheidung BGHSt 16, 282ff. (285) offen gelassen.

[20] RGSt 66, 124ff. (126).

7. Die neue Sicht der Bedeutung eines Irrtums über eine Norm im Vorfeld des Straftatbestandes

In einem inhaltlich äußerst makaberen Fall[21] hatte das Reichsgericht in RGSt 72, 109ff. wieder einen Sachverhalt zu überprüfen, in dem der Täter über eine Norm im Vorfeld des Straftatbestandes[22] irrte. In der rechtlichen Begründung bringt die Entscheidung gegenüber den „Zuständigkeitsfällen" einen deutlichen Wandel. Abstrahiert vom konkreten Sachverhalt läßt sich danach der neue Standpunkt des Reichsgerichts[23] auf der Grundlage der heutigen Diktion wie folgt zusammenfassen: Für die Annahme eines strafbaren untauglichen Versuches genügt es nicht mehr, daß der Täter die Rechtsfolge der Vorfeldnorm und damit das Straftatbestandsmerkmal angenommen hat. Das Reichsgericht fragt, möglicherweise unter dem Einfluß der zwischenzeitlich von Mezger ausformulierten Lehre von der „Parallelwertung in der Laiensphäre"[24], vielmehr danach, warum der Täter die Erfüllung des Tatbestandsmerkmals angenommen hat. Nur wenn er sich Tatumstände vorgestellt habe, die den Tatbestand der Vorfeldnorm ausfüllen, habe der Täter den Versuchsvorsatz. Anderenfalls liege ein Wahndelikt (auf der Grundlage eines umgekehrten Subsumtionsirrtums) vor.

Für die Begründung der Strafbarkeit des untauglichen Versuchs hält das Reichsgericht weiterhin am Umkehrschluß fest.

II. Fazit

1. Die Rechtsprechung zum umgekehrten Irrtum

Eine Analyse der Rechtsprechung zeigt, daß das Reichsgericht, soweit es sich in den ihm zur Untersuchung vorgelegten Fällen näher mit der Abgrenzungsproblematik strafbarer untauglicher Versuch oder strafloses Wahndelikt infolge eines umgekehrten Subsumtionsirrtums auseinandersetzt, seine rechtliche Prüfung zweistufig aufbaut.

a) In einem ersten Schritt prüft es, ob der Täter mit den Vorstellungen, die er sich von der in Frage kommenden Strafnorm macht, deren Reichweite überdehnt. Bereits durch das Ergebnis dieser Untersuchung wird die rechtliche Einordnung endgültig festgelegt. Überdehnt der Täter den Normbereich, so handelt es sich um ein Wahndelikt, sonst um einen vom Vorsatz getragenen untauglichen Versuch. Hinweise darauf, wie dieser Normbereich zu bestimmen

---

[21] Der wegen Rassenschande angeklagte „Täter" hatte sich irrtümlich für einen Juden gehalten.

[22] Diese Norm bestimmte die Voraussetzungen, unter denen man im Sinne der NS-Gesetzgebung als Jude galt.

[23] RGSt 72, 109ff. (112).

[24] Mezger, JW 1927, 2006ff.

ist, fehlen weitgehend und lassen — soweit vorhanden — kein klares Bild erkennen. Einerseits scheinen die Resultate der Rechtsprechung des Reichsgerichts insbesondere zum Tatbestandsmerkmal „zuständig" zu belegen, daß nach Auffassung des Gerichts die irrtümliche Ausweitung einer Norm im Vorfeld des Straftatbestandes den Normbereich desselben unberührt läßt. Andererseits deuten die Ausführungen in RGSt 72, 109ff. und RGSt 64, 130ff. sowie Teile der Rechtsprechung zur Steuerhinterziehung darauf hin, daß nach Auffassung des Reichsgerichts Normen im Vorfeld des Straftatbestandes die Reichweite desselben mitbestimmen, mithin also deren Überdehnung zu einem umgekehrten Subsumtionsirrtum und damit zu einem Wahndelikt führt.

b) In einem zweiten Schritt wird sodann, soweit der Umkehrschluß überhaupt herangezogen wird, quasi als zusätzliches Argument mit Hilfe des Umkehrschlusses entsprechend dem bereits gefundenen Ergebnis dargelegt, inwieweit der Täter mit oder ohne Vorsatz gehandelt hat (Abgrenzungsfunktion) und sich *deshalb* wegen eines untauglichen Versuchs strafbar gemacht hat oder wegen eines Wahndelikts straflos bleibt (Umkehrschluß als Argument für die Strafbarkeit des untauglichen Versuchs). Die Fragwürdigkeit dieses Rückschlusses vom vorsatzausschließenden auf den vorsatzbegründenden Irrtum und die Strafbarkeit des untauglichen Versuchs wird im Laufe der Untersuchung noch dargelegt werden[25].

2. Konsequenzen für das Verständnis der reichsgerichtlichen Irrtumslehre

Der Rechtsprechung zum umgekehrten Irrtum kann aufgrund ihrer Widersprüche keine abschließenden Erkenntnisse für das Verständnis der reichsgerichtlichen Irrtumssystematik liefern. Sie erlaubt aber in Teilbereichen interessante Einblicke in die Grundlagen dieser Lehre.

Da das Reichsgericht das Unrechtsbewußtsein für entbehrlich hielt, konzentrierte sich das Interesse darauf, zu bestimmen, wann ein vorsatzausschließender Irrtum vorlag. Wie bereits dargelegt[26], unterschied das Reichsgericht beim Irrtum zugunsten des Täters zwischen Tat- und Rechtsirrtum und innerhalb des Rechtsirrtums zwischen strafrechtlichem und außerstrafrechtlichem Rechtsirrtum. Bis heute herrscht in der Literatur keine letzte Einigkeit über die rechtliche Behandlung der verschiedenen Irrtumskategorien durch das Reichsgericht[27]. Zwar wird überwiegend vertreten, daß der Tatsachenirrtum und der außerstrafrechtliche Rechtsirrtum den Vorsatz ausschlossen, während der strafrechtliche Rechtsirrtum vorsatz- und schuldirrelevant war. Die rechtliche Behandlung des umgekehrten Irrtums durch das Reichsgericht läßt sich indessen nur zum Teil

---

[25] Vergleiche unten, 4. Kapitel, A. III.

[26] 3. Kapitel, A. I. 1.

[27] Vergleiche nur jüngst wieder die Interpretation durch Kuhlen, S. 161ff.

mit dieser einförmigen Behandlung des strafrechtlichen Rechtsirrtums vereinbaren und deutet darauf hin, daß das Gericht selbst keine einheitliche Linie in seiner Rechtsprechung vertrat.

Testfall[28] für das „normanwendungsabsolute"[29] Begriffsverständnis der herrschenden Meinung ist das Tatbestandsmerkmal „rechtswidrige Tat", wie es etwa in den §§ 257ff. StGB enthalten ist. Bei diesem Tatbestandsmerkmal fungieren die die rechtswidrige Tat beschreibenden Strafrechtsnormen als Normen im Vorfeld der Tatbestände der §§ 257ff. StGB. Von einer Unbeachtlichkeit des strafrechtlichen Irrtums kann in diesem Zusammenhang nur ausgegangen werden, wenn man der Überdehnung der Vorfeldnorm keine vorsatzbegründende Wirkung beimißt und davon ausgeht, daß die Überdehnung des Vorfeldtatbestandes auch zu einer vorsatzausschließenden Überdehnung des Tatbestandes der §§ 257ff. StGB führt. Gerade darüber besteht jedoch in der Rechtsprechung des Reichsgerichts keine Einigkeit, wie die obige Übersicht zeigt.

Soweit das Gericht in den Zuständigkeitsfällen sowie teilweise in Steuerhinterziehungsfällen derartigen Normbereichsüberdehnungen der Vorfeldnorm vorsatzbegründende Wirkung zumißt, würde ein Irrtum über Strafnormen in ihrer Funktion als Vorfeldnormen zu einem vom Vorsatz getragenen Handeln des Täters führen. Das Gericht geht also in diesen Sequenzen seiner Rechtsprechung zum umgekehrten Irrtum von einem „normanwendungsrelativen Begriffsverständnis"[30] des Terminus „strafrechtlicher Rechtsirrtum" aus, d.h. nur der Rechtsirrtum über die Strafnorm, unter deren Tatbestand das Handeln des Angeklagten zu subsumieren ist, hat keinen Einfluß auf den Tätervorsatz.

Die Entscheidung RGSt 72, 109ff. und die Urteile des 2. Strafsenats zur Steuerhinterziehung stehen dagegen der Sache nach auf dem Standpunkt, daß eine derartige Fallkonstellation zu einer Normbereichsüberdehnung führt und folglich den Vorsatz nicht begründen kann. Und auch in dem einzigen Urteil[31], in dem sich das Reichsgericht mit dem umgekehrten Irrtum beim Tatbestandsmerkmal „rechtswidrige Tat" beschäftigte, entschied es, daß der Täter als Voraussetzung einer Verurteilung wegen versuchter Hehlerei irrtümlich Tatsachen als vorhanden annehmen muß, die bei ihrem Vorliegen den Tatbestand einer Straftat erfüllen und so unter das Tatbestandsmerkmal „rechtswidrige Tat" fallen würden. Eine über die §§ 259, 260 StGB hinausgehende grundsätzliche

---

[28] Schon Kohlrausch, S. 164ff., versuchte beim einfachen Irrtum diese Fallgruppe für das Verständnis der reichsgerichtlichen Irrtumsrechtsprechung fruchtbar zu machen: „Eine letzte Gruppe von Fällen wäre geeignet, einen Maßstab abzugeben für die Tiefe oder Flachheit des Gedankens, der dem Satze vom außerstrafrechtlichen Rechtsirrtum zu Grunde liegt; es sind das die Fälle, in denen ein Delikt Thatbestandsmerkmal eines anderen Delikts ist." (S. 164f.).

[29] Kuhlen, S. 161.

[30] Kuhlen, S. 161 und S. 176ff.

[31] RGSt 64, 130ff.

Entscheidung hat das Reichsgericht nach seinem eigenen Bekunden damit indessen nicht getroffen, läßt es doch die Frage, ob die Überdehnung der Vorfeldnorm bei den §§ 257, 258, 258a StGB zum untauglichen Versuch führt, ausdrücklich dahingestellt[32]. So erstaunt es auch nicht, daß das Reichsgericht im Bereich des einfachen Irrtums in einer ganzen Reihe von Entscheidungen[33], mit Blick auf das Vortaterfordernis bei §§ 257ff. StGB, für den Vorsatz über die Tatsachenkenntnis hinaus das Wissen um den Charakter der Tat als eine strafbare Handlung verlangt.

B. Der Bundesgerichtshof

I. Die Rechtsprechung bis zum Beschluß des Großen Senats für Strafsachen BGHSt 2, 194ff.

1. Die irrtümliche Annahme der Zuständigkeit

Der Bundesgerichtshof beschäftigte sich erstmals in einem Urteil vom 5. 1. 1951[1] mit der Abgrenzung zwischen umgekehrtem Subsumtionsirrtum und untauglichem Versuch. Es handelte sich dabei um eine weitere Entscheidung in der Reihe der „Zuständigkeitsfälle". Der Angeklagte hatte gegenüber der Direktion einer Privatbahn eine falsche eidesstaatliche Versicherung abgegeben, um eine Anstellung zu erlangen. Dabei hatte er die Direktion für befugt gehalten, eine eidesstattliche Versicherung entgegenzunehmen. Der BGH hob die Verurteilung wegen versuchter falscher Versicherung an Eides Statt auf[2].

Im Zuge der laufenden Diskussion um die Komplexbegriffe ordnete der BGH den Begriff „zuständige Behörde" als „gewöhnliches" Tatbestandsmerkmal ein. Nach allgemeinen Grundsätzen sei daher ein versuchtes Vergehen gegen § 156 StGB gegeben, wenn der Täter die falsche Versicherung vor einer Stelle abgegeben hat, die zwar nicht in Wirklichkeit, jedoch nach seiner Vorstellung eine zur Abnahme zuständige Behörde sei. Dabei genüge allerdings nicht der bloße Glaube, die Bahndirektion dürfe eidesstattliche Versicherungen entgegennehmen, denn: „Die zuständige Behörde i. S. dieser Vorschrift ist eine Stelle, der einmal die *allgemeine* Zuständigkeit zukommt, überhaupt eidesstattliche Versicherungen abzunehmen, und die zum anderen weiterhin die Zuständigkeit besitzt, über diesen Gegenstand und in diesem Verfahren derartige Versicherungen entgegenzunehmen."[3] Zuständige Behörde sei die Stelle nach den Tätervorstellungen daher nur dann, wenn er *Tatsachen* annehme, „die den dargelegten

---

[32] RGSt 64, 130ff. (131).

[33] Vergleiche RGSt 5, 23ff. (25f.); 13, 81ff. (83f.); 55, 234f.

[1] BGH JZ 1951, 177ff. = BGHSt 1, 13ff.

[2] Nach § 156 II StGB war der Versuch der falschen Versicherung an Eides Statt damals noch ausdrücklich unter Strafe gestellt.

[3] BGH, JZ 1951, 177ff. (178).

Inhalt des Begriffes der zuständigen Behörde ausmachen"[4]. Diese Annahme läge z. B. vor, wenn zwar die allgemeine Zuständigkeit einer Behörde gegeben sei, aber sonstige Zuständigkeitsmängel vorlägen, wie etwa bei der Eidesabnahme durch einen die Verhandlung führenden Referendar, der für den Richter gehalten werde. Ebenso genüge im Rahmen des § 156 StGB die Kenntnis, vor welcher Behörde und in welchem Verfahren die Versicherung abgegeben werde. Der Schluß auf die Zuständigkeit der Behörde „ist nicht nötig"[5]. Insoweit läge lediglich ein unbeachtlicher Subsumtionsirrtum vor.

Der BGH reduziert also den Versuchsvorsatz auf die irrige Annahme derjenigen Tatsachen, die das Tatbestandsmerkmal richtig ausfüllen würden[6]. Er behandelt damit das Tatbestandsmerkmal „zuständige Behörde" nicht anders als dies auch durch die Lehre von den Komplexbegriffen geschieht. Hintergrund dieser Fehleinschätzung ist die mangelnde Differenzierung zwischen der Bedeutungskenntnis und der exakten Subsumtion. Irrtumsrechtlich gibt es daher nicht nur die Alternative zwischen dem vorsatzausschließenden umgekehrten Tatsachenirrtum und dem umgekehrten Subsumtionsirrtum, sondern eine Dreiteilung zwischen umgekehrtem Tatsachenirrtum, umgekehrtem Bedeutungsirrtum und umgekehrtem Subsumtionsirrtum. Daß dem Urteil des BGH im Ergebnis — Wahndelikt[7] — trotzdem zuzustimmen ist, wird an späterer Stelle noch erläutert werden.

Tischler[8] macht richtigerweise die obige Irrtumsdreiteilung zur Grundlage seiner Urteilskritik. Zur Illustration der möglichen Beziehung zwischen Tätervorstellung und Sachverhalt unterscheidet er folgende Alternativen[9]:

1. Richtige Tatsachenkenntnis und richtige Bedeutungskenntnis
2. Richtige Tatsachenkenntnis und irrige Bedeutungskenntnis
3. Tatsachenunkenntnis und richtige Bedeutungskenntnis
4. Tatsachenunkenntnis und irrige Bedeutungsannahme

Im Fall BGHSt 1, 13 handele es sich um die Variante 2. Der Täter kenne die Tatsachen — Eidesableistung vor der Bahndirektion —, messe der Bahndirektion eine ihr nicht zustehende Bedeutung, die Kompetenz zur Eidesabnahme, zu. Er befinde sich daher in einem umgekehrten isolierten Bedeutungsirrtum. Unabhängig von der Frage, ob diese Fehleinschätzung deshalb als Wahndelikt oder als umgekehrter Subsumtionsirrtum zu bezeichnen sei, ergebe sich die Straflosigkeit schon daraus, daß der für den Erfolg erforderliche

---

[4] BGH, JZ 1951, 177ff. (178).

[5] BGH, JZ 1951, 177ff. (178).

[6] Er schließt sich damit, ohne ihn ausdrücklich zu erwähnen, einem Vorschlag an, den v. Weber gerade für die Frage der Zuständigkeit in MDR 1950, 119f. gemacht hat.

[7] Im Ergebnis ebenso Zipfel, NJW 1951, 950ff. (952): „unbeachtlicher Normativirrtum"; Pusinelli, JR 1951, 196; Burkhardt, JZ 1981, 681ff. (684).

[8] Tischler, S. 264ff.

[9] Tischler, S. 268.

„Tatumstandsvorsatz“[10] nicht gegeben sei. Zwar sei der Täter im umgekehrten Bedeutungsirrtum, nicht aber auch im umgekehrten Tatsachenirrtum befangen. Ihm fehle daher ein notwendiges Element des Vorsatzes.

Diese Ausführungen Tischlers stimmen der Sache nach überein mit der von Jakobs[11] vertretenen Konzeption des Umkehrprinzips. Sie werden daher bei der Besprechung dieses Lösungsansatzes berücksichtigt werden.

Als erster hatte Mezger in seiner Urteilsanmerkung[12] auf die fehlende Unterscheidung des BGH zwischen der mittels Parallelwertung in der Laiensphäre erlangten Bedeutungskenntnis und der förmlichen Subsumtion hingewiesen. Für ihn gilt es, folgende „kontinuierliche Reihe“[13] zu unterscheiden:
1. „Tatsachen“ mit denen die sog. Tatsachenkenntnis korrespondiert
2. „Tatumstände“ als Tatsachen im Lichte einer Wertung, die über die bloße Tatsachenkenntnis hinaus die Bedeutungskenntnis erfordern
3. „Subsumtion“ unter förmliche juristische Rechtsbegriffe
4. „Wahn“ im Sinne des Wahnverbrechens

Weder „Wahnverbrechen“ noch irrtümliche „Subsumtion“ (also der umgekehrte Subsumtionsirrtum) sind danach eine geeignete Versuchsgrundlage. Allerdings müsse „durch eine *elastische* Handhabung dieser Begriffe“ den *„praktischen Bedürfnissen des Rechtslebens“* Rechnung getragen werden. Wie weit die durch die „Tatumstände“ als elastisches Glied geforderte („relevante“[14]) Bewertung zu gehen habe, bis sie zur irrelevanten Subsumtion werde, lasse sich deshalb nicht in starre Regeln fassen, sondern sei eine „konkrete Frage des einzelnen gesetzlichen Tatbestandes“[15]. Danach bestünden, anders etwa als beim Tatbestandsmerkmal „fremd“ im Rahmen des § 242 StGB, keine Bedenken, das Urteil über die „Zuständigkeit“ weiter in das Gebiet der „Subsumtion“ zu verlegen, da es weniger um eine Frage gehe, die unmittelbar den täglichen Rechtsverkehr berühre. Die Kompetenzfrage sei weit mehr eine „Sache des normativen Gesetzgebers selbst“[16].

Die Schwäche dieser Konzeption besteht, worauf bereits Burkhardt[17] zutreffend hingewiesen hat, in ihrer Unbestimmtheit. Es bleibt unklar, was die „wirklichen Bedürfnisse des Rechtslebens“[18] sind, deren „feinfühlige

---

[10] Tischler, S. 269.

[11] Jakobs, S. 595ff.; ebenso Dencker, NStZ 1982, 458ff. (459); Schumann, JZ 1987, 523ff. (526); vergleiche dazu unten 5. Kapitel, C. IV.

[12] Mezger, JZ 1951, 179f.

[13] Mezger, JZ 1951, 179f. (180).

[14] Mezger, JZ 1951, 179f. (180).

[15] Mezger, JZ 1951, 179f. (180).

[16] Mezger, JZ 1951, 179f. (180).

[17] Burkhardt, JZ 1981, 681ff. (685).

[18] Mezger, JZ 1951, 179f. (180).

Berücksichtigung"[19] Mezger verlangt. Die aus dem Gesetzlichkeitsprinzip (Art. 103 II GG, § 1 StGB) erwachsende Garantiefunktion des Strafgesetzes, die ein Mindestmaß an Bestimmtheit voraussetzt, würde auf diesem Umweg beim strafbaren Versuch erheblich entwertet. Zwar darf nicht unterschätzt werden, daß etwa eine *Berücksichtigung* des Strafgrundes des Versuches eine argumentative Stütze einer gewählten Abgrenzung darstellen kann[20]. Angesichts der Anforderungen, die § 16 I 1 StGB an den Vorsatz stellt, kann dies aber niemals dazu führen, daß bei einem Tatumstand, der ein normatives Tatbestandsmerkmal ausfüllt, auf die Bedeutungskenntnis verzichtet wird.

2. Die Überschreitung des Vernehmungsgegenstandes

In dem der Entscheidung BGHSt 2, 74ff. zugrundeliegenden Sachverhalt beschwor der Angeklagte durch die Leistung des Offenbarungseides ein angefertigtes Vermögensverzeichnis als *vollständig*, obwohl er eine nicht bestehende Forderung als Habenposten in dasselbe aufgenommen hatte. Der Angeklagte glaubte dabei irrtümlich, er müsse auch die zur Täuschung als Vermögenswert aufgeführte Forderung als *richtig* beschwören. Nach der damaligen[21] Fassung des § 807 II ZPO wurde die Angabe der erfundenen Forderung im Vermögensverzeichnis jedoch objektiv nicht vom Offenbarungseid erfaßt. Der BGH beurteilte dieses Geschehen als Versuch des Meineids (§§ 154, 43, jetzt 22f. StGB). Der Angeklagte habe nicht etwa nur aus dem von ihm angenommenen Sachverhalt den falschen Schluß gezogen, die Tat sei ein bestimmtes Verbrechen. Wäre dies der Fall, läge nur ein strafloses Wahnverbrechen vor. Er habe vielmehr aufgrund falscher Vorstellungen über die Bedeutung des § 807 ZPO zu Unrecht angenommen, sein Eid erstrecke sich auch auf das unwahre Mehr seiner Angaben. Es handele sich deshalb um einen echten (umgekehrten) Tatbestandsirrtum im Sinn des § 59 StGB (jetzt § 16 I 1 StGB). Daß sich der Täter keine Tatsachen vorgestellt hatte, denen die entsprechende tatbestandsmäßige Bedeutung tatsächlich zukam, störte den BGH dabei nicht.

Abstrahiert vom konkreten Fall und angepaßt an die moderne Terminologie lautet die Quintessenz der Entscheidung: Eine Überdehnung des Normbereichs einer Bestimmung im Vorfeld des Straftatbestandes (also § 807 II ZPO im Verhältnis zu § 154 StGB) läßt dessen Normbereich unberührt. Es liegt daher kein zu einem Wahndelikt führender umgekehrter Subsumtionsirrtum vor, sondern ein umgekehrter Tatbestandsirrtum, der zu einem strafbaren untauglichen Versuch führt. Der BGH macht also die durch die Entscheidung RGSt 72, 109ff. getroffene Weiterentwicklung der Rechtsprechung des Reichsgerichts

---

[19] Mezger, JZ 1951, 179f. (180).

[20] Zutreffend daher Roxin, Offene Tatbestände, S. 159; zu weitgehend Schünemann, GA 1986, 293ff. (316), vgl. dazu unten 5. Kapitel, G.

[21] Nach der aktuellen Rechtslage (§ 807 II ZPO) versichert der Schuldner *an Eides Statt* die Vollständigkeit *und* die Richtigkeit des Vermögensverzeichnisses.

nicht mit und beurteilt den Rechtsirrtum im Vorfeld des Straftatbestandes nach den vom Reichsgericht in den „Zuständigkeitsfällen" aufgestellten Grundsätzen.

II. Die Verbotsirrtumsentscheidung des Großen Senats für Strafsachen BGHSt 2, 194ff.

Der Beschluß des Großen Senats für Strafsachen vom 18. 3. 1952 wird in der Literatur zu Recht als eine der wichtigsten Entscheidungen des BGH überhaupt[22] und als „große Befreiungstat"[23] gewürdigt. Der Bundesgerichtshof gab mit dieser Entscheidung ausdrücklich[24] die Irrtumskonzeption des Reichsgerichtes, das mit der Differenzierung Tatirrtum — Rechtsirrtum, strafrechtlicher Irrtum — außerstrafrechtlicher Irrtum den einzig relevanten vorsatzausschließenden Irrtum bestimmen wollte[25], auf und setzte an ihre Stelle die Unterscheidung zwischen dem Irrtum über Tatumstände und dem Irrtum über das Verbotensein der Tat. Diese Hinwendung zur Schuldtheorie ist verbunden mit einer eindeutigen Absage an die Grundthese der Vorsatztheorie, daß nur die bewußte Auflehnung gegen das Recht, das Handeln im aktuellen Bewußtsein der Rechtswidrigkeit, die Vorsatzstrafe verdient[26].

Mit dieser auf breite Zustimmung[27] gestoßenen Entscheidung wird für den BGH das Problem virulent, zu klären, wie Tatbestandsirrtum und Verbotsirrtum voneinander abzugrenzen sind. Im Tatbestandsirrtum hält der Täter nach Auffassung des BGH sein Tun für erlaubt, *„... weil er nicht weiß, was er tut"*[28]. Im Verbotsirrtum dagegen wisse der Täter, was er tut, *„... nimmt aber irrig an, es sei erlaubt"*[29]. Für die schwierige Differenzierung zwischen dem Unrechtsbewußtsein und dem Vorsatz bei normativen Tatbestandsmerkmalen stellt diese Abgrenzung allerdings nicht mehr als den Ausgangspunkt dar[30].

Im Lichte des vom Reichsgericht (auch)[31] zur strukturellen Abgrenzung zwischen untauglichem Versuch (umgekehrter Tatbestandsirrtum) und Wahndelikt (umgekehrter Subsumtionsirrtum) benutzten Umkehrschlusses wird

---

[22] Roxin, ESJ, S. 117.

[23] Baumann, NJW 1962, 16.

[24] BGHSt 2, 194ff. (200, 203f.).

[25] Vergleiche das obige „Fazit" zur Rechtsprechung des Reichsgerichts, A. II.

[26] BGHSt 2, 194ff. (205ff.).

[27] Vergleiche nur die Auflistung der zustimmenden Anmerkungen allein im Jahre 1952 bei Tischler, S. 166 Fn. 11.

[28] BGHSt 2, 194ff. (197).

[29] BGHSt 2, 194ff. (197); die Formulierung ist so zu eng. Gemeint ist wohl: ... und weiß nicht, daß es verboten ist.

[30] Detailliert Tischler, S. 167ff.

[31] Neben der Begründung der Strafbarkeit des untauglichen Versuches.

verständlich, daß diese völlig neue Irrtumssystematik auch zu einer wesentlichen Umorientierung der Rechtsprechung über den umgekehrten Irrtum führen mußte, hat sich doch die Behandlung des einfachen Irrtums damit grundlegend gewandelt.

III. Die Rechtsprechung nach dem Beschluß des Großen Senats für Strafsachen BGHSt 2, 194ff.

1. Die irrtümliche Annahme der Zuständigkeit

Eine erste Möglichkeit zur grundsätzlichen Auseinandersetzung mit dem Problem der Abgrenzung zwischen umgekehrtem Subsumtionsirrtum (Wahndelikt) und umgekehrtem Tatbestandsirrtum (untauglicher Versuch) im Zusammenhang mit normativen Tatbestandsmerkmalen bot sich dem BGH in seiner Entscheidung vom 28. 10. 1952[32].

Die Angeklagten waren von März 1944 bis April 1945 in verschiedenen Konzentrationslagern gefangen gehalten worden. In ihrer eidlichen Vernehmung „für den öffentlichen Anwalt für die Wiedergutmachung" vor dem Amtsgericht gaben sie bewußt wahrheitswidrig an, sie hätten sich von März 1943 bis April 1945, also über zwei Jahre, im Konzentrationslager befunden.

Der BGH hob die landgerichtliche Verurteilung wegen vollendeten Meineids (§ 154 StGB) auf, da das Amtsgericht für die Abnahme des Eides nicht zuständig gewesen sei, weil die Angeklagten den Eid in einem Verfahren geschworen hätten, in dem ein solcher Eid nach der Gesetzeslage nicht zugelassen gewesen sei[33].

Die Frage, ob die Angeklagten wegen versuchten Meineids zu bestrafen sind, kann der BGH nach dem ihm vorgelegten Sachverhalt nicht abschließend klären, er erörtert allerdings die für diese Entscheidung maßgeblichen Kriterien[34]. So lehnt er zunächst die Einstufung der Zuständigkeit des Gerichts als objektive Bedingung der Strafbarkeit[35] sowie als reines „Rechtspflichtmerkmal"[36] ab und bleibt bei der bereits vom Reichsgericht vertretenen Auffassung, „daß die Zuständigkeit der Behörde in § 154 StGB ein zum gesetzlichen Tatbestand gehöriger Tatumstand ist"[37]. Hinsichtlich der Frage, wie die Vorstellung des Täters über die Zuständigkeit der den Eid abnehmenden Stelle beschaffen sein muß, damit er vorsätzlich handelt, distanziert sich der BGH

---

[32] BGH, JZ 1953, 117ff. = BGHSt 3, 348ff.; dagegen Reiß, wistra 1986, 193ff. (197f.).

[33] BGH, JZ 1953, 117f.

[34] BGH, JZ 1953, 117ff. (119).

[35] Zustimmend Roxin, ESJ, S. 131. Die Einstufung als objektive Bedingung der Strafbarkeit geht zurück auf Niese, NJW 1949, 812ff.

[36] Vergleiche dazu oben 1. Kapitel, B. II. 2.

[37] BGH, JZ 1953, 117ff. (119).

ausdrücklich von der in BGHSt 1, 13ff.[38] geäußerten Auffassung, es genüge, daß der Täter sich Tatsachen vorstelle, die den Inhalt des Begriffs der zuständigen Behörde ausmachen. Der Täter würde danach selbst dann vorsätzlich handeln, wenn er von der Unzuständigkeit der Behörde überzeugt sei, ein Resultat, das „nicht dem Wesen solcher Tatbestandsmerkmale (...), die, wie das hier in Rede stehende, nicht tatsächlicher beschreibender Art, sondern rechtlicher und daher wertender Art sind“[39], genügend Rechnung trage. In deutlicher Anlehnung an die oben[40] wiedergegebene „kontinuierliche Reihe“ Mezgers bedeutet jetzt für den BGH das Kennen von Tatsachen, die der Richter in bestimmter Weise rechtlich wertet, noch nicht das „Kennen des Tatumstandes i.S. des § 59 StGB (jetzt § 16 I 1 StGB)“[41]. Unter ausdrücklicher Bezugnahme auf Mezger[42] verlangt der BGH daher für den Vorsatz „die dem Gesetz entsprechende Wertung, d.h. eine Parallelwertung in der Laiensphäre des Täters“[43].

Was den umgekehrten Irrtum anbelangt, so hält der BGH für die Frage der Abgrenzung erkennbar am Umkehrschluß des Reichsgerichts fest[44]. Wie der Täter ohne die entsprechende Parallelwertung nach § 59 StGB (jetzt § 16 I 1 StGB) nicht wegen vorsätzlicher Tat verurteilt werden könne, so sei er umgekehrt wegen Versuchs zu bestrafen, wenn er eine solche Wertung treffe, ohne daß das Gesetz den Sachverhalt ebenso werte. Die Angeklagten handelten daher vorsätzlich, wenn sie irrig glaubten, vor dem zuständigen Gericht zu schwören[45]. Die Strafbarkeit des untauglichen Versuchs soll damit allerdings wohl nicht mehr begründet werden.

Der BGH hat die in der Entscheidung BGHSt 3, 248ff. gefundene Konzeption später in mehreren Entscheidungen[46] bestätigt. Den Urteilen lag jeweils eine im entsprechenden Verfahren unzulässige Vereidigung des Angeklagten über eine bewußt wahrheitswidrige Aussage zugrunde, mit der Konsequenz, daß das Gericht für die Vereidigung „unzuständig“ war, während die Angeklagten irrig von der Zuständigkeit zur Eidesabnahme ausgingen. Der BGH läßt dies für eine Verurteilung wegen versuchten Meineids genügen.

---

[38] Vergleiche oben.

[39] BGH, JZ 1953, 117ff. (119).

[40] Vergleiche oben B. I. 1.

[41] BGH, JZ 1953, 117ff. (119).

[42] Mezger, Strafrecht, S. 328ff.; ders., JZ 1951, 179f.

[43] BGH, JZ 1953, 117ff. (119).

[44] BGH, JZ 1953, 117ff. (119).

[45] Welzels Anmerkung zu der Entscheidung in JZ 1953, 119ff. bringt im Zusammenhang mit der vorliegenden Untersuchung keine neuen Aufschlüsse, bemüht sich Welzel doch nachzuweisen, daß es sich beim Merkmal „zuständig“ um ein sog. Rechtspflichtmerkmal handelt, das nicht zum Tatbestand gehört (vgl. dazu oben 1. Kapitel B II).

[46] BGHSt 5, 111ff. (113f., 117); 10, 272ff. (275f.); 12, 56ff. (58).

Die Bestrafung wegen untauglichen Versuchs überrascht einigermaßen, wenn man sich vor Augen hält, daß in BGHSt 1, 13ff. bei ähnlicher Sachlage eine Verurteilung noch abgelehnt wurde und der BGH mit seiner neuen Linie in der Rechtsprechung nach eigenem Befinden die Vorsatzanforderungen erhöht hat. Tatsächlich indessen macht der BGH zweierlei. Einerseits verschärft er die Anforderung dahingehend, daß der Täter in seiner Vorstellung von der Zuständigkeit der vereidigenden Stelle ausgehen muß. Er verlangt also, daß der Täter der Stelle die Bedeutung des normativen Tatbestandsmerkmals zumißt (Bedeutungskenntnis). Andererseits nimmt er das zweite Vorsatzpostulat, Kenntnis der Tatsachen, denen diese Bedeutung zuzumessen ist, nicht mehr ganz so ernst[47]. In BGHSt 1, 13ff.[48] hieß es noch: „Die zuständige Behörde i. S. dieser Vorschrift[49] ist eine Stelle, der einmal die *allgemeine* Zuständigkeit zukommt, überhaupt eidesstattliche Versicherungen abzunehmen, *und*[50] die zum anderen weiterhin die Zuständigkeit besitzt, über diesen Gegenstand und in diesem Verfahren derartige Versicherungen entgegenzunehmen (...).“ Scheinbar ohne sich dieses Umstands überhaupt bewußt zu sein, reduziert der BGH die Anforderungen an die Tatsachenkenntnis offenbar darauf, daß sich der Täter eine Stelle vorstellt, die *allgemein* für die Eidesabnahme zuständig ist, unabhängig davon, ob dies auch im anstehenden Verfahren der Fall ist[51]. Überträgt man die von BGHSt 1, 13ff. an die Tatsachenkenntnis gestellten Anforderungen auf diese Fälle, so käme man in den neuen BGH-Fällen ausnahmslos zu einem Wahndelikt infolge umgekehrten Subsumtionsirrtums. Der Täter nimmt die Zuständigkeit des Gerichts bzw. der Behörde in einem Verfahren über einen Gegenstand an, in dem tatsächlich Unzuständigkeit vorliegt.

Damit läßt sich aus den „Zuständigkeitsfällen“ folgende überraschende Erkenntnis gewinnen: Während der BGH vor der Entscheidung des Großen Senats noch davon ausging, daß eine Überdehnung von Normen im Vorfeld des Straftatbestandes, die regeln, in welchem Verfahren eine Stelle für die Eidesabnahme zuständig ist, zu einer Überdehnung des Straftatbestandes und damit zu einem Wahndelikt führt, hält er dies danach für normbereichsneutral und ohne

---

[47] Ganz im Gegensatz zu den Leitsätzen in BGHSt 3, 248ff., die noch lauteten: „Falsches Schwören vor Gericht ist nur dann als Meineid strafbar, wenn der Eid in einem gerichtlichen Verfahren geschworen wurde, in welchem ein Eid dieser Art von den Gesetzen überhaupt zugelassen ist.

Stellt sich der Täter die Zuständigkeit des Gerichts *in diesem Sinne* (Hervorhebung vom Verfasser) irrtümlich vor, so kann er wegen versuchten Meineids strafbar sein.“

Diese Feststellungen sind mit der vom BGH getroffenen Schlußfolgerung (versuchter Meineid) offensichtlich unvereinbar.

[48] Vergleiche oben B. I. 1.

[49] Gemeint ist § 156 StGB.

[50] Hervorhebung vom Verfasser.

[51] Wenn Tischler, S. 272f., dagegen die Ausführungen des BGH lediglich für mißverständlich hält und den BGH dahingehend interpretiert, daß auch er volle Tatsachenkenntnis verlange, so ist das mit den Konsequenzen, die das Gericht zieht — Verurteilung wegen versuchten Meineids — unvereinbar.

Einfluß auf die Vorsatzfrage mit der Konsequenz, daß die Täter wegen untauglichen Versuchs zu bestrafen sind.

Roxin[52] interpretiert den BGH weitergehend dahin, daß dieser auf eine entsprechende Tatsachenkenntnis gänzlich verzichte und nur darauf abstelle, daß der Täter irgendeiner Stelle die Zuständigkeit zuspreche. Um die Konsequenzen einer solchen Konzeption aufzuzeigen, bildet er folgendes Beispiel: Der Täter hält einen Verkehrspolizisten für berechtigt, ihm einen Eid abzunehmen. Würde nun der Täter im Rahmen der widerrechtlichen Eidesabnahme bewußt die Unwahrheit sagen, so würde ihn der BGH trotzdem wegen versuchten Meineids bestrafen.

Dieses Verständnis der BGH-Rechtsprechung ist indessen nicht zwingend. In allen Fällen, in denen der BGH über die Zuständigkeit der vereidigenden Stelle zu befinden hatte, handelte es sich um Gerichte, die den Eid abgenommen hatten. Damit war zumindest die allgemeine Zuständigkeit zur Eidesabnahme, wie sie von BGHSt 1, 13ff. beschrieben wird, immer gegeben. Gelegenheit, sich mit einem Fall auseinanderzusetzen, in dem auch die *allgemeine* Zuständigkeit der vereidigenden Stelle fehlt, hat der BGH im Anschluß an die Entscheidung des Großen Senats bisher noch nicht gehabt. Sollte er darüber einmal zu befinden haben, so liegt es, angesichts des in der Tat anders nicht vertretbaren Resultats, nahe, daß sich der BGH der in BGHSt 1, 13ff. zur Tatsachenkenntnis getroffenen Unterscheidung besinnt und zumindest verlangt, daß der Täter annimmt, von einer Stelle den Eid zu leisten, die tatsächlich „allgemein“ dafür zuständig ist.

Nicht zu verkennen ist allerdings, daß auch diese Interpretation der BGH-Rechtsprechung deren inneren Widerspruch nicht aufzulösen vermag. Die vom BGH an den objektiven Tatbestand beim vollendeten Delikt und den subjektiven Tatbestand beim Versuch gestellten Anforderungen weichen voneinander ab. Während der BGH[53] die Verurteilung wegen vollendeten Meineids daran scheitern läßt, daß der Eid nicht in einem Verfahren abgenommen wurde, in dem das Gesetz einen Eid dieser Art zuläßt, soll eine entsprechende Vorstellung des Täters für den Versuchsvorsatz genügen.

2. Die Überschreitung des Vernehmungsgegenstandes

a) Nach dem der Entscheidung BGHSt 14, 345ff. zugrundeliegenden Sachverhalt hatte der Angeklagte in einem Offenbarungseidverfahren nach § 807

[52] Roxin, Offene Tatbestände, S. 164ff.; ebenso Herzberg. JuS 1980, 469ff. (475f.), der allerdings den BGH gegen die Kritik Roxins verteidigt und in Extremfällen mit § 23 III StGB helfen will. Indessen erscheint es durchaus zweifelhaft, ob man bei einem juristischen Laien wirklich von grobem Unverstand, also von einer völlig abwegigen Vorstellung von gemeinhin bekannten Ursachenzusammenhängen (vgl. S/S-Eser, § 23 Rdnr. 17) sprechen kann, wenn er einen Verkehrspolizisten für berechtigt hält, einen Eid abzunehmen.

[53] BGH, JZ 1953, 117ff. (119); BGHSt 5, 111ff. (113f.); 10, 272ff. (275); 12, 56ff. (57f.).

ZPO a.F. bewußt wahrheitswidrige Angaben gemacht, um die Aufdeckung einer Unterschlagung zu verhindern. Am Ende des Verfahrens beschwor er, die von ihm verlangten Angaben nach bestem Wissen und Gewissen richtig und vollständig gemacht zu haben. Der Täter ging deshalb davon aus, einen Meineid geleistet zu haben. Tatsächlich erstreckte sich die Eidespflicht indessen gar nicht auf die falschen Angaben.

Der BGH hob die Verurteilung des Angeklagten wegen vollendeten Meineids auf und nahm auch unter deutlicher Distanzierung von BGHSt 2, 74ff.[54] von einer Verurteilung wegen versuchten Meineids Abstand. Letztere Entscheidung sei durch den Beschluß des Bundesgerichtshofes BGHSt 2, 194ff.[55] als überholt anzusehen. Die dort entsprechend der Schuldtheorie getroffene Unterscheidung zwischen Tatbestandsirrtum und Verbotsirrtum sei auch für die Frage maßgebend, ob ein untauglicher Versuch oder ein Wahndelikt vorliege: „Ein untauglicher Versuch ist gegeben, wenn der Täter irrig ein nicht vorhandenes Tatbestandsmerkmal annimmt, während die irrige Annahme des Verbotenseins des Tuns, also auch die irrige Annahme, das Verhalten des Täters falle unter die Strafnorm, ein Wahnverbrechen ist.“[56] Glaube der Täter irrigerweise, daß eine von ihm gemachte Angabe nicht unter den Eid falle, während dies rechtlich der Fall sei, so irre er sich über den Umfang der Norm, befinde sich also in einem Verbotsirrtum. Er irre nicht über ein Tatbestandsmerkmal, sondern darüber, daß sein Verhalten unter das gesetzliche Verbot falle. Die irrige Annahme des Täters, eine von ihm beschworene Falschaussage falle unter die Wahrheitspflicht, sei daher als strafloses Wahnverbrechen anzusehen.

Der BGH benutzt also das Umkehrprinzip zur strukturellen Abgrenzung von untauglichem Versuch und Wahndelikt. Der Vergleich mit den Zuständigkeitsfällen macht aber einen wesentlichen Unterschied deutlich. Anders als bei der „Zuständigkeit“ steigt der BGH bei der Frage, wieweit die Eidespflicht reicht, tiefer ein. Entscheidend sei, wieweit diese *im konkreten Verfahren* reiche. Die fehlerhafte Vorstellung über die Reichweite der Wahrheitspflicht allein genügt danach nicht. Der Täter füllt das Tatbestandsmerkmal des „falschen Schwörens“ also nur aus, wenn er sich ein Verfahren mit einem Beweisthema vorstellt, in dem sich die Eidespflicht auch tatsächlich auf die von ihm wahrheitswidrig gemachten Angaben erstreckt. Anders ausgedrückt: Der BGH verlangt für den Versuchsvorsatz neben der Bedeutungskenntnis die volle Kenntnis der Tatsachen, denen diese Bedeutung beizumessen ist.

Die entscheidende Schwäche dieser Argumentation liegt in ihrer — zugegebenermaßen versteckten — inneren Widersprüchlichkeit. Der BGH ist in der Abkehr von der in den Zuständigkeitsfällen eingeschlagenen Lösung auf halbem Wege stehen geblieben. Er will einerseits am Umkehrschluß festhalten, verän-

[54] Vergleiche oben B. I. 2.

[55] Vergleich oben B. II.

[56] BGHSt 14, 345ff. (350).

dert aber andererseits die Anforderungen an den Versuchsvorsatz und verlangt neben der Bedeutungskenntnis auch die Tatsachenkenntnis. Ein solches Unterfangen kann indessen schon rein logisch nicht gelingen.

Um zu dieser Einsicht zu gelangen, muß man sich nur noch einmal den Inhalt des Umkehrschlusses vor Augen halten. Dieser lautet in seiner ersten Variante: Wie eine Fehlvorstellung über Tatumstände als Tatbestandsirrtum den Vorsatz ausschließt, begründet umgekehrt eine entsprechende irrige Annahme den Vorsatz und führt zum Versuch. Geht man nun beim Vorsatz von einer zweigliedrigen Wissenskomponente aus, so bieten sich für einen Tatbestandsirrtum drei Ansatzpunkte:

(1) Fehlende Tatsachenkenntnis,
(2) fehlende Bedeutungskenntnis,
(3) gänzliche Unkenntnis der Tatumstände.

Nur noch in der letzten Variante gelingt, wenn man den Vorsatzbegriff konsequent anwendet, der Umkehrschluß. Im übrigen tritt der Widerspruch zu dem Postulat, Wissen im Sinne des Vorsatzes ist Tatsachen- *und* Bedeutungskenntnis, offen zutage, lautet doch der Umkehrschluß in seiner konkreten Anwendung:

(1) Wie die fehlende Tatsachenkenntnis als Tatbestandsirrtum den Vorsatz ausschließt, begründet umgekehrt (allein) die Tatsachenkenntnis über die Tatumstände den Vorsatz und führt zum Versuch.

(2) Wie die fehlende Bedeutungskenntnis als Tatbestandsirrtum den Vorsatz ausschließt, begründet umgekehrt (allein) die Bedeutungskenntnis über die Tatumstände den Vorsatz und führt zum Versuch.

(3) Wie fehlende Tatsachen- und Bedeutungskenntnis als Tatbestandsirrtum den Vorsatz ausschließen, begründen umgekehrt Tatsachen- und Bedeutungskenntnis (zusammen) den Vorsatz und führen zum Versuch.

Die damit in den Varianten (1) und (2) aufgezeigte Unbrauchbarkeit des Umkehrschlusses ist darauf zurückzuführen, daß mit der Zweigleisigkeit der Wissenskomponente die Tatsachenkenntnis bzw. die Bedeutungskenntnis ihre Eigenschaft als (scheinbar[57]) hinreichende Vorsatzbedingung verloren hat, während der Wegfall der jeweiligen Vorstellung weiterhin hinreichende Bedingung des Tatbestandsirrtums ist. Der innere Widerspruch des Umkehrschlusses besteht also darin, daß er Fehlvorstellungen (Tatsachen- bzw. Bedeutungskenntnis), die umgekehrt beim Tatbestandsirrtum in Gestalt der Tatsachen- bzw. Bedeutungs*un*kenntnis hinreichende Bedingungen darstellen, auch beim Versuchsvorsatz weiterhin als hinreichende Bedingungen behandelt, obwohl es sich aufgrund des neuen Vorsatzverständnisses nur um notwendige Bedingungen des Vorsatzes handelt.

[57] Vergleiche unten 4. Kapitel, B. III. 2. b) bb).

Wie ist es nun dem BGH trotz dieses Widerspruchs gelungen, scheinbar problemlos das Umkehrprinzip auf seinen neuen Vorsatzbegriff zu übertragen? Der „Trick" des BGH besteht darin, an Versuchs- und Vollendungsvorsatz unterschiedliche Anforderungen zu stellen. Tatsachen- *und* Bedeutungskenntnis verlangt er in der konkreten Fallanwendung nur für den Versuchsvorsatz, nicht aber für den Vollendungsvorsatz. Die maßgebliche Stelle in den Urteilsgründen[58] lautet wörtlich: „Glaubt also der Täter irrigerweise, daß eine von ihm gemachte Angabe nicht unter den Eid falle, während dies rechtlich der Fall ist, so irrt er über den Umfang der Norm, befindet sich also in einem *Verbotsirrtum*[59]. Er irrt nicht über ein Tatbestandsmerkmal, sondern darüber, daß sein Verhalten unter das gesetzliche Verbot fällt." Der auf den ersten Blick bestehende innere Widerspruch dieser Ausführungen — wie kann der Täter über den Umfang der Norm irren, wenn er nicht über ein Tatbestandsmerkmal irrt? — läßt sich wohl dahin auflösen, daß der BGH hier unter „Tatbestandsmerkmal" nicht ein Element des gesetzlichen Tatbestandes versteht, sondern einen Tatumstand, der einem solchen Gesetzesbegriff unterfällt. Nichtsdestoweniger stellt sich aber die Frage, worin der Vorsatz des Täters im Hinblick auf die Tatumstände bestehen soll, die das gesetzliche Tatbestandsmerkmal des „falschen Schwörens" ausfüllen. Die Ausführungen des BGH deuten darauf hin, daß er darin im Fall der Tatvollendung überhaupt kein Tatbestandsmerkmal, sondern ein Element der Rechtswidrigkeit sieht. De facto jedenfalls behandelt er dieses Tatbestandsmerkmal wie ein Rechtspflichtmerkmal und scheidet die ihm unterfallenden Tatumstände als potentielle Vorsatzgegenstände aus. Selbst wenn man sich auf den Standpunkt stellt, daß der BGH nur auf die Bedeutungskenntnis, nicht aber auf die Tatsachenkenntnis verzichtet, so bleibt für den Vollendungsvorsatz ein klarer Rückschritt hinter den durch die Lehre von der Parallelwertung gewonnenen Erkenntnisstand und eine untragbare Divergenz der Anforderungen an Vollendungs- und Versuchsvorsatz.

In den reichhaltigen literarischen Anmerkungen hat die Entscheidung ein zwiespältiges Echo gefunden:

Lang-Hinrichsen[60] schließt sich in seinem Beitrag der Auffassung des BGH an, denn die Annahme des Täters, er leiste einen Meineid, beruhe auf einer irrigen Auslegung der Pflichtnorm, die er weiter fasse als sie in Wirklichkeit bestehe.

Nach Maurach[61] zieht der BGH die folgerichtigen Konsequenzen aus dem Beschluß des Großen Senats. Es handele sich hier um einen Irrtum „zu Ungunsten" über die *Normexistenz* bzw. über die Reichweite des abstrakten Befehls; eine nicht bestehende generelle Gehorsamspflicht sei nicht fähig, eine tatsächliche Pflichtwidrigkeit zu begründen.

---

[58] BGHSt 14, 345ff. (350).

[59] Hervorhebung vom Verfasser.

[60] Lang-Hinrichsen, in: LM § 154 StGB 1961 Nr. 61.

[61] Maurach, NJW 1962, 716ff. (719f.).

Auch Armin Kaufmann[62] stimmt dem Urteil im Ergebnis zu: „Besteht die Wahrheitspflicht *nicht* bezüglich der in Frage stehenden Falschaussage, dann auch kein vollendetes oder versuchtes Aussagedelikt; die irrige Annahme der Gültigkeitsvoraussetzungen oder der Wahrheitspflicht selbst führt zum Wahndelikt (...)."

Ablehnend dagegen äußert sich Foth[63]. In der Entscheidung werde die unrichtige Einschätzung normativer Tatbestandselemente willkürlich dem Wirkungsbereich des § 59 StGB (jetzt § 16 I 1 StGB) entzogen und mit dem qualitativ andersgearteten Irrtum über die Rechtswidrigkeit gleichgesetzt. Wenn der BGH die Unterscheidung zwischen Tatbestandsirrtum und Verbotsirrtum als maßgebliches Kriterium für die Abgrenzung des straflosen Wahndelikts vom untauglichen Versuch bezeichne, so treffe dies zwar im allgemeinen zu, im Fall des Subsumtionsirrtums aber versage diese „Analogie"; sie lasse sich weder dogmatisch begründen noch vom Ergebnis her kriminalpolitisch rechtfertigen. Foth hält also im Gegensatz zu der hier vertretenen Auffassung die vom BGH getroffene Einstufung der Fehlvorstellung zugunsten des Täters als Verbotsirrtum für berechtigt, möchte sich aber vom Umkehrschluß lösen und untauglichen Versuch bejahen.

Probst[64] rügt, daß der BGH einen Bestandteil der „Normmaterie" des § 154 StGB, nämlich die in § 807 ZPO geregelte Bekundungs- und Wahrheitspflicht, unzulässigerweise in den Rang der Strafnorm erhoben und dadurch einen untauglichen Versuch des Meineides fälschlich als Wahndelikt qualifiziert habe.

Auch Herdegen[65] zieht in Anlehnung an Blei[66] die Entscheidung BGHSt 2, 74ff. vor. Der Irrtum des Täters im Vorfeld, also über den Umfang der Offenbarungspflicht nach den Vorschriften der ZPO, ändere nichts daran, daß er auf der Grundlage dieses Irrtums in seiner Vorstellung „tatbestandsmäßig" bleibe.

Herzberg[67] schließlich plädiert für untauglichen Versuch und stellt die Frage: „Wieso ist die irrige Annahme, die beschworene Aussage falle unter die Wahrheitspflicht, nicht Annahme eines in Wirklichkeit fehlenden Tatbestandsmerkmals, nämlich des ‚falschen Schwörens'?"

b) Eine Bemerkung eher am Rande der in BGHSt 25, 244ff. abgedruckten Entscheidung scheint indessen darauf hinzudeuten, daß die in BGHSt 14, 345ff. praktizierte Abgrenzung von Versuch und Wahndelikt noch lange nicht gefestigte BGH-Rechtsprechung ist. In dem dort zu entscheidenden Fall hatte

[62] Armin Kaufmann, FS-Klug (1983), S. 277ff. (289).

[63] Foth, JR 1965, 366ff. (371).

[64] Probst, S. 180.

[65] Herdegen, in: 25 Jahre Bundesgerichtshof, S. 195ff. (206).

[66] Blei, JA 1973, 601ff.

[67] Herzberg, JuS 1980, 469ff. (477).

die Angeklagte als Zeugin in einem Unterhaltsprozeß wahrheitswidrige Angaben zu einem Thema gemacht, das nicht Beweisthema und somit auch nicht Gegenstand ihrer Vernehmung war. Der geleistete Eid erstreckte sich daher, anders als die Angeklagte dies annahm, nicht auf diese Äußerungen. Vollendeter Meineid schied damit aus. In Betracht kam nach Auffassung des BGH[68] bei dieser Sachverhaltskonstellation versuchter Meineid. An einer Verurteilung sah sich der BGH allerdings wegen gewisser Sachverhaltsunklarheiten gehindert. Ausführungen zum Umkehrschluß enthält die Entscheidung nicht.

In seinem rechtlichen Kern entspricht der vorliegende Sachverhalt damit weitgehend demjenigen in BGHSt 14, 345ff. Die Täter nimmt irrig an, falsch zu schwören, ohne sich auch Tatsachen vorzustellen, denen diese Bedeutung tatsächlich zukommt. Ein feiner Unterschied besteht immerhin. Beim Offenbarungseid als spezieller Eidesform erstreckt sich die Wahrheitspflicht schon aufgrund der gewählten Verfahrensart nicht auf die wahrheitswidrig gemachten Angaben, da das entsprechende Beweisthema unzulässig ist. Das zulässige Beweisthema ist abschließend gesetzlich bestimmt. Um vollständige Tatsachenkenntnis zu besitzen, d.h. um von Tatsachen auszugehen, denen die von ihm angenommene Bedeutung zukam, muß sich der Täter daher sowohl eine andere Verfahrensart als auch ein anderes Beweisthema vorstellen[69]. Bei der Zeugenaussage im Rahmen eines Unterhaltsprozesses geht es nicht um eine spezielle Form des Eides in einem besonderen Verfahren[70]. Die möglichen Beweisthemen sind keiner sachverhaltsrelevanten Beschränkung unterworfen. Die Reichweite der Wahrheitspflicht hängt damit allein vom Beweisthema ab. Die Zulässigkeit desselben ist kein Problem. Volle Tatsachenkenntnis liegt damit bereits vor, wenn die Täterin von der gegebenen Verfahrensart ausgeht und sich ein Beweisthema vorstellt, das ihre falschen Angaben erfaßt. Dies würde deshalb nach den in BGHSt 14, 345ff. aufgestellten Prinzipien für den Versuchsvorsatz genügen. Nicht ausreichend wäre hingegen, wenn die Täterin vom vorgegebenen Beweisthema ausginge und trotzdem an ihre Wahrheitspflicht glauben würde.

---

[68] BGHSt 25, 244ff. (246).

[69] Dies übersieht Herzberg, JuS 1980, 469ff. (477f.), wenn er, um dem Vorsatzerfordernis genüge zu tun, sowohl bei BGHSt 14, 345ff. als auch bei BGHSt 25, 244ff. darauf abstellt, daß sich die Täter ein Beweisthema vorstellen, das ihre wahrheitswidrigen Aussagen erfaßt. Dies führt in den „Offenbarungsfällen" zu einem Auseinanderfallen von objektivem und subjektivem Tatbestand, kann doch die Falschaussage zu einem unzulässigen Beweisthema niemals zu vollendetem Meineid führen. Nur wenn der Täter sich ein zulässiges Beweisthema vorstellt, handelt er daher in voller Tatsachenkenntnis.

[70] Diesen Unterschied zum Offenbarungseidverfahren hat Demuth, NJW 1974, 757f. (758), richtig erkannt. Kritisch zu den Ausführungen Demuths Schlüchter, Irrtum über normative Tatbestandsmerkmale, S. 159, vom Standpunkt ihrer teleologisch reduzierten Sachverhaltssicht.

Zu der in Demuths Urteilsanmerkung anklingenden Tendenz, jeder Rechtsirrtum führe zu einem Wahndelikt, auf der Burkhardt in JZ 1981, 681ff. seine mit viel Beifall bedachte Konzeption aufbaut, vergleiche unten 5. Kapitel, C.

Da der BGH nicht deutlich macht, unter welchen Voraussetzungen er versuchten Meineid annimmt, muß letztlich offen bleiben, ob die Entscheidung BGHSt 25, 244ff. wirklich eine Abkehr von den in BGHSt 14, 345ff. aufgestellten Grundsätzen zum Versuchsvorsatz bedeutet.

3. Die irrtümliche Annahme der Urkundeneigenschaft

a) In der Entscheidung BGHSt 7, 53ff. hatte der BGH darüber zu befinden, ob das Herstellen und Inverkehrbringen von Lebensmittelkarten der sowjetischen Besatzungszone ohne Angabe des Berechtigten eine vollendete oder versuchte Urkundenfälschung darstellt.

Vollendung lehnte das Gericht ab, da bis zur bestimmungsgemäßen Ausgabe an den Berechtigten und der Ausfüllung mit dessen Anschrift die Karte nur ein die künftige Urkunde vorbereitender Vordruck sei. Es fehle mithin das wesentliche Merkmal einer Urkunde, zum Beweise im Rechtsleben bestimmt zu sein, da noch keine rechtsverbindliche Erklärung abgegeben worden sei.

Nach Auffassung des BGH könnten die Angeklagten jedoch der versuchten Urkundenfälschung schuldig sein. Voraussetzung dafür ist nach BGH-Meinung einzig, daß „sie die Lebensmittelkarten der sBZ für Urkunden hielten, ohne daß sie es sind“[71]. Für den Vorsatz genügt danach also, daß der Täter bestimmte Tatumstände mit dem Begriff benennt, der auch für das Tatbestandsmerkmal verwendet wird. Ob er damit auch die Bedeutung verbindet, die im Kontext des Gesetzeswortlauts damit verbunden ist, ist nicht entscheidend. Der umgekehrte Subsumtionsirrtum erlangt so vorsatzbegründende Wirkung. Der Täter muß weder von Tatsachen ausgehen, aus denen sich die Urkundenqualität ergibt (Tatsachenkenntnis), noch muß er den Lebensmittelkarten die Bedeutung beimessen, die die Urkundenqualität begründet. Der „Täter“ stellt sich also ein objektiv tatbestandsloses Geschehen vor und glaubt nur tatbestandsmäßig zu handeln, mithin eigentlich der klassische Fall des Wahndelikts. Trotzdem soll er wegen Versuchs bestraft werden. Dies führt zu einer Divergenz zwischen objektivem und subjektivem Tatbestand und bedeutet einen klaren Verstoß gegen den Grundsatz „nulla poena sine lege“ (Art. 103 II GG, § 1 StGB).

b) Fünf Jahre später hatte sich der BGH[72] erneut mit der Frage zu befassen, ob die irrige Annahme der Urkundenqualität Grundlage eines strafbaren untauglichen Versuchs sein kann oder nur ein strafloses Wahndelikt vorliegt. Das Gericht vollzieht dabei eine deutliche Abkehr von der in BGHSt 7, 53ff. getroffenen (Fehl-)Entscheidung. Als ein Herzstück der neuen Rechtsprechung zum umgekehrten Irrtum soll sie nachfolgend ausführlich dargestellt werden.

Der Angeklagte hatte unbefugt Bezugskarten (sog. ration-cards) drucken lassen, die die Mitglieder der in der Bundesrepublik stationierten kanadischen

---

[71] BGHSt 7, 53ff. (58).

[72] BGHSt 13, 235ff.; didaktisch aufbereitet bei Baumann/Arzt/Weber, S. 104ff.

Streitkräfte zum Ankauf unverzollter Zigaretten in ihren Kantinen berechtigten. Diese Bezugskarten bestanden aus einem Stammabschnitt und aus Bezugsabschnitten, die zum Zigarettenerwerb einzulösen waren. In den Stammabschnitt war der Name des Berechtigten einzutragen sowie mittels Unterschrift des Vorgesetzten die Zugehörigkeit zur militärischen Einheit zu bestätigen. Ohne diese Eintragung fehlte den Bezugskarten die Urkundenqualität mangels Beweisbestimmung und Ausstellererkennbarkeit. Nach den Feststellungen des Landgerichts war, wie dies auch der Angeklagte getan hatte, davon auszugehen, daß die Kartenerwerber nur die Bezugsabschnitte vorgelegt hatten. Nicht nachgewiesen werden konnte, daß die Soldaten nach Eintragung ihres Namens und Fälschung der Unterschrift des Offiziers den Stammabschnitt mit vorgelegt hatten. Der Angeklagte hielt allerdings fälschlicherweise die Bezugsabschnitte allein für Urkunden im Sinne des § 267 StGB. Der BGH stand deshalb vor der Frage, ob sich der Angeklagte der Beihilfe zur Urkundenfälschung (in der Variante des Gebrauchmachens) schuldig gemacht hatte.

Dies setzt eine vorsätzliche rechtswidrige Haupttat voraus. Als solche kam versuchte Urkundenfälschung in Betracht. Allerdings gab es keine Anhaltspunkte dafür, daß die Käufer der Karten irrig meinten, den Bezugsabschnitten käme Beweisbestimmung zu und der Aussteller wäre aus ihnen ersichtlich. Es steht folglich für den BGH nicht in Frage, „daß die Käufer die Bezugsabschnitte auf Grund irriger Annahme der die Urkundeneigenschaft begründenden Merkmale als Urkunden angesehen und sich deshalb des Versuchs der Urkundenfälschung schuldig gemacht haben“[73]. Nicht ausgeschlossen war allerdings, daß die Käufer die Bezugsabschnitte auf Grund irriger rechtlicher Bewertung für Urkunden hielten. In diesem Fall hätten sie nach Ansicht des BGH indessen „nur eine vermeintliche Urkundenfälschung (Wahndelikt) begangen und sich insoweit nicht strafbar gemacht“[74].

In einem obiter dictum, quasi als wolle er den Wandel der Rechtsprechung noch einmal deutlich machen, wendet sich der BGH sodann den Vorstellungen des Angeklagten von der Tat zu, obwohl die allenfalls in Betracht kommende versuchte Beihilfe ohnehin straflos ist. Hätte er irrtümlich angenommen, der Aussteller gehe aus den Bezugsabschnitten hervor und die Abschnitte seien zum Beweise der Bezugsberechtigung des Inhabers bestimmt, „so würde er sich wiederum (...) einer — straflosen — versuchten Beihilfe zur Urkundenfälschung schuldig gemacht haben“[75]. Glaubte er dagegen, die losen Abschnitte wären trotz Fehlens eines Ausstellers und trotz Mangels der Beweisbestimmung Urkunden im Sinne des § 267 StGB, „so würde er zu einer Tat Hilfe leisten, die er auf Grund irriger rechtlicher Bewertung (Subsumtionsirrtum) für strafbar hielt, also zu einem Wahndelikt“[76]. Ebenso würde er infolgedessen seine eigene

[73] BGHSt 13, 235ff. (239f.).

[74] BGHSt 13, 235ff. (240).

[75] BGHSt 13, 235ff. (240).

[76] BGHSt 13, 235ff. (241).

Hilfeleistung irrigerweise für strafbar halten und folglich nur ein Wahndelikt begehen.

Auch nach diesen Ausführungen bleibt eine letzte Unsicherheit über den Standort des BGH[77]: Verlangt der BGH für den Versuchsvorsatz nur, daß der Täter einem Tatumstand, der keine Urkundenqualität besitzt, diejenigen Eigenschaften zumißt, die diese ausmachen (= reine Bedeutungskenntnis), oder fordert er (stillschweigend) zusätzlich, daß vom Täter in seiner Vorstellung das Erscheinungsbild des Tatumstandes oder überhaupt der Geschehensablauf dergestalt verändert wird, daß dem Tatumstand rechtlich tatsächlich die vorgestellte Bedeutung zukommen würde (zusätzliche Tatsachenkenntnis). Für die Bezugsabschnitte würde das heißen: Muß der Täter in seiner Vorstellung von einem wie auch immer gearteten Vermerk auf ihnen oder von sonstigen Hinweisen ausgehen, die den Schluß auf den Aussteller tatsächlich rechtfertigen, oder genügt es, wenn er annimmt, daß die Bezugsabschnitte, so wie sie sind, den Aussteller erkennen lassen?

In der Literatur wird der BGH wohl weitgehend[78] so verstanden, daß allein die Bedeutungskenntnis ausreicht, um den Vorsatz zu begründen. Diese Deutung liegt nahe, da sich der BGH zu der weitergehenden Tatsachenkenntnis nicht ausdrücklich und klarstellend äußert, wie er dies wohl getan hätte, wenn er ihr Bedeutung beigemessen hätte.

Danach gilt: Kennt der Täter die wahre Bedeutung der Tatumstände, nimmt aber irrig an, sie fielen unter das gesetzliche Tatbestandsmerkmal, so kann dies seinen Voratz nicht begründen. Es liegt ein Wahndelikt aufgrund eines umgekehrten Subsumtionsirrtums vor. Kennt der Täter dagegen die Bedeutung eines normativen Tatumstandes und weiß nur nicht seine Bezeichnung nach der Gesetzesterminologie (Subsumtionsirrtum, der möglicherweise zu einem Verbotsirrtum führt), so läßt dies seinen bestehenden Vorsatz unberührt. Der BGH wendet also konsequent zur strukturellen Abgrenzung zwischen Wahndelikt und untauglichem Versuch das Umkehrprinzip an, das im Falle eines Wahndeliktes lautet: So wenig wie der Subsumtionsirrtum bzw. der Verbotsirrtum den Vorsatz entfallen läßt, kann der umgekehrte Subsumtionsirrtum den Vorsatz begründen[79].

---

[77] Gänzlich mißverstanden wird der BGH allerdings von Traub in seiner Anmerkung in NJW 1960, 348f. Traub interpretiert die Entscheidung dahin, daß der „umgekehrte Bedeutungsirrtum“ grundsätzlich als unbeachtlicher Subsumtionsirrtum zu werten sei, der zu einem Wahndelikt führe. Wenn er zudem die Bedeutungskenntnis für gänzlich vorsatzirrelevant erklärt, übersieht er die damit verbundene mißliche Konsequenz eines Auseinanderfallens von subjektivem und objektivem Tatbestand. Zur Kritik an Traub vergleiche im übrigen Tischler, S. 277f.; Probst, S. 174f.

[78] Anders aber Burkhardt, JZ 1981, 681ff. (684); dazu unten 4. Kapitel, B. II. 6. a).

[79] Die Resonanz auf das Urteil war überwiegend positiv: Zustimmend etwa Maurach, NJW 1962, 716ff. (719); Probst, S. 174f.; Welzel, Strafrecht, S. 194; Herdegen, S. 195ff. (206); Herzberg, JuS 1980, 469ff. (471f.); Baumann/Weber, Strafrecht, Allgemeiner Teil,

Immerhin ist nicht ganz auszuschließen, daß der BGH diese doch recht versteckte Problematik um die Anpassung der Tatsachenvorstellung an die Bedeutungskenntnis ganz einfach übersehen hat. Würde man auch die Tatsachenkenntnis verlangen, so würde die isolierte Bedeutungskenntnis allein nur zu einem Wahndelikt infolge umgekehrten Subsumtionsirrtums führen[80].

Ob man sich mit der Bedeutungskenntnis für den Versuchsvorsatz begnügen sollte, oder zusätzlich eine entsprechende Tatsachenkenntnis zu verlangen ist, ist nach dem in der vorliegenden Untersuchung zugrunde gelegten Vorsatzverständnis davon abhängig, ob die isolierte Bedeutungskenntnis allein als Vorsatzgegenstand zu einer Überdehnung des Normbereichs führt. Die weitere Untersuchung soll darauf eine Antwort geben.

4. Der Irrtum über die Reichweite der erhöhten Beweiskraft einer öffentlichen Urkunde

In seiner jüngsten Entscheidung zu den Urkundendelikten hatte der BGH[81] im Jahre 1986 über eine Anklage wegen Falschbeurkundung im Amt (§ 348 StGB) zu entscheiden.

Der Angeklagte beurkundete als Notar einen Kaufvertrag über eine Eigentumswohnung. In Kenntnis der Tatsache, daß die Vertragsparteien einen Kaufpreis von 225000,— DM vereinbart hatten, nahm er auf deren einverständlichen Wunsch einen höheren Betrag in die Vertragsurkunde auf.

Der BGH hob die Verurteilung des Notars durch die Strafkammer des Landgerichts wegen vollendeter Falschbeurkundung im Amt auf. Der notariell beurkundete Kaufvertrag unterfalle zwar als öffentliche Urkunde im Sinne des § 415 ZPO dem § 348 StGB. Die erhöhte Beweiskraft erstrecke sich jedoch nur auf die *Abgabe* der beurkundeten Erklärungen, nicht auf deren inhaltliche Richtigkeit. Eine Falschbeurkundung läge demnach nur vor, wenn der Notar in seine Zeugnisurkunde den *geäußerten* Willen der Beteiligten, der mit ihrem wirklichen Willen nicht übereinstimmen müsse, vorsätzlich nicht oder nicht vollständig aufgenommen hätte.

Auch eine Verurteilung wegen versuchter Falschbeurkundung lehnte der BGH ab: „Selbst wenn der Angeklagte der Ansicht gewesen wäre, die Nichtbeurkundung des wahren Willens der Vertragsparteien wäre eine Falsch-

---

S. 485; Jescheck, S. 481; Wessels, Allgemeiner Teil, § 14 III 2 c; SK-Rudolphi, § 22 Rdnr. 32a; Maurach/Gössel/Zipf, § 40 IV 4b; ablehnend etwa Foth, JR 1965, 366ff. (370); Traub in seiner zweiten Anmerkung, JuS 1967, 113ff. (117); Puppe, FS-Lackner (1987), S. 199ff. (228ff.); zweifelnd Baumann, NJW 1962, 16ff. (17), Roxin, ESJ, S. 171f.; kritisch zum Weg der Entscheidungsfindung auch Jakobs, S. 596 Fn. 63.

[80] So versteht Burkhardt in JZ 1981, 681 ff. (684) die Entscheidung des BGH, vergleiche dazu unten 4. Kapitel, B. II. 6. a); zur Einstufung als Wahndelikt vergleiche auch die Darstellung der Konzeption von Jakobs, 5. Kapitel, C. IV.

[81] BGH, JZ 1987, 522f.

beurkundung, läge kein untauglicher Versuch, sondern nur ein Wahndelikt vor; denn der Angeklagte hätte damit lediglich ein — zwar standeswidriges, aber nicht als Falschbeurkundung strafbares — Verhalten irrig für verboten gehalten, also irrig angenommen, er verletzt ein Strafgesetz, das es in Wirklichkeit nicht gibt (. . .)."[82]

Wie bereits Schumann in seiner Anmerkung[83] dargelegt hat[84], kann die irrtümliche Annahme, die Nichtbeurkundung des wahren Parteiwillens sei eine Falschbeurkundung, auf zwei unterschiedliche Fehlvorstellungen zurückzuführen sein.

Einerseits kommt in Betracht, daß der Angeklagte die Beweiskraft der Urkunde zwar richtig einschätzt, aber die Beurkundung schon deshalb für falsch hält, weil sie nach Standesrecht pflichtwidrig war. Er löst damit den Zusammenhang zwischen dem Tatbestandsmerkmal des „falsch Beurkundens" und der Beweiskraft der Urkunde. Dies hat zur Konsequenz, daß der Angeklagte mit dem Begriff des „falsch Beurkundens" eine andere Bedeutung verbindet, als ihm im Gesetzeskontext zukommt. Wenn er nun diese imaginäre Bedeutung der von ihm vorgenommenen Beurkundung beimißt, so unterscheidet sich diese infolgedessen auch von der Bedeutung, die ein tatbestandsmäßiges Geschehen besitzt. Neben der Bedeutungskenntnis fehlt dem Täter auch die Tatsachenkenntnis, geht er doch von Tatumständen aus, denen rechtlich eine tatbestandsmäßige Bedeutung nicht zukommt. Schon bei der Besprechung der Entscheidung BGHSt 7, 53ff. wurde darauf hingewiesen, daß eine derartige Konstellation ein glatter Fall des umgekehrten Subsumtionsirrtums ist und deshalb notwendig zu einem Wahndelikt führt.

Andererseits ist es auch möglich, daß der Angeklagte glaubt, die Beweiskraft der Urkunde erstrecke sich auf die inhaltliche Richtigkeit der abgegebenen Erklärungen. In dieser Variante überdehnt er mit dem Normbereich des § 415 ZPO eine Bestimmung im Vorfeld des Straftatbestandes. Mit seiner pauschalen Einschätzung des Geschehens als Wahndelikt geht also der BGH, ohne es ausdrücklich auszusprechen, der Sache nach davon aus, daß die Überdehnung der Vorfeldnorm zu einer Überdehnung des Straftatbestandes mittels umgekehrten Subsumtionsirrtums führt.

Genau wie in der ersten Variante fehlt hier die tatbestandsadäquate Tatsachenkenntnis. Anders als dort mißt der Täter in der zweiten Variante aufgrund der irrtümlichen Beweiskrafterweiterung aber seiner Beurkundung eine tatbestandsmäßige Bedeutung zu, besitzt also Bedeutungskenntnis. Diese allein soll aber anscheinend in der vorliegenden Sachverhaltskonstellation — anders als dies etwa nach dem Verständnis der herrschenden Meinung in der Entscheidung BGHSt 13, 235ff. der Fall ist — für den Versuchsvorsatz nicht genügen[85].

---

[82] BGH, JZ 1987, 522f. (523).

[83] Schumann, JZ 1987, 523ff.

[84] Vergleiche Schumann, JZ 1987, 523ff. (525).

[85] Zustimmend Schumann, JZ 1987, 523ff. (526).

5. Die irrtümliche Annahme einer Feststellungspflicht im Rahmen des § 142 StGB

Der Entscheidung BGHSt 8, 263ff. lag eine Anklage wegen unerlaubten Entfernens vom Unfallort (§ 142 StGB) zugrunde. Nach dem zu beurteilenden Sachverhalt hatte der Angeklagte als einziges Opfer eines von ihm selbst verursachten Verkehrsunfalles den Unfallort verlassen, um polizeiliche Feststellungen zu vereiteln.

Angesichts dieser Sachlage bestand für den Angeklagten jedoch keine passive Feststellungspflicht, wie sie § 142 StGB voraussetzt, da fremde Vermögensinteressen nicht betroffen waren[86]. Eine Verurteilung wegen Vollendung des § 142 StGB schied daher aus. Allerdings stellte sich die Frage, ob sich der Angeklagte nicht eines damals noch nach § 142 II StGB strafbaren Versuchs schuldig gemacht hatte, da er glaubte, daß eine entsprechende Feststellungspflicht bestünde.

Der BGH[87] verneint dies. Der Angeklagte habe vielmehr den in tatsächlicher Hinsicht zutreffend beurteilten Sachverhalt irrigerweise für strafbar gehalten. Unter Hinweis auf RGSt 64, 238ff.[88] und RGSt 66, 126ff.[89] sieht der BGH darin lediglich ein „strafloses Wahnvergehen“[90]. Der Verweis auf RGSt 66, 126ff. verdeutlicht, daß sich der BGH für die strukturelle Abgrenzung zwischen Wahndelikt und untauglichem Versuch auf den Umkehrschluß des Reichsgerichts stützt.

Das Ergebnis der Entscheidung — Wahndelikt — ist in der Literatur[91] einhellig begrüßt worden. In der Tat dürfte an diesem Resultat kein Zweifel bestehen, ignoriert der Angeklagte doch wesentliche Teile des gesetzlichen Tatbestandes und „subsumiert“ das von ihm richtig erkannte Geschehen unter eine imaginäre Strafnorm, die etwa lautet: „Ein Unfallbeteiligter, der sich nach einem Unfall im Straßenverkehr vom Unfallort entfernt, macht sich strafbar.“ Es handelt sich also um einen eindeutigen Fall der Überdehnung des Normbereichs aufgrund eines umgekehrten Subsumtionsirrtums.

6. Die irrtümliche Annahme einer rechtswidrigen Vortat

Eine sehr interessante Fallkonstellation hatte der BGH nach dem Sachverhalt der in BGHSt 15, 210ff. veröffentlichten Entscheidung zu beurteilen. Es ging

---

[86] Im einzelnen ausgeführt in BGHSt 8, 263ff. (265ff.).

[87] BGHSt 8, 263ff. (268).

[88] Vergleiche 3. Kapitel, A. I. 5. a).

[89] Vergleiche 3. Kapitel, A. I. 6.

[90] BGHSt 8, 263ff. (268).

[91] So u.a. Stöger, S. 23; Blei, Strafrecht, Allgemeiner Teil, S. 220; S/S-Cramer, § 142 Rdnr. 75; Jescheck, S. 480; Stratenwerth, Allgemeiner Teil, Rdnr. 664; Preisendanz, § 23 Anm. 5; Maurach, NJW 1962, 716ff. (720); Probst, S. 172; Dreher/Tröndle, § 16 Rdnr. 11; Otto, Strafrecht, S. 282; LK-Vogler, § 22 Rdnr. 145, Wessels, § 14 IV 1 c.

um die Frage, ob ein Strafverfolgungsbeamter, der in Strafvereitelungsabsicht von der Verfolgung desjenigen absieht, den er irrig für den Täter einer Straftat hält, sich der versuchten Strafvereitelung im Amt (§§ 258a, 22f. StGB)[92] schuldig macht.

Der BGH[93] bejaht dies und stellt zur Begründung auf das Umkehrprinzip ab. Zum Tatbestand der Strafvereitelung im Amt gehöre, daß der Strafverfolgungsbeamte denjenigen, den er wegen einer Straftat zu verfolgen habe, wissentlich der im Gesetz vorgesehenen Strafe entziehe, wobei hinsichtlich dieser Straftat bedingter Vorsatz genüge. Ist der Beamte irrtümlich der Meinung, eine solche Straftat liege nicht vor, so mache sich der Beamte infolge Tatbestandsirrtums nicht strafbar. Er irre dann nicht über das Verbotensein seiner Handlungsweise nach der allein gegen ihn gerichteten Strafvorschrift (jetzt § 258a StGB), sondern über die Strafbarkeit des zu verfolgenden Täters, also über ein zum *Tatbestand* der Strafvereitelung im Amt gehöriges Merkmal. Es mache keinen Unterschied, ob der Beamte denjenigen, gegen den er die Untersuchung führe, aus tatsächlichen Gründen nicht für den Täter halte oder ob er meine, daß dessen Handlungsweise keinen Straftatbestand erfülle.

Im umgekehrten Fall mache sich *somit* der Strafverfolgungsbeamte, der in Strafvereitelungsabsicht von der Verfolgung desjenigen absehe, den er irrig — sei es aus unzutreffenden tatsächlichen oder falschen rechtlichen Erwägungen — für den Täter einer Straftat halte, des untauglichen Versuchs nach § 258a StGB schuldig. Dieses Ergebnis wird nach BGH-Ansicht auch gestützt durch die Strafwürdigkeit eines entsprechenden Verhaltens des Strafverfolgungsbeamten.

Die Überdehnung einer Norm im Vorfeld des Straftatbestandes, die, wenn es um das Tatbestandsmerkmal „rechtswidrige Tat" geht, ausnahmsweise selbst eine Strafbestimmung ist, hindert die Versuchsstrafbarkeit nach dieser Entscheidung also nicht. Nach Auffassung des BGH ist darin eine Überdehnung des Normbereichs infolge umgekehrten Subsumtionsirrtums nicht erkennbar. Für den Vorsatz genügt, daß der Täter dem Verhalten des Verfolgten die Bedeutung beimißt, daß eine Straftat verwirklicht werde (Bedeutungskenntnis). Darauf, daß sich der Täter auch Tatsachen vorstellt, die dieser Bedeutung gerecht werden, kommt es nicht an.

Die Entscheidung hat in der Literatur[94] viel Beifall erhalten. Zu den wenigen

---

[92] Zur Zeit der Entscheidung war die sog. Begünstigung im Amt nach § 346 StGB zu prüfen.

[93] BGHSt 15, 210ff. (213f.).

[94] Herzberg, JuS 1980, 469ff. (473); Blei, Strafrecht, Allgemeiner Teil, S. 221; ders., JA 1973, 601ff. (603); Probst, S. 180; Maurach, NJW 1962, 716ff. (720); Stree, JR 1981, 297ff. (299); Dreher/Tröndle, § 258a Rdnr. 6; SK-Rudolphi, § 22 Rdnr. 32a; im Ergebnis auch Maurach/Gössel/Zipf, Strafrecht, Allgemeiner Teil, Teilband 2, § 40 IV 4 b cc; Bockelmann/Volk, S. 211; Puppe, FS-Lackner (1987), S. 199ff. (228).

kritischen Stimmen gehört die Urteilsanmerkung von Weber[95], dessen Ausführungen die mögliche Gegenposition deutlich machen.

Für Weber[96] gibt es „kein perfektes und für alle Fälle geltendes Umkehrverhältnis zwischen Tatumstandsirrtum einerseits und strafbarem Versuch andererseits". § 346 StGB (jetzt § 258a StGB) verlange als Ausführungshandlung, daß jemand der im Gesetz vorgesehenen Strafe entzogen werde. Damit habe der Gesetzgeber sämtliche tatbestandlichen Voraussetzungen für die strafrechtliche Beurteilung des jeweiligen Vortäters zu tatbestandsmäßigen Voraussetzungen für die strafrechtliche Beurteilung des Verfolgungsbeamten erhoben. Der Umfang des § 346 StGB werde daher begrenzt durch die Existenz und den Umfang der für den Vortäter geltenden Norm.

Webers Vorstellungen entziehen in der Tat dem Umkehrschluß seine Funktion als Abgrenzungsinstrument zwischen untauglichem Versuch und Wahndelikt. Zwar sind danach alle Fälle der irrtümlichen Annahme des Beamten, der Vortäter sei nicht strafbar, weiterhin mit dem BGH als vorsatzausschließende Tatbestandsirrtümer i.S.d. § 16 I 1 StGB zu behandeln, da es insoweit nicht darauf ankommt, ob der Beamte das Verhalten des Vortäters deshalb für straflos hält, weil er sich über dessen Handlungsweise falsche Vorstellungen gemacht oder weil er die darauf anzuwendende Norm verkannt hat. Die Behandlung des umgekehrten Irrtums folgt dagegen einer differenzierenden Betrachtungsweise: Nimmt der Beamte ein Verhalten des Vortäters an, das, läge es tatsächlich vor, gegen ein Strafgesetz verstieße, so ist er wegen versuchter Strafvereitelung im Amt zu verurteilen. Nimmt der Beamte dagegen irrtümlich an, das von ihm richtig erkannte Vortäterhandeln falle unter eine Strafnorm, so überdehnt er in seiner Vorstellung nicht nur die für den Vortäter in Betracht kommende Norm, sondern auch den Normbereich des § 258a StGB. Die Überdehnung der Vorfeldnorm führt also zur Überdehnung des Straftatbestandes selbst. Zurückzuführen ist dies letztlich darauf, daß Weber für den Versuchsvorsatz nicht nur Bedeutungskenntnis fordert, sondern zusätzlich volle Tatsachenkenntnis bezüglich der die Vorfeldnorm (und damit auch das Tatbestandsmerkmal „rechtswidrige Tat" in § 258a StGB) ausfüllenden Tatumstände[97].

7. Die irrtümliche Annahme einer Garantenpflicht bei den unechten Unterlassungsdelikten

In seiner Entscheidung BGHSt 16, 155ff. befaßte sich der Bundesgerichtshof mit der Frage, ob bei den unechten Unterlassungsdelikten neben der zum tatbestandsmäßigen Erfolg führenden Unterlassung und der Garantenstellung des Unterlassenden auch die daraus erwachsende Garantenpflicht zum Tatbe-

---

[95] Weber, MDR 1961, 426f.; zustimmend Burkhardt, JR 1981, 681ff. (686 Fn. 59); kritisch Stree, JR 1981, 297ff. (299).

[96] Weber, MDR 1961, 426f. (427).

[97] Vergleiche dazu auch 5. Kapitel, C. IV. 1.

stand gehört. Der BGH[98] lehnt dies ab, mit der Konsequenz, daß für die Bestrafung wegen eines vorsätzlichen unechten Unterlassungsdelikts nicht erforderlich ist, daß sich der Täter der Rechtspflicht, zur Erfolgsabwendung tätig werden zu müssen (Garantenpflicht), bewußt ist. Der Irrtum hierüber ist demgemäß ein Verbotsirrtum im Sinne des § 17 StGB.

Diese Einschätzung begründet der BGH unter anderem auch mit den Rechtsfolgen, die ansonsten für die Fälle des umgekehrten Irrtums zu Lasten des Täters entstünden. Sich streng an die Grundsätze des Umkehrschlusses haltend, argumentiert er[99]: „Schließlich führt die Gegenmeinung im Bereich des Versuchs zu einem Ergebnis, das die Strafbarkeit der Unterlassungen gegenüber den für die Begehungsdelikte geltenden Grundsätzen nicht unwesentlich erweitern und deshalb mit der Gerechtigkeit kaum vereinbar sein würde. Der Unterlassungstäter, der — irrigerweise — eine Garantenpflicht annimmt, obwohl der — ihm bekannte — Sachverhalt diese Pflicht nicht ergibt, muß, wenn man der Gegenmeinung folgt, wegen eines versuchten unechten Unterlassungsdelikts bestraft werden. In Wahrheit muß dieser Fall als strafloses Wahndelikt beurteilt werden.“

Ohne zu der letztlich von anderen Gesichtspunkten abhängenden Frage, ob die Garantenpflicht Bestandteil des Tatbestandes ist[100], abschließend Stellung nehmen zu wollen, muß man doch konstatieren, daß dem BGH in der oben wiedergegebenen Auseinandersetzung mit der Gegenmeinung der gleiche logische Fehler unterläuft, den er bereits in der Entscheidung BGHSt 14, 345ff.[101] gemacht hat. Er wendet auf die zweigliedrige Wissenskomponente des Vorsatzes (Tatsachen- und Bedeutungskenntnis), wie sie von der Gegenmeinung vertreten wird, den Umkehrschluß an. Genau wie in der oben angeführten Entscheidung versucht er den damit verbundenen Schwierigkeiten zu entgehen, indem er an Versuchs- und Vollendungsvorsatz unterschiedliche Anforderungen stellt. Dieses Mal allerdings hält er an der vollen Tatsachen- und Bedeutungskenntnis beim Vollendungsvorsatz fest, reduziert aber den Versuchsvorsatz auf die bloße Bedeutungskenntnis, muß doch nach seinem Verständnis der Gegenmeinung der Täter wegen untauglichen Versuchs bestraft werden, wenn er von einem Sachverhalt ausgeht, aus dem objektiv keine Garantenpflicht erwächst (= fehlende Tatsachenkenntnis), er aber irrigerweise eine solche Garantenpflicht annimmt. Richtig verstanden, wird jedoch die Gegenmeinung aufgrund ihres Vorsatzverständnisses nur dann wegen untauglichen Versuchs bestrafen, wenn sich der Täter auch einen Sachverhalt vorstellt, aus dem eine entsprechende Garantenstellung bei richtiger rechtlicher Würdigung resultieren würde.

---

98 BGHSt 16, 155ff. (158ff.).

99 BGHSt 16, 155ff. (160).

100 Die Auffassung des BGH ist in der Zwischenzeit ganz herrschende Meinung, vgl. Jescheck, S. 480; SK-Rudolphi, § 22 Rdnr. 33 m.w.N.; S/S-Eser, § 22 Rdnr. 91 m.w.N.; LK-Vogler, § 22 Rdnr. 151 m.w.N.

101 Vergleiche 3. Kapitel, B. III. 2. a).

IV. Fazit

Die Rechtsprechung des Bundesgerichtshofes zur Abgrenzung zwischen strafbarem untauglichen Versuch und straflosem Wahndelikt infolge der Überdehnung des Normbereichs einer existierenden Strafbestimmung (umgekehrter Subsumtionsirrtum) bietet in den kritischen Fällen der normativen Tatbestandsmerkmale kein einheitliches Bild.

In den Entscheidungen vor dem grundlegenden Beschluß des Großen Senats zur Unterscheidung zwischen Tatbestands- und Verbotsirrtum verlangt das Gericht für den Versuchsvorsatz einerseits[102] volle Kenntnis der Tatsachen, aus denen sich die tatbestandsrelevante Bedeutung des Sachverhalts ergibt, verzichtet aber darauf, daß sich dem Täter im Wege der „umgekehrten" Parallelwertung diese Bedeutung auch erschließt. Selbst wenn sich der Täter gerade eine andere Bedeutung vorstellt, würde er sich nach dieser Konzeption mangels Überdehnung des Normbereiches nicht in einem umgekehrten Subsumtionsirrtum befinden. Nach einer anderen Entscheidung[103] genügt die reine Bedeutungskenntnis; die Überdehnung einer Vorfeldnorm ist für den Straftatbestand ohne Bedeutung.

Nach dem Beschluß des Großen Senats verlangt der BGH für den Versuchsvorsatz mit einer, zwischenzeitlich ausdrücklich aufgegebenen, Ausnahme[104] beständig, daß sich dem Täter die soziale Bedeutung der Tatumstände erschließt. Lediglich in zwei Fällen[105] fordert der BGH jedenfalls der Sache nach zusätzlich, daß sich der Täter auch eine Sachlage vorstellt, der objektiv eine entsprechende Bedeutung zukommt. Dabei ging es jeweils um Konstellationen, in denen eine Norm im Vorfeld des Straftatbestandes überdehnt wurde. Daß jedoch auch bei dieser Fallgruppe keine einheitliche Tendenz auszumachen ist, beweisen die Urteile zum Tatbestandsmerkmal „zuständig"[106] und zur Frage der „rechtswidrigen Tat" bei § 258a StGB[107], nach denen die Überdehnung des Vorfeldtatbestandes nicht zur Überdehnung des Straftatbestandes und folglich auch nicht zu einem umgekehrten Subsumtionsirrtum führt.

Die Schwäche dieser Rechtsprechung liegt in dem teils ausdrücklichen, teils stillschweigenden Festhalten des Gerichts am reichsgerichtlichen Umkehrschluß als praktisch *einzige*[108] Begründung für die von ihm getroffene Abgrenzung zwischen Wahndelikt und untauglichem Versuch. Dieser Umkehrschluß

---

[102] BGHSt 1, 13ff.

[103] BGHSt 2, 74ff.

[104] BGHSt 7, 53ff.

[105] BGHSt 14, 345ff.; BGH, JZ 1987, 522f.

[106] BGHSt 3, 348ff.; 5, 111ff.; 10, 272ff.; 12, 56ff.

[107] BGHSt 15, 210ff.

[108] Rühmliche Ausnahme ist insoweit der kurze Hinweis auf die Strafwürdigkeit des Täters in BGHSt 15, 210ff. (213f.).

läßt rein logisch nur eine einzige Lösung zu: Bedeutungskenntnis genügt für den Versuchsvorsatz. Ob die ihm zugrundeliegenden Prämissen noch ihre Gültigkeit haben, wird ebenso wenig hinterfragt wie die erzielten Ergebnisse. Grundsätzliche Probleme, wie die Frage nach der Deckungsgleichheit von objektivem und subjektivem Tatbestand oder die Wahrung der Einheit von Versuchs- und Vollendungsvorsatz bleiben unerörtert. Der BGH versperrt sich so die Möglichkeit einer fundierten dogmatischen Auseinandersetzung mit dem eigentlichen Problem dieser Fälle, nämlich der Frage einer am Normbereich ausgerichteten einheitlichen Bestimmung des Vorsatzgegenstandes. Der Versuch einer Neuorientierung der Vorsatzanforderungen bei gleichzeitigem Festhalten am Umkehrschluß[109] führt zu unauflöslichen Widersprüchen und ist zum Scheitern verurteilt. Ob die jüngste Entscheidung[110] des BGH in diesem Zusammenhang eine Trendwende einleitet, bleibt abzuwarten. Wünschenswert wäre ein solches Freimachen von den dogmatischen Fesseln des Umkehrschlusses allemal.

Als Argument für die Strafbarkeit des untauglichen Versuchs zieht der Bundesgerichtshof, anders als dies das Reichsgericht noch tat, den Umkehrschluß nicht mehr heran.

C. Die Oberlandesgerichte

I. Ausgewählte Rechtsprechungsbeispiele

1. Die irrtümliche Annahme der Zuständigkeit

In der unmittelbaren Nachkriegszeit hatten sich die Oberlandesgerichte in einer ganzen Reihe von Entscheidungen mit der Frage der irrtümlichen Annahme der Zuständigkeit von Behörden im Rahmen der Abnahme falscher eidesstattlicher Versicherungen zu befassen. Der Versuch der Abgabe einer falschen Versicherung an Eides Statt war damals nach § 156 II StGB ausdrücklich für strafbar erklärt.

Soweit man die „Zuständigkeit" überhaupt als einen vom Vorsatz zu erfassenden Tatumstand ansah[1], bestand Uneinigkeit über die an den Vorsatz zu stellenden Anforderungen.

Ein Teil der Oberlandesgerichte[2] bejahte den Versuchsvorsatz bei bloßer Annahme der Zuständigkeit unabhängig davon, ob die vorgestellten Tatsachen

---

[109] Wie dies vom BGH in BGHSt 14, 345ff. versucht worden ist.

[110] BGH, JZ 1987, 522f.

[1] Ablehnend etwa: Niese, NJW 1949, 812ff. (objektive Bedingung der Strafbarkeit); in der Sache ähnlich Mezger, SJZ 1949, Sp. 709ff. (711), der die Einstufung als objektive Bedingung der Strafbarkeit ablehnt und von einer „Voraussetzung des Tatbestandes" spricht, die so grundlegend für die Strafbestimmung sei, daß sie vom Vorsatz nicht umfaßt zu sein brauche; wenig später auch Welzel mit seiner Lehre von den Rechtspflichtmerkmalen, vgl. JZ 1952, 19f., 133ff. (speziell zum Irrtum über die Zuständigkeit der Behörde), 208f.; JZ 1953, 119ff. (wiederum speziell zum Irrtum über die Zuständigkeit).

[2] OLG Hamburg, MDR 1950, 302f.; OLG Tübingen HESt. 1, 285ff. (288).

dies rechtfertigten. Das OLG Hamburg räumte zwar ein, daß die damit erzielten Ergebnisse kriminalpolitisch möglicherweise unerwünscht seien, zu einer Abweichung von den „feststehenden Grundsätzen der strafrechtlichen Lehre“[3] dürfe dies indessen nicht führen.

Die Gegenposition vertrat bereits im Jahre 1947 das OLG Kiel[4], als es formulierte: „Die Unterscheidung zwischen untauglichem Versuch und Wahnverbrechen besteht darin, daß sich der Vorsatz des Täters beim untauglichen Versuch auf die Begehung einer Tat richtet, die strafbar wäre, wenn sie so durchgeführt würde, wie sie sich der Täter vorstellt. Die Tat kommt nur deshalb nicht zur Vollendung, weil Mittel oder Objekt untauglich sind. Beim Wahnverbrechen führt der Täter seine Tat so durch, wie er sie geplant hat; schon der Vorsatz richtet sich auf die Begehung einer nicht mit Strafe bedrohten Tat und er irrt nur über das Strafgesetz.“ Das OLG Kiel verlangt also volle Kenntnis der Tatsachen, aus denen sich die Zuständigkeit der die eidesstattliche Versicherung abnehmenden Stelle ergibt. Es ist insoweit Wegbereiter der späteren, in BGHSt 1, 13ff. veröffentlichten Entscheidung des Bundesgerichtshofes[5].

2. Die irrtümliche Annahme eines Vermögensschadens im Rahmen des § 263 StGB

Das Bayerische Oberste Landesgericht hatte sich in der Entscheidung NJW 1955, 1567f. mit der Frage der Abgrenzung von untauglichem Versuch und Wahndelikt beim Betrug zu befassen.

---

[3] OLG Hamburg, MDR 1950, 302.

[4] OLG Kiel, SJZ 1948, Sp. 327f.; zustimmend Bödicker, NJW 1949, 358f. (359); Fabian, S. 77; kritisch zum Lösungsweg Niese, NJW 1949, 812ff.

Das OLG Bamberg differenziert in seiner Entscheidung NJW 1949, 876f. beim Meineid zwischen gewöhnlichen Zuständigkeitsmängeln, bei denen die irrtümliche Annahme der Zuständigkeit zum Versuch führen soll und dem Mangel, daß ein Eid „seiner ganzen Art nach“ im Gesetz keine Grundlage habe. Bei letzterem führe die irrtümliche Unterstellung der Zuständigkeit zum Wahndelikt.

Interessant auch das Bestreben des OGH BrZ in der Entscheidung SJZ 1949, Sp. 706ff. eine Bestrafung wegen Versuchs zu vermeiden. Ein Irrtum zu Lasten des Täters kann danach beim Tatbestandsmerkmal „zuständig“ nach Sinn und Zweck des § 156 StGB die Versuchsstrafbarkeit nicht begründen (eine stillschweigende Absage an den Umkehrschluß!). Der Versuch des Vergehens nach § 156 StGB setze voraus, daß die Erklärung einer zuständigen Behörde gegenüber abgegeben werde. Vergleiche dazu auch die im Ergebnis zustimmenden Anmerkungen von Mezger, SJZ 1949, Sp. 709ff. (711) und von v. Weber, MDR 1950, 119f., der klarstellend die dogmatische Einordnung als Wahndelikt vornimmt (ebenso ders. in JZ 1951, 260ff., (263)).

[5] Ebenso folgt das OLG Oldenburg, NJW 1951, 973, dem OLG Kiel, wenn es die Straflosigkeit der Täterin mit dem Satz begründet: „Das angefochtene Urteil enthält keine Feststellungen, aus denen entnommen werden könnte, daß sie sich Tatsachen vorgestellt hätte, die die Zuständigkeit einer Behörde zur Entgegennahme eidesstattlicher Versicherung ergeben (...).“ Zustimmend in seiner Urteilsanmerkung Zipfel, NJW 1951, 950ff. (952).

Nach dem ihm vorgelegten Sachverhalt verkaufte der Angeklagte A an den Angeklagten B ein Grundstück zum Kaufpreis von 4500,— DM. Um Steuern und Gebühren zu sparen, erklärten sie gegenüber dem gutgläubigen Notar bei der Beurkundung des Kaufvertrages, einen Kaufpreis von 2200,— DM vereinbart zu haben.

Eine Verurteilung wegen vollendeten Betrugs zum Nachteil des Notars oder des Staates schied aus, da sich die entsprechenden Gebühren und Steuern nicht nach dem wahren, sondern ausschließlich nach dem beurkundeten Kaufpreis bemaßen.

Nicht auszuschließen ist nach Auffassung des BayObLG[6] indessen die Möglichkeit des versuchten Betruges. Gingen die Angeklagten davon aus, daß die Beurkundung eines niedrigeren Kaufpreises geringere Gebühren zum Anfall brachte, unabhängig davon, ob der wirklich gewollte und nicht beurkundete Kaufpreis höher war, so komme zwar mangels Schädigungsvorsatzes nur ein Wahndelikt in Betracht. Sollten die Angeklagten aber irrig angenommen haben, für die Gebühren sei der wirklich gewollte höhere Kaufpreis auch dann bestimmend, wenn ein niedrigerer nicht gewollter Betrag beurkundet werde, so liege ein strafbarer Betrugsversuch vor. „In diesem zweiten Falle haben nämlich die Angekl. äußere Handlungen zur Betätigung des betrügerischen Vorsatzes vorgenommen, die sie für geeignet hielten, den strafrechtswidrigen Erfolg der Schädigung des Notars und der dieser Schädigung entspr. Erlangung eines rechtswidrigen Vermögensvorteils herbeizuführen. Sie haben sich hiernach einen Sachverhalt vorgestellt, der, wenn er vorgelegen hätte, die Merkmale des Betrugs erfüllen würde.“[7]

Auch das BayObLG verlangt also in dieser Entscheidung die Kenntnis der tatbestandsrelevanten Tatsachen. Die Besonderheit dieser Entscheidung gegenüber den anderen bisher untersuchten Fällen liegt darin, daß der Täter, um die entsprechende Vorstellung zu besitzen, gerade von Tatsachen ausgehen muß, die den Tatbestand der einschlägigen Gebühren- und Kostenordnungen im Vorfeld des Betrugstatbestandes nicht erfüllen. Nur die Überdehnung der Vorfeldnorm führt zu einem Sachverhalt, der den Straftatbestand verwirklicht. Angesichts der einleuchtenden Annahme eines Versuchs deutet dieser bemerkenswerte Unterschied zu den anderen Sachverhaltskonstellationen darauf hin, daß an die Stelle einer pauschalen Einstufung des Vorfeldirrtums, sei es als umgekehrter Subsumtionsirrtum, sei es als vorsatzbegründender umgekehrter Tatbestandsirrtum, eine differenzierte Betrachtungsweise treten muß, die auf die Beziehung abstellt, in der Vorfeldnorm und Straftatbestand zueinander stehen. Wie diese auszusehen hat, muß die weitere Untersuchung erweisen[8].

---

[6] BayObLG, NJW 1955, 1567f. (1568).

[7] BayObLG, NJW 1955, 1567f. (1568).

[8] Zur Entscheidung des Bayerischen Obersten Landesgerichts vergleiche auch 6. Kapitel, D. IV. 1.

3. Die irrtümliche Annahme der Fremdheit einer Sache

a) Eine in der Literatur[9] viel beachtete Entscheidung[10] fällte das OLG Stuttgart im Jahr 1961 zur irrtümlichen Annahme der „Fremdheit" einer Sache im Rahmen des Unterschlagungstatbestandes (§ 246 StGB). Der Angeklagte hatte bei einem Finanzierungsbüro ein Darlehen aufgenommen, zu dessen Sicherung er einen ihm gehörenden PKW „übereignete", ohne daß ein dafür erforderliches Besitzmittlungsverhältnis vereinbart worden war. Die Übergabe des Fahrzeugs wurde seitens des Darlehensgebers ebenfalls nicht verlangt. Vier Monate später verkaufte und übereignete der Angeklagte den Wagen an einen Dritten, obwohl er die Darlehenssumme noch nicht zurückgezahlt hatte. Dabei ging er davon aus, daß infolge der Sicherungsübereignung das Eigentum an den Darlehensgeber übergegangen sei und er nicht mehr über den Wagen verfügen dürfe.

Das OLG Stuttgart bestätigt in seiner Entscheidung die landgerichtliche Verurteilung wegen versuchter Unterschlagung. Zwar liege ein untauglicher Versuch nicht schon deshalb vor, weil sich der Irrtum des Angeklagten auf ein Tatbestandsmerkmal bezog, das er aus falschen rechtlichen Erwägungen als gegeben ansah. Insoweit käme nur ein Wahndelikt infolge „umgekehrten Subsumtionsirrtums"[11] in Betracht. Und in strikter Anwendung des Umkehrschlusses heißt es dann weiter: „Nicht jeder rechtliche Irrtum in bezug auf ein normatives Tatbestandsmerkmal stellt bereits einen Verbotsirrtum dar. Es ist nämlich nicht erforderlich, daß der Täter eine juristisch-technisch exakte Definition oder Subsumtion vornimmt. Begeht er insoweit einen Fehler, kommt ihm das nicht zugute; es genügt vielmehr, daß er ‚in der Laiensphäre' den Tatumstand seinem sozialen Sinngehalt entsprechend wertet (. . .)."[12] Ein derartiger Irrtum liege nicht im Bereich der Verbotsnorm, sondern beschränke sich auf den Vorsatz. Erst wenn das Tatbestandsmerkmal seinem Umfang oder seiner rechtlichen Tragweite, also seinem *Begriff* nach verkannt sei, werde das Unrechtsbewußtsein und damit der Bereich der Rechtswidrigkeit erfaßt. „Erst damit ist ein Verbotsirrtum gegeben, der im umgekehrten Fall ein Wahnverbrechen darstellen kann."[13]

---

[9] Vergleiche etwa Herzberg, JuS 1980, 469ff. (472f.); Baumann, NJW 1962, 16ff.; Maurach, NJW 1962, 716ff. (720); Engisch, FS-Heinitz (1972), S. 185ff. (196); Tischler, S. 278ff.; Eser, Strafrecht II, Fall 36 mit didaktischer Aufbereitung; Burkhardt, JZ 1981, 681ff. (684 Fn. 40); Nierwetberg, Jura 1985, 238ff. (242); Schlüchter, JuS 1985, 527ff. (528); dies., Irrtum über normative Tatbestandsmerkmale, S. 161f.; Probst, S. 180f.; Jakobs, S. 596 Fn. 68; Jescheck, S. 481.

[10] OLG Stuttgart, NJW 1962, 65f.

[11] Es handelt sich insoweit, neben der noch zu erläuternden Kammergerichtsentscheidung in wistra 1982, 196ff., um die einzige obergerichtliche Entscheidung, die den Terminus „umgekehrter Subsumtionsirrtum" verwendet.

[12] OLG Stuttgart, NJW 1962, 65f. (66).

[13] OLG Stuttgart, NJW 1962, 65f. (66).

Nach dem Sachverhalt beziehe sich der Irrtum des Täters auf die Frage, ob die Absprachen der Parteien den erstrebten bürgerlich-rechtlichen Erfolg des Eigentumsübergangs gehabt hätten. Ein solcher Irrtum liege nicht im Bereich der Verbotsnorm, er betreffe auch nicht das Unrechtsbewußtsein, sondern lediglich den Vorsatz. „Die Strafnorm war zutreffend erkannt, der Angekl. wollte gegen sie verstoßen (...).“[14]

Die Entscheidung des OLG Stuttgart verdient in zweifacher Hinsicht Aufmerksamkeit. Zum einen vertritt sie in besonders prononcierter Weise das Umkehrprinzip in Gestalt der Reziprozität von Tatbestandsirrtum und Versuch sowie von Verbotsirrtum und Wahndelikt. Zum anderen ermöglicht auch hier, genau wie in der zuvor erläuterten Entscheidung des BayObLG, erst die Überdehnung von Normen im Vorfeld des Straftatbestandes, nämlich der Übereignungsvorschriften des BGB, die aus der Parallelwertung gewonnene Bedeutungskenntnis im Hinblick auf das Tatbestandsmerkmal „fremd“. Ob diese Überdehnung indessen nicht doch zu einem umgekehrten Subsumtionsirrtum führt, ist eine insbesondere in der jüngeren Diskussion höchst umstrittene Frage[15]. Letztlich dreht sich der Streit dabei um das Maß an Tatsachenkenntnis, das der Täter besitzen muß, um vorsätzlich zu handeln. Auf den vorliegenden Fall bezogen heißt das: Muß sich der Täter, um vorsätzlich zu handeln, Tatsachen vorstellen, aus denen sich bei objektiver rechtlicher Würdigung der Übergang des Eigentums auf den Darlehensgeber ergibt?[16]

b) Mit eben dieser Frage befaßt sich auch eine weitere Entscheidung des BayObLG[17], die in der Literatur[18] unter dem Stichwort des „doppelten Irrtums“ behandelt wird[19]. Nach dem leider nur unvollständig wiedergegebenen Sachverhalt veräußerte der Täter Maschinen, die er unter Eigentumsvorbehalt gekauft hatte, vor Zahlung des Kaufpreises an einen Dritten, wobei er zwar den Eigentumsvorbehalt auf dem Lieferschein nicht gelesen hatte, aber annahm, der Käufer erwerbe überhaupt erst mit der Zahlung des Kaufpreises Eigentum.

Das BayObLG läßt dies für den Vorsatz ausreichen und verurteilte wegen vollendeter Unterschlagung[20]. Die Kenntnis der Tatsachen, aus denen sich die

---

[14] OLG Stuttgart, NJW 1962, 65f. (66).

[15] Vergleiche dazu bereits den Standpunkt Dopslaffs oben 2. Kapitel, E. III.

[16] Vergleiche dazu insbesondere 5. Kapitel, C. II., III. sowie 6. Kapitel, D. IV. 2.

[17] BayObLG, NJW 1963, 310.

[18] So etwa bei Jescheck, S. 481; Baumann / Weber, S. 421 Fn. 49; Bindokat, NJW 1963, 745ff. (746); Foth, JR 1965, 366ff. (371f.); Bringewat, MDR 1970, 652; Schlüchter, Irrtum über normative Tatbestandsmerkmale, S. 119ff., 163; S/S-Cramer, § 17 Rdnr. 11; LK-Vogler, § 22 Rdnr. 152.

[19] Dazu kritisch Haft, JuS 1980, 430ff. (435).

[20] Zustimmend Jescheck, S. 481; Haft, JuS 1980, 430ff. (435); Bringewat, MDR 1970, 652f. (653); für Bestrafung wegen untauglichen Versuchs Foth, JR 1965, 366ff. (371f.); differenzierend aus der teleologisch-reduzierten Sachverhaltssicht Schlüchter, Irrtum über normative Tatbestandsmerkmale, S. 119.

Fremdheit einer Sache ergibt, ist danach weder hinreichende noch notwendige Bedingung für den Vorsatz. Für den Vorsatz sei vielmehr erforderlich, daß der Täter wenigstens damit rechne, daß ein Dritter Eigentümer der Sache sei. Auf der Grundlage dieser Erkenntnis handele er selbst dann vorsätzlich, wenn er sich einen Sachverhalt vorstelle, der bei zutreffender rechtlicher Würdigung dazu führen würde, daß er selbst Eigentümer wäre.

Auch nach Ansicht des BayObLG ist also keine Kenntnis der Tatsachen erforderlich, auf die sich der Eigentümerwechsel gründet, um im Hinblick auf das Tatbestandsmerkmal „fremd" vorsätzlich zu handeln.

Nach der Gegenauffassung[21] führt die Verkennung der die Übereignung regelnden bürgerlich-rechtlichen Bestimmungen im Vorfeld des Straftatbestandes zur Überdehnung des Normbereichs der Strafbestimmung und damit zu einem Wahndelikt infolge eines umgekehrten Subsumtionsirrtums.

4. Die irrtümliche Annahme einer rechtswidrigen Vortat

In einem Beschluß vom 15. 10. 1980[22] beschäftigte sich das Bayerische Oberste Landesgericht mit der Frage, ob ein Täter, der aufgrund rechtsirriger Annahmen von einer rechtswidrigen Vortat ausgeht, wegen Strafvereitelung nach § 258 StGB bestraft werden kann. Nach dem Sachverhalt hatte der Täter vor der Polizei unrichtige Angaben zum Hergang eines Unfallgeschehens gemacht, um zu verhindern, daß sein Bekannter wegen der Beteiligung an dem Verkehrsunfall eine Geldstrafe erhält. Als Nichtjurist ging er davon aus, daß sich der Bekannte einer Straftat schuldig gemacht habe. Tatsächlich handelte es sich aber um eine Ordnungswidrigkeit, die mit einer Geldbuße zu ahnden war.

Das BayObLG hob die landgerichtliche Verurteilung wegen versuchter Strafvereitelung nach §§ 258 I, 22f. StGB auf und sprach den Angeklagten frei, da sein Verhalten nur ein Wahndelikt darstelle. Ein untauglicher Versuch einer Strafvereitelung sei nur gegeben, wenn der Angeklagte irrig, sei es aus tatsächlichen, sei es aus rechtlichen Fehlvorstellungen, seinen Bekannten für den Täter einer Straftat gehalten hätte und wenn seine Angaben vor der Polizei geeignet gewesen wären, die Verhängung einer Kriminalstrafe zu verhindern. Auch bei einem untauglichen Versuch müsse die Tat, wie der Täter sie sich vornehme, „den Tatbestand eines Delikts bilden"[23]. Nur dann könne, obwohl die vom Vorsatz umfaßte Tatausführung unterblieben sei, von einer Mißachtung des durch den jeweiligen Tatbestand geschützten Rechtsguts die Rede sein. Davon könne im vorliegenden Fall nicht ausgegangen werden. Die vom Angeklagten vorgestellte Handlung seines Bekannten unterliege tatsächlich nur

---

[21] Vergleiche dazu die bei der Erläuterung des Lösungsvorschlages von Dopslaff gemachten Ausführungen im 2. Kapitel unter IV. sowie unten 5. Kapitel, C. II., III.

[22] BayObLG, JZ 1981, 715f.

[23] BayObLG, JZ 1981, 715.

der Beurteilung nach dem Gesetz über Ordnungswidrigkeiten. Beim Tatbestand der Strafvereitelung reiche es aber nicht, daß ein anderer lediglich einer Geldbuße entzogen werde. „Der Wille des Angeklagten zielte demnach im vorliegenden Fall auf einen Erfolg, der überhaupt nicht unter Strafe gestellt ist; denn eine Norm, gegen die der Angeklagte verstoßen wollte, besteht überhaupt nicht. Durch die im Gegensatz zur geltenden Fassung des § 258 StGB stehende Rechtsansicht des Angeklagten wird die Rechtsordnung überhaupt nicht in Frage gestellt.“[24]

Ohne sie überhaupt noch mit einem Wort zu erwähnen, setzt sich das BayObLG mit dieser Entscheidung über die Grundsätze des Umkehrschlusses hinweg[25]. Danach hätte die bloße Bedeutungsannahme, es liege eine rechtswidrige Vortat in Gestalt einer Straftat vor, für den Vorsatz und damit den untauglichen Versuch ausgereicht, da im umgekehrten Fall das Fehlen dieser Vorstellung den Vorsatz infolge eines Tatbestandsirrtums entfallen läßt. Das BayObLG dagegen verlangt über diese Bedeutungskenntnis hinaus auch die Tatsachenkenntnis, d.h. der Täter muß sich auch ein Geschehen vorstellen, das bei objektiver rechtlicher Beurteilung eine Straftat darstellt. Die Überdehnung einer Strafnorm in ihrer Funktion als Vorfeldnorm führt danach auch zur Überdehnung der eigentlichen Strafnorm selbst (hier § 258 StGB) und damit zu einem straflosen Wahndelikt aufgrund eines umgekehrten Subsumtionsirrtums. Entgegen den am Beginn seiner Begründung stehenden Bekundungen läßt es das Gericht für den Versuchsvorsatz nicht genügen, daß der Täter lediglich aus rechtlichen Fehlvorstellungen eine rechtswidrige Vortat annimmt. Der Sache nach liegt dieser Beschluß des Bayerischen Obersten Landesgerichts daher auf einer Linie mit den BGH-Entscheidungen BGHSt 14, 345ff. und JZ 1987, 522f. und steht in deutlichem Widerspruch zu BGHSt 15, 210ff.[26]. Besonders begrüßenswert ist es dabei, wenn das Gericht zur Begründung darauf abstellt, daß durch das Täterverhalten die Rechtsordnung überhaupt nicht in Frage gestellt werde. Damit wird das Augenmerk auf den entscheidenden Gesichtspunkt für die Abgrenzung zwischen Wahndelikt und untauglichem Versuch gelegt, nämlich auf die unabhängig vom Umkehrschluß zu bestimmende Reichweite des Strafgesetzes.

Stree[27] widerspricht in seiner kritischen Anmerkung der Entscheidung sowohl in ihrer Begründung als auch in ihrem Ergebnis. Der Täter habe nicht eine

---

[24] BayObLG, JZ 1981, 715f.

[25] Ebenso Kuhlen, S. 567: „Die Entscheidung des BayObLG widerspricht also dem Umkehrprinzip.“

[26] Den entgegenstehenden Bekundungen des Gerichts (BayObLG, JZ 1981, 715f. 716; ebenso LK-Vogler, § 22 Rdnr. 148) kann insoweit nicht gefolgt werden, lautet doch der Leitsatz der Entscheidung BGHSt 15, 210ff. wörtlich: „Der Strafverfolgungsbeamte, der in Begünstigungsabsicht von der Verfolgung desjenigen absieht, den er irrig — *gleichviel, ob aus unzutreffenden tatsächlichen oder falschen rechtlichen Erwägungen* — für den Täter einer Straftat hält, macht sich des Versuchs der Begünstigung im Amte schuldig.“

[27] Stree, JR 1981, 297ff.

Geldbuße für eine Ordnungswidrigkeit einer Geldstrafe gleichgestellt, sondern wollte die Verhängung einer Geldstrafe wegen einer Straftat verhindern, mithin einen anderen einer Kriminalstrafe entziehen. Die falschen rechtlichen Erwägungen beträfen daher nicht die rechtliche Bedeutung des § 258 StGB, sondern erstreckten sich vielmehr auf die rechtliche Bedeutung des Täterverhaltens. „Verkannt wird nicht der im § 258 StGB enthaltene Normbefehl, sondern ein Geschehen, in seiner rechtlichen Tragweite, die für diesen Normbefehl relevant ist. (...) Wer einen anderen der irrig erwarteten Geldstrafe wegen einer vermeintlichen Straftat entziehen will, zielt subjektiv mit seinem Willen durchaus auf einen Erfolg, der unter Strafe gestellt ist, und will nach seiner Vorstellung durchaus gegen eine bestehende Norm verstoßen."[28] Nach Stree wird bereits mit der Bedeutungsannahme — rechtswidrige Straftat — der Normbefehl so verstanden, „wie das Gesetz ihn zum Ausdruck bringt"[29]. Die fehlende Tatsachenkenntnis und die damit verbundene Überdehnung der Vorfeldnorm lassen danach den Geltungsbereich des § 258 StGB unberührt. Auch hier stehen sich also wieder die „klassischen" Standpunkte gegenüber, die den Irrtum über die Vorfeldnorm kategorisch entweder als vorsatzbegründend oder vorsatzhindernd einordnen.

5. *Die irrtümliche Annahme einer Pflicht zur Steuerzahlung*

In seiner Entscheidung vom 9. September 1981[30] hat sich das Kammergericht als erstes Obergericht in Terminologie, Begründung und Ergebnis einem der bedeutenden Lösungsvorschläge angeschlossen, die von der Literatur als Alternativkonzepte zum reichsgerichtlichen Umkehrschluß für die Abgrenzung von untauglichem Versuch und Wahndelikt entwickelt worden sind. Es stützt sich dabei auf die insbesondere von Blei[31] und Herzberg[32] entwickelten Grundsätze zum „Rechtsirrtum im Vorfeld des Straftatbestandes"[33].

Der Angeklagte hatte für das Jahr 1976 keine Steuererklärung abgegeben, obwohl er von seiner Verpflichtung überzeugt war, die Erklärung bis zu einem bestimmten Zeitpunkt abgeben zu müssen. Tatsächlich indessen bestand aufgrund eines gesetzgeberischen Versehens keine Rechtspflicht, eine Steuererklärung bis zu einem bestimmten Termin abzugeben.

Das Kammergericht beurteilt dieses Verhalten des Angeklagten als versuchte Steuerhinterziehung nach § 370 I Nr. 2 AO. Ein Wahndelikt hätte zwar vorgelegen, wenn sich der Täter über die Gültigkeit des Straftatbestandes der

---

[28] Stree, JR 1981, 297ff. (298).
[29] Stree, JR 1981, 297ff. (299).
[30] KG, wistra 1982, 196ff.
[31] Blei, JA 1973, 601ff. (604).
[32] Herzberg, JuS 1980, 469ff. (472ff.).
[33] Dazu näher 5. Kapitel, D. II.

Steuerhinterziehung geirrt oder nach seiner Vorstellung dessen Anwendungsbereich überdehnt hätte. Das sei jedoch nicht der Fall. „Vielmehr glaubte er eine Steuerhinterziehung zu begehen, weil er einem Rechtsirrtum im Vorfeld der Verbotsnorm unterlag."[34] Der Angeklagte habe über die „Pflichtwidrigkeit" der Nichtabgabe seiner Steuererklärung geirrt. Dabei handele es sich um ein Tatbestandsmerkmal, das sich auf die Erklärungspflicht beziehe und eine Verweisung auf spezielle, außerhalb des eigentlichen Straftatbestandes der Steuerhinterziehung liegende Rechtsvorschriften, nämlich § 149 AO 1977 a.F. i.V.m. den Einkommenssteuergesetzen, enthalte. Dieser Rechtsirrtum im Vorfeld der Strafnorm sei nicht anders zu beurteilen „als die irrtümliche Annahme von Tatumständen infolge von Tatsachenkenntnis"[35]. Ein Wahndelikt aufgrund umgekehrten Subsumtionsirrtums scheide daher aus.

Auf eine grundsätzliche Auseinandersetzung mit der Auffassung des Kammergerichts, insbesondere im Zusammenhang mit der kritischen Anmerkung von Burkhardt[36], sei zunächst verzichtet. Insoweit wird auf die Besprechung dieser Konzeption im weiteren Fortgang der Untersuchung[37] verwiesen.

Nachdrücklich hervorzuheben ist allerdings an dieser Stelle die kaum abschätzbare Anzahl von Versuchsdelikten, die ein Verzicht auf die Tatsachenkenntnis in Anbetracht der Reduzierung steuerlicher Verpflichtungen durch die Steuerreformgesetze gerade beim Tatbestand der Steuerhinterziehung mit sich bringt. Angesichts der schon vom Reichsgericht[38] gerügten Unübersichtlichkeit der steuerrechtlichen Pflichten und dem verstärkten Wandel[39], dem sie unterworfen sind, dürften in weiten Bevölkerungskreisen erhebliche Fehlvorstellungen auch zu Lasten der Steuerpflichtigen über die Höhe der Verpflichtungen bestehen[40], die dann vielfach, zumindest bedingt vorsätzlich, scheinbar nicht erfüllt werden. Der Nachweis dieser „Versuchsdelikte" dürfte allerdings in den wenigsten Fällen gelingen, so daß sich in verstärktem Maße die Frage nach der Praktikabilität einer Konzeption stellt, die allein die rechtsirrige Annahme, einen Steueranspruch zu verkürzen, mit dem Makel der versuchten Steuerhinterziehung belegt.

II. Fazit

Nach der Analyse der oberlandesgerichtlichen Rechtsprechung sind insbesondere zwei Gesichtspunkte hervorzuheben.

---

[34] KG, wistra 1982, 196ff. (197).

[35] KG, wistra 1982, 196ff. (198).

[36] Burkhardt, wistra 1982, 178ff.

[37] 5. Kapitel, D. II.

[38] RGSt 65, 165ff. (172); vergleiche dazu 3. Kapitel, A. I. 5. a).

[39] Der Leser möge sich prüfen: Sind die Zinsgutschriften aufgezinster und abgezinster Wertpapiere derzeit jährlich zu versteuern oder erst gesammelt am Ende der Laufzeit des Wertpapiers?

[40] Man denke nur an die vielfältigen Veränderungen, die die verschiedenen Stufen des Steuerreformprogramms bei den Freigrenzen und Freibeträgen mit sich gebracht haben.

Zum einen ist es den Gerichten in letzter Zeit gelungen, bei der Unterscheidung von untauglichem Versuch und Wahndelikt an die Stelle der noch in den sechziger Jahren vehement[41] vertretenen, stereotypen Anwendung des Umkehrschlusses eigenständige Abgrenzungskriterien treten zu lassen. Besonders das Aufgreifen neuer Tendenzen der Rechtswissenschaft durch das Kammergericht verdient in diesem Zusammenhang Erwähnung. Eine einheitliche Linie läßt sich allerdings auch in der oberlandesgerichtlichen Rechtsprechung noch nicht ausmachen. Teils wird für den Versuchsvorsatz Tatsachenkenntnis verlangt, teils wird auf sie verzichtet.

Zum anderen deuten verschiedene Urteile[42] darauf hin, daß bei der Frage, ob die Überdehnung einer Norm im Vorfeld des Straftatbestandes zu einem umgekehrten Subsumtionsirrtum führt, eine differenzierte Betrachtungsweise angebracht ist, die nicht pauschal von einem Wahndelikt oder einem untauglichen Versuch ausgeht, sondern danach unterscheidet, in welchem Verhältnis die Vorfeldnorm zum Straftatbestand steht. Ob und wie diese Differenzierung vorzunehmen ist, wird die weitere Untersuchung erweisen.

---

[41] Vergleiche insbesondere OLG Stuttgart, NJW 1962, 65f.

[42] Insbesondere BayObLG, NJW 1955, 1567f.; OLG Stuttgart, NJW 1962, 65f.; BayObLG, NJW 1963, 310.

4. Kapitel

Der Umkehrschluß in der literarischen Auseinandersetzung

A. Der Umkehrschluß als Argument für die Strafbarkeit des untauglichen Versuchs

I. Die Gesetzeslage als Gegenargument

Der Umkehrschluß als Argument für die Strafbarkeit des untauglichen Versuches stieß in weiten Teilen des Schrifttums auf harsche Ablehnung. So spottete Binding über die „magische Fähigkeit“[1] des umgekehrten Irrtums „den Entschluß des Täters in einen rechtswidrigen zu verwandeln“[2]. „Der umgekehrte Irrtum schafft das Verbrechen!“[3] Dieses „Wunder“[4] des Umkehrschlusses ist nach Binding mit der Gesetzeslage unvereinbar: „Wo bleibt aber der Nachweis für das Dasein des belastenden gesetzlichen Gegenstückes zu der entsprechenden Bestimmung des § 59 (jetzt § 16 I 1 StGB) im positiven Recht?“[5] Nur eine entsprechende gesetzliche Regelung könne die Strafbarkeit des untauglichen Versuches begründen.

Die im Anschluß an Binding geäußerte Kritik begnügte sich meist mit scharfer schlagwortartiger Ablehnung[6]. Die Ausführungen von Graf zu Dohna[7] im Jahre 1947 zeigen, daß der auf Binding zurückgehende Ansatzpunkt der Kritik — die fehlende gesetzliche Regelung, die den untauglichen Versuch für strafbar erklärt — in der Sache das maßgebliche Argument gegen den Umkehrschluß geblieben ist: „Aus einer Bestimmung, die es verbietet, jemanden wegen eines Delikts zu bestrafen, das er begangen hat, deduziert das Reichsgericht einen nirgends zum Ausdruck gelangenden Rechtssatz, der es gestatten soll, jemanden wegen eines Delikts zu bestrafen, das er nicht begangen hat! (...) Wer behauptet,

[1] Binding, Die Normen III, S. 553.

[2] Binding, Die Normen III, S. 553.

[3] Binding, Die Normen III, S. 553.

[4] Binding, Die Normen III, S. 554.

[5] Binding, Die Normen III, S. 555.

[6] Vergleiche etwa LK-Lobe, 4. Auflage, Anm. 11 b zu § 43 StGB: „... ein willkürlicher Schluß aus der subjektiven Theorie“; v. Liszt/Schmidt, Lehrbuch, 26. Auflage, S. 299 Anm. 4: „Trugschluß“; M. E. Mayer, Lehrbuch, S. 346 Anm. 6: „... gänzlich verkehrt“; v. Hippel, Lehrbuch des Strafrechts (1932), S. 158 Fn. 1, erwähnt den Umkehrschluß nur „im Interesse der Vollständigkeit“ in einer Fußnote, denn „gänzlich zweifellos (...) sagt § 59 nichts über die Strafbarkeit des Versuchs“.

[7] Graf zu Dohna, Der Aufbau der Verbrechenslehre, 3. Auflage 1947, S. 56.

daß auf jeden Fall, wo einer den Entschluß betätigt hat, ein Verbrechen zu begehen, ohne daß es ihm gelungen wäre, den Tatbestand voll zu verwirklichen, die Strafe des Versuchs Anwendung zu finden habe, ist verpflichtet, den Beweis dafür aus § 43 (jetzt § 22 StGB) zu erbringen. Denn nur diese Bestimmung dehnt den Strafbereich auf Fälle mangelnder Tatbestandserfüllung aus."

Die heutige Rechtslage nimmt dieser Kritik weitgehend ihre Schlagkraft, geht doch § 23 III StGB erkennbar von der Strafbarkeit des untauglichen Versuches aus.

II. Die Verteidigung des Umkehrschlusses

Insbesondere seit den vierziger Jahren mehrten sich die Stimmen, die den Umkehrschluß als Argument für die Strafbarkeit des untauglichen Versuches verteidigten[8]. Diese lieferten allerdings keine zusätzlichen Argumente zur Stützung des Umkehrschlusses, sondern beschränkten sich mehr oder weniger auf dessen Wiederholung. Typisch dafür ist auch der letzte Beitrag[9], der sich noch im Jahre 1967 trotz der überzeugenden Kritik Spendels[10] für den Umkehrschluß als Strafbarkeitsargument einsetzt: „Wenn § 59 (jetzt § 16 I 1 StGB) sagt, daß dem Täter solche Tatumstände, die vorliegen, an deren Nichtvorliegen er aber glaubte, nicht zur Strafbarkeit zugerechnet werden sollen, dann müßten ihm umgekehrt solche Tatumstände, an die er glaubte, auch wenn sie tatsächlich nicht vorgelegen haben, mit der Folge der Strafbarkeit angelastet werden."

III. Die logische Widerlegung des Umkehrschlusses

Die entscheidende Wende in der Diskussion um den Umkehrschluß brachte das Jahr 1957.

1. Die falsche Prämisse des Umkehrschlusses

In einem Beitrag zur Strafbarkeit des Versuchs bei untauglichem Subjekt macht Hardwig[11] die Erkenntnis, daß ein Irrtum nach § 59 I StGB (jetzt 16 I 1 StGB) den Täter keineswegs vollständig entlaste, zum Ansatzpunkt für seine

---

[8] Bruns, DStR 1938, 161 ff.; ders., Der untaugliche Täter im Strafrecht, S. 14 ff.; anders derselbe aber jetzt in GA 1979, 161 ff. (186): Der Umkehrschluß betreffe die *Abgrenzung* des vorsatzausschließenden Bedeutungsirrtums vom bloßen unbeachtlichen Subsumtionsirrtum; v. Olshausen, 12. Auflage 1942, S. 351; Mühlmann/Bommel, S. 95; Wegner, S. 220; Bockelmann, JZ 1954, 468 ff. (470), hält den Umkehrschluß für eine Konsequenz aus der subjektiven Versuchstheorie, gegen die er eine Auflehnung als nicht für „angebracht" (S. 471) erachtet.

[9] Traub, JuS 1967, 113 ff. (115).

[10] Dazu sogleich unter III. 2.

[11] Hardwig, GA 1957, S. 170 ff. (172).

Kritik am Umkehrschluß. Der Tatbestandsirrtum lasse nur den Vorsatz entfallen, während immer noch Fahrlässigkeit gegeben sein könne, sofern das Delikt auch fahrlässig begehbar sei. Ebenso belaste auch ein Verbotsirrtum nicht vollständig, sondern könne zur Minderung der Strafe, ja sogar (bei unvermeidbarem Irrtum) zu ihrem Fortfall führen. Es sei daher verfehlt aus dem Umkehrschluß verbindliche Folgerungen für die Strafbarkeit des untauglichen Versuchs zu ziehen.

Die knappen Ausführungen Hardwigs decken skizzenhaft die entscheidende Schwachstelle des Umkehrschlusses auf, die noch im gleichen Jahr von Spendel als maßgebliches Argument für die logische Widerlegung des Umkehrschlusses als Strafbarkeitsargument herangezogen wird. Der Umkehrschluß beruht auf der fehlerhaften Prämisse, daß das Bestehen des Vorsatzes allein eine hinreichende Bedingung für die Strafbarkeit ist.

2. Die logische Widerlegung des Umkehrschlusses

In seinem Aufsatz „Der sogenannte Umkehrschluß aus § 59 StGB nach der subjektiven Versuchstheorie“[12] weist Spendel überzeugend die logische Unhaltbarkeit des Umkehrschlusses[13] zur Begründung des strafbaren Versuchs nach und trägt so entscheidend dazu bei, daß der Umkehrschluß als Strafbarkeitsargument aus der wissenschaftlichen Diskussion verschwindet.

Ausgangspunkt der Erörterung[14] ist § 59 StGB (jetzt § 16 I 1 StGB), den Spendel wie folgt aufbereitet: (Stets) wenn jemand bei Begehung einer strafbaren Handlung vorhandene Tatumstände nicht kannte (= zureichender Grund), sind ihm diese nicht zuzurechnen (= notwendige Folge). Umgekehrt sei daraus nur folgende Schlußfolgerung möglich: Wenn jemand bei der Begehung einer strafbaren Handlung vorhandene Tatumstände kannte (= Verneinung des Grundes), so sind ihm diese möglicherweise (nicht) zuzurechnen (= mögliche Verneinung der Folge). Der Umkehrschluß dagegen folgere: (Stets) wenn jemand bei Begehung einer strafbaren Handlung nicht vorhandene Tatumstände irrig annahm (= Verneinung des Grundes), so sind sie ihm notwendig zuzurechnen (= zwingende Verneinung der Folge)[15].

Diese abstrakten Formeln Spendels werden sofort verständlich, wenn man sie auf einen konkreten Tatbestand, wie etwa die Sachbeschädigung nach § 303

[12] Spendel, ZStW 69 (1957), 441 ff.; ebenso ders., NJW 1965, 1881 ff. (1885 ff.).

[13] Allgemein zur Logik des Umkehrschlusses auch Hall, FS-Maurach (1972), S. 107 ff., mit dem fast schon resignativen Fazit (S. 112): „Was ist das für ein sonderbares Verhältnis, das wir Juristen zur Logik haben. Dadurch daß wir uns von ihr nicht zwingen lassen, sondern frei mit ihr umgehen, machen wir uns zu ihrem Herrn. (...) Die Logik ist ja nur ein ‚Trick‘, so wie die Perspektive in der Malerei.“

[14] Spendel, ZStW 69 (1957), 441 ff. (449 ff.); ders., NJW 1965, 1885 f.

[15] In diesem Sinne auch Puppe, FS-Lackner (1987), S. 199 ff. (210 f., 243).

StGB, anwendet[16]. Ein Tatbestandsirrtum nach § 16 I 1 StGB läßt die Strafbarkeit nach § 303 StGB entfallen. Hat der Täter hingegen vorsätzlich gehandelt, so ist seine Strafbarkeit zwar eine mögliche, keinesfalls aber eine zwingende Folge, da er möglicherweise gerechtfertigt oder schuldlos vorgegangen ist. Gerade diese zwingende Strafbarkeit bejahen aber die Anhänger des Umkehrschlusses. Sie verkennen damit, daß der Vorsatz zwar eine notwendige Bedingung — deshalb keine Bestrafung, wenn er fehlt —, aber keine hinreichende Bedingung der Strafbarkeit — deshalb keine Bestrafung bei Rechtfertigung oder Entschuldigung — ist. Folglich läßt das Vorliegen des Tatentschlusses (= Vorsatz) allein auch keinen Rückschluß auf die Strafbarkeit des untauglichen Versuches zu.

B. Der Umkehrschluß als Methode zur strukturellen Abgrenzung von Wahndelikt und untauglichem Versuch

I. Die Verfechter des Umkehrschlusses

1. Zur Zeit des Reichsgerichts

Erste Anklänge des Umkehrschlusses zum Zwecke der Irrtumsabgrenzung reichen zurück in das 19. Jahrhundert und gehen damit der mit der Entscheidung RGSt 42, 92 ff. im Jahr 1908 eingeleiteten reichsgerichtlichen Rechtsprechung voraus. So befaßt sich Häberlin[1] mit gegenläufigen Fehlvorstellungen, die nach der heutigen Terminologie als Subsumtionsirrtum und umgekehrter Subsumtionsirrtum zu bezeichnen sind, wie folgt: „Wenn sich also Jemand über die rechtliche Natur einer von ihm beabsichtigten Handlung im Irrthum befindet, wenn er nicht weiß, daß eine Handlung vom Gesetz für ein Verbrechen erklärt ist, so wird ihm diese dennoch, trotz seines Irrthums, trotz seines Nichtwissens als Verbrechen zur Schuld, zum Vorsatz zugerechnet, denn error iuris nocet. Umgekehrt kann aber auch eine Handlung durch den falschen Glauben des Handelnden, sie sei ein Verbrechen, oder durch seinen Irrthum über die rechtliche Natur derselben nicht in ein Verbrechen verwandelt werden, es kann durch diesen Irrthum ihre rechtliche Natur nicht geändert, sie muß vielmehr trotz des Irrthums des Handelnden so aufgefaßt werden, wie sie nach dem im Staat geltenden Recht aufzufassen ist ...“.

Bei Binding[2] taucht zum ersten Mal der Begriff des umgekehrten Irrtums auf: „Unvollständige Spiegelung der rechtswidrigen Handlung im Bewußtsein des

---

[16] Die Kritik von Sax, JZ 1964, 241 ff., kann den Standpunkt Spendels in seinem Kern nicht erschüttern, macht doch Sax *die* These zur Prämisse seiner Ausführung, die Spendel gerade beweisen will, vergleiche etwa JZ 1964, 241 ff. (245): „Aber es ist nochmals ausdrücklich zu betonen, daß der Umkehrschluß aus (dem Rechtsgedanken des) § 59 I allein die Strafbarkeit des untauglichen Versuchs nicht zu begründen vermöchte.“

[1] Häberlin, GA 13 (1865), 233 ff. (236).

[2] Binding, Normen III, S. 401 ff.

Handelnden — das ist der Irrtum, dem ganz überwiegend die Literatur über den Irrtum gegolten hat. Haupt- und Nebenirrtum aber sind auch in der Umkehr denkbar, und um für diesen Irrtum die kurze Bezeichnung zu besitzen, deren die Wissenschaft für ihn bedarf, nenne ich ihn den *umgekehrten Irrtum.*“[3]

Nachdem sich das Reichsgericht für die Anwendung des Umkehrschlusses entschieden hatte, konzentrierte sich die literarische Auseinandersetzung im wesentlichen auf die Frage, inwieweit der Umkehrschluß als Argument für die Strafbarkeit des untauglichen Versuches herangezogen werden kann[4]. Ausführliche Stellungnahmen zum Umkehrschluß als Abgrenzungskriterium fehlen weitgehend. Immerhin kann soviel festgestellt werden, daß diejenigen Autoren, die den Umkehrschluß als Strafbarkeitsargument anerkannten, ihn auch als Kriterium für die Abgrenzung zwischen untauglichem Versuch und Wahndelikt akzeptierten.

2. *Von den Anfängen der BGH-Rechtsprechung bis zur Gegenwart — Der Umkehrschluß auf der Grundlage der Unterscheidung von Tatbestandsirrtum und Verbotsirrtum*

a) Die „logisch-mechanische“[5] Anwendung des Umkehrschlusses

Erst mit der Rechtsprechung des Bundesgerichtshofes, der den Umkehrschluß nur noch als Abgrenzungskriterium verwendete, fand dieser Aspekt des Umkehrschlusses auch in der Literatur große Beachtung. Lange Zeit blieb der Umkehrschluß in dieser Funktion sogar gänzlich unangefochten. In seltener Einmütigkeit folgte und folgen noch heute weite Teile der Literatur[6] dem

---

[3] Binding, Normen III, S. 402f. Binding unterschied in seiner Irrtumslehre zwischen einem Haupt- oder Deliktsirrtum, bei dem der Täter seine Handlung nicht als Delikt erkennt (vergleiche im einzelnen S. 131ff.), und einem Nebenirrtum, bei dem der Täter irrigerweise von nicht vorhandenen strafschärfenden oder strafmindernden Tatumständen, sog. „psychologischen“ (S. 188) und „gesetzlichen Höhenmarken des Strafgehalts“ (S. 186), ausgeht.

[4] Vergleiche A.

[5] Salm, S. 85.

[6] Traub, NJW 1960, 348f. (349); ders., JuS 1967, 113ff. (115); v. Weber, FS-Mezger (1954), S. 183ff. (192); Schaffstein, FS-OLG Celle (1961), S. 175ff. (182); Stöger, S. 24; Kohlrausch/Lange, S. 149; König, S. 54ff. (insb. 58); v. Kempis, S. 18ff., 27; Sax, JZ 1964, 241ff. (243ff.); Foth, JR 1965, 366ff. (370); Welzel, S. 194; Probst, S. 207, 211, soweit die Parallelwertung in der Laiensphäre in einem „vernünftigerweise adäquaten Bereich“ liege; Seume, S. 79; LK-Vogler, § 22 Rdnr. 143; S/S-Eser, § 22 Rdnr. 69; SK-Rudolphi, § 22 Rdnr. 30; Samson, Strafrecht I, S. 165; ders. in: Strafverfolgung und Strafverteidigung, S. 99ff. (110ff.); Maurach, Strafrecht Allgemeiner Teil (1971), S. 493: „Faustregel“; Puppe, FS-Lackner (1987), S. 199ff. (213 und passim); Maiwald, S. 29; Dreher/Tröndle, § 16 Rdnr. 9; Jescheck, S. 480 Fn. 14; Nierwetberg, Jura 1985, 238ff. (241); modifizierend aufgrund des von ihr zum einfachen Irrtum vertretenen Standpunktes Schlüchter, S. 162ff. (teleologisch-reduzierte Sachverhaltssicht); Jakobs, S. 599f.; Schumann, JZ 1987, 523ff. (526).

Bundesgerichtshof in seiner Einschätzung, daß die Scheidelinie zwischen untauglichem Versuch (= umgekehrter Tatbestandsirrtum) und Wahndelikt (= umgekehrter Verbotsirrtum) genau dort liege, wo sie auch bei der Abgrenzung von Tatbestandsirrtum und Verbotsirrtum verlaufe. Die Einstufung eines entsprechenden einfachen Irrtums präjudiziert damit die vom Täter zu seinen Ungunsten vorgenommene Fehleinschätzung. Immer, wenn es sich beim einfachen Irrtum um einen Tatbestandsirrtum handelt, liegt umgekehrt ein untauglicher Versuch vor. Immer, wenn beim einfachen Irrtum ein Verbotsirrtum vorliegt, handelt es sich umgekehrt um ein Wahndelikt. Besonders entschieden sind insoweit die Ausführungen Voglers[7] im Leipziger Kommentar: „Für die Unterscheidung von untauglichem Versuch und Wahnverbrechen kommt es dagegen in der Tat darauf an, welcher Irrtum sich umkehrt; insoweit ist das Umkehrprinzip als Abgrenzungskriterium unentbehrlich."

b) Der Umkehrschluß als „Probe auf das Exempel"

aa) Aus der Erkenntnis der vollständigen Reziprozität von Tatbestandsirrtum und untauglichem Versuch einerseits sowie Verbotsirrtum und Wahndelikt andererseits zog Schaffstein[8] die Konsequenz, den Umkehrschluß als „Probe auf das Exempel"[9] für die Abgrenzung von Verbotsirrtum und Tatbestandsirrtum einzusetzen, um zu überprüfen, ob die getroffene Abgrenzung in einer den Anforderungen materieller Gerechtigkeit entsprechenden Weise vorgenommen worden ist[10]. Schaffstein[11] sprach insoweit von der „Kontrollfunktion des umgekehrten Irrtums": „Immer dann, wenn es in strittigen Fällen zweifelhaft ist, ob einem vermeidbaren Irrtum vorsatzausschließende oder nur schuldmindernde Bedeutung zuzumessen ist, sollte man die Gerechtigkeit des Ergebnisses auch danach überprüfen, ob man in den entsprechenden Fällen des umgekehrten Irrtums ein strafloses Wahndelikt oder strafbaren Versuch annehmen würde."[12]

Schaffstein ging es also darum, eine bereits nach eigenständigen Kriterien getroffene Abgrenzung zwischen Tatbestandsirrtum und Verbotsirrtum mit Hilfe des Umkehrschlusses auf ihre Billigkeit im Einzelfall zu überprüfen, indem er mit Hilfe des Umkehrschlusses die Konsequenzen beim umgekehrten Irrtum aufzeigte.

bb) Eben in diesem Sinne will Puppe in einem ausführlichen Festschriftbeitrag[13] den Umkehrschluß für die Einstufung des umgekehrten Irrtums

[7] LK-Vogler, § 22 Rdnr. 143.

[8] Schaffstein, FS-OLG Celle (1961), S. 175ff. (181f.); zustimmend Foth, JR 1965, 366ff. (370).

[9] Schaffstein, FS-OLG Celle (1961), S. 175ff. (182).

[10] In diesem Sinne auch BGHSt 16, 155ff. (160); vergleiche dazu oben 3. Kapitel, B. III. 7.

[11] Schaffstein, FS-OLG Celle (1961), S. 175ff. (182).

[12] Schaffstein, FS-OLG Celle (1961), S. 175ff. (182).

[13] Puppe, FS-Lackner (1987), S. 199ff.

fruchtbar machen. Dabei legt sie den Schwerpunkt ihrer Betrachtung auf „Die logische Tragweite des sog. Umkehrschlusses“[14].

Zum Ausgangspunkt ihrer Ausführungen macht Puppe vier auf der Aussageform der Kontraposition beruhende Umkehrsätze, die das hinter dem Umkehrschluß stehende Denkschema verdeutlichen[15]:

(1) Wenn ein Irrtum den Täter entlastet, belastet ihn der umgekehrte.

(2) Wenn ein Irrtum den Täter belastet, entlastet ihn der umgekehrte.

(3) Wenn ein Irrtum den Täter nicht entlastet, belastet ihn der umgekehrte nicht.

(4) Wenn ein Irrtum den Täter nicht belastet, entlastet ihn der umgekehrte nicht.

Auf diese Umkehrsätze wendet Puppe ein der herrschenden Meinung entsprechendes Schema notwendiger Voraussetzungen der Strafbarkeit[16] an, das sich für den hier interessierenden Problemkreis wie folgt darstellt:

	obj. notwendig	subj. notwendig
— Tatsachen des Tatbestandes	—	+
— Subsumtion unter den Tatbestand	+	—
— Wertung als rechtswidrig	+	—
— Wertung normativer Tatbestandsmerkmale	—	+

Puppe will die Umkehrsätze in Verbindung mit diesem Symmetrieschema dazu benutzen, „um im Zweifelsfall die Klassifikation eines Irrtums als Irrtum über Tatsachen, als Subsumtionsirrtum oder als Verbotsirrtum zu überprüfen“[17], denn: „Haben wir im Ausgangsfall einen Irrtum klassifiziert, so zeigt uns der Umkehrschluß, wie wir einen anderen Fall notwendig entscheiden müssen, wenn unsere Klassifikation richtig ist.“[18] Puppe[19] spricht insoweit von einer „Umkehrprobe“. In der Sache geht es dabei um die Subsumtion einer Fehlvorstellung unter einen Umkehrsatz, um deren Konsequenzen zu erkennen und auf Akzeptanz zu überprüfen. Besteht der zu untersuchende Irrtum in einer positiven Vorstellung, so ist die Umkehrung die Negation (= Fehlen der Vorstellung). Besteht er dagegen in dem Fehlen einer Vorstellung, so ist die Umkehrung die positive Vorstellung[20].

---

[14] So der Titel ihres Aufsatzes.

[15] Puppe, FS-Lackner (1987), S. 199ff. (208f.).

[16] Puppe, FS-Lackner (1987), S. 199ff. (212).

[17] Puppe, FS-Lackner (1987), S. 199ff. (213).

[18] Puppe, FS-Lackner (1987), S. 199ff. (213).

[19] Puppe, FS-Lackner (1987), S. 199ff. (213 und passim).

[20] Puppe, FS-Lackner (1987), S. 199ff. (203); falsch Sax, JZ 1964, 241ff. (243), gegen ihn bereits überzeugend Spendel, NJW 1965, 1881ff. (1886f.).

Für den Tatbestandsirrtum etwa gilt danach der Umkehrsatz[21]: Schließt das Fehlen einer Vorstellung über Tatsachen (bzw. bei normativen Tatbestandsmerkmalen das Fehlen einer Parallelwertung), die ein Tatbestandsmerkmal erfüllen, die Strafbarkeit aus, so ist die Vorstellung (bzw. die Parallelwertung) notwendige Bedingung der Strafbarkeit (ermöglicht, begründet die Strafbarkeit). Auf diesen Satz wendet Puppe[22] nun zwei sog. Umkehrproben an, eine einfache sowie eine doppelte. Bei der einfachen Umkehrprobe wird unterstellt, der Täter habe die fehlende Vorstellung gehabt (= Vorsatz und damit vollendetes Delikt). Seine Strafbarkeit müßte dann bei einer richtigen Einstufung des Tatbestandsirrtums möglich sein. Zu dem gleichen Ergebnis — Strafbarkeit — muß man nach dem obigen Symmetrieschema aber auch bei der doppelten Umkehrprobe kommen, wenn man zusätzlich fingiert, daß der im Ausgangsfall nicht vorhandene Vorstellungsinhalt in Wirklichkeit fehlt (= Versuch). Ist in den mit Hilfe der Umkehrprobe gewonnenen Fällen die Strafbarkeit wegen vollendeter bzw. versuchter Straftat gerechtfertigt, besteht also eine entsprechende „Akzeptanz“[23], so stehe fest, daß es sich beim mittels doppelter Umkehrprobe gewonnenen Delikt um einen Versuch handele und folglich auch die Einstufung als Tatbestandsirrtum gerechtfertigt sei.

Einfache (Korrektur der falschen Tätervorstellung) und doppelte (zusätzliche fiktive Anpassung der Wirklichkeit an die ursprüngliche Tätervorstellung) Umkehrprobe lassen sich ebenso auf den Versuch, den Subsumtionsirrtum und den umgekehrten Subsumtionsirrtum anwenden[24].

Im einzelnen ergibt sich dabei folgendes Bild:

Versuch

1. Umkehrprobe: Keine Strafbarkeit mangels Vorsatzes
2. Umkehrprobe: Keine Strafbarkeit, da zwar objektiver Tatbestand erfüllt, aber Vorsatz fehlt (= Tatbestandsirrtum).

Subsumtionsirrtum

1. Umkehrprobe: Keine Strafbarkeit (Subsumtion für Strafbarkeit irrelevant; kein Vorsatz)
2. Umkehrprobe: Keine Strafbarkeit (= umgekehrter Subsumtionsirrtum)

Umgekehrter Subsumtionsirrtum

1. Umkehrprobe: Keine Strafbarkeit (= objektiver Tatbestand nicht erfüllt)
2. Umkehrprobe: Strafbarkeit möglich (= Subsumtionsirrtum)

cc) Puppe selbst räumt ein, daß das Ergebnis ihrer Untersuchung angesichts des getriebenen Aufwandes mager erscheint. Als „Probe auf das Exempel“ liefert der Umkehrschluß lediglich eine gewisse Verbreiterung der Argumenta-

---

21 Puppe, FS-Lackner (1987), S. 199ff. (214).

22 Puppe, FS-Lackner (1987), S. 199ff. (215ff.).

23 Puppe, FS-Lackner (1987), S. 199ff. (217).

24 Vergleiche detailliert Puppe, FS-Lackner (1987), S. 199ff. (219ff.).

tionsbasis für eine bereits getroffene Irrtumsklassifikation. Prämisse dafür ist die vollständige Reziprozität von Tatbestandsirrtum und Versuch sowie Verbotsirrtum und Wahndelikt. Diese wird von Puppe nicht hinterfragt, sondern vorausgesetzt. Während herkömmlicherweise[25] auf eine eigenständige Abgrenzung des umgekehrten Irrtums verzichtet wird und von der Einstufung des entsprechenden einfachen Irrtums auf die Qualifizierung des umgekehrten Irrtums zurückgeschlossen wird, stellt Puppe eine eigenständige Irrtumsklassifikation an den Anfang. Allgemeingültige Abgrenzungskriterien liefert sie aufgrund ihrer strengen thematischen Beschränkung dafür nicht. Gerade von der Wahl dieser Bestimmungsfaktoren hängt es aber ab, ob sich die Prämisse — vollständige Reziprozität — aufrechterhalten läßt. Die nach dem von Puppe gewählten Ansatz der „logischen Tragweite des Umkehrschlusses"[26] logisch vorausgehende Frage bleibt offen.

Als wesentlicher Ertrag der Untersuchung Puppes verdient die Erkenntnis festgehalten zu werden, daß der Umkehrschluß als solcher eine Abgrenzung von untauglichem Versuch und umgekehrtem Subsumtionsirrtum nach eigenständigen Abgrenzungskriterien nicht zu ersetzen vermag, sondern allenfalls als zusätzliches Argument eine getroffene Entscheidung bestätigen oder wieder in Frage stellen kann. Wer diese Abgrenzung für aus dem Gesetz mit Hilfe des Umkehrschlusses logisch ableitbar hält, verkennt, daß „nackte" Logik rechtliche Inhalte nicht zu ersetzen vermag und mißversteht den Umkehrschluß als „bloße schöne Merkregel"[27].

II. Die Kritiker des Umkehrschlusses

„Das Umkehrverhältnis zwischen Versuch und Irrtum ist eine so eingefahrene Vorstellung, daß es schwer halten wird, sie abzulösen." Diese pessimistische Prognose Baumanns[28] aus dem Jahre 1962 bestätigt eindrucksvoll ein Überblick über die kritischen Stellungnahmen der Literatur zum Umkehrschluß als Abgrenzungskriterium, die trotz ihrer beachtlichen Einwände bis zum heutigen Tage eine Mindermeinung repräsentieren.

1. Erste kritische Stimmen

Erste Stimmen gegen den rein formal-logischen Ansatz des Umkehrschlusses als Abgrenzungskriterium regten sich Ende der fünfziger Jahre. Salm[29] rügt die

---

25 So in der Regel die unter a) genannten Autoren.

26 Puppe, FS-Lackner (1987), S. 199.

27 Puppe, FS-Lackner (1987), S. 199ff. (213).

28 Baumann, NJW 1962, 16ff. (18).

29 Salm, S. 85; zuvor schon kritisch auf der Grundlage der überholten Lehre vom Mangel am Tatbestand Sauer, S. 109.

rein „logisch-mechanische“ Begründungsweise und will den Umkehrschluß auf der Grundlage seiner Tatbildlehre materiell dadurch anreichern, daß unter Tatumständen im Sinne des § 59 StGB (jetzt § 16 I StGB) „nur solche Tatbestandsmerkmale zu verstehen (sind), welche das Ob oder das Wie einer Wert- oder Rechtsgutsverletzung kennzeichnen ...“. Roxin[30] plädiert dafür, sich von „systematischen Bindungen“ frei zu machen und „das Wesen des Wahnverbrechens aus sich selbst heraus zu bestimmen“.

2. *Die fehlende Vollständigkeit des Umkehrverhältnisses*

In der Folgezeit konzentrierte sich die Kritik auf die Frage, ob sich das Umkehrverhältnis zwischen Tatbestandsirrtum und Versuch sowie Verbotsirrtum und Wahndelikt wirklich zur Gänze aufrechterhalten läßt.

a) Weber[31] leugnet die Existenz eines perfekten und für alle Fälle geltenden Umkehrverhältnisses zwischen Tatbestandsirrtum einerseits und Versuch andererseits. Zwar schließe die irrige Auffassung eines Täters, ein Tatbestandsmerkmal (gemeint ist wohl: ein Tatumstand) liege nicht vor, stets den Vorsatz aus, aber nicht jede irrige Annahme eines in Wirklichkeit nicht vorhandenen Tatbestandsmerkmals begründe einen Versuch. „Es sind dies Fälle, in denen der Täter zugleich mit der Annahme eines nichtvorliegenden Tatbestandsmerkmals in seiner Vorstellung den Geltungsbereich eines Strafgesetzes ausdehnt.“[32]

b) Auch Baumann[33] mahnt in seiner Anmerkung zur Entscheidung des OLG Stuttgart[34] eine dringende Überprüfung der Reziprozität zwischen Irrtum und Versuch an. Nicht jede irrige Vorstellung, ein normatives Tatbestandsmerkmal sei gegeben, könne zur Versuchsstrafbarkeit führen. „Wer einen Hirschkäfer für Wild hält, versucht nicht (straflos) zu wildern, während doch umgekehrt der Irrtum, ein Hirsch sei nicht Wild i. S. des § 292 StGB, den Vorsatz des Täters ausschließt. In beiden Fällen ist gleichgültig, ob die falsche Wertung des Täters auf überhaupt fehlender Vorstellung, auf falscher Beurteilung des Wildbegriffes in § 292 StGB, oder auf falscher Vorstellung von den Arten der jagdbaren Tiere beruht.“[35] Die Vorsatzrelevanz der Nichtkenntnis eines normativen Tatumstandes wegen falscher Wertung ertrage folglich keinesfalls die Umkehrung, daß die irrige Wertung auch schon jeweils strafbaren Versuch begründe[36]. Auf der Grundlage dieser Erkenntnis stimmt Baumann im Resümee seiner Untersu-

---

[30] Roxin, Offene Tatbestände, S. 159.

[31] Weber, MDR 1961, 426f. (427); vergleiche dazu bereits oben 3. Kapitel, B. III. 6.

[32] Weber, MDR 1961, 426f. (427).

[33] Baumann, NJW 1962, 16ff. (17f.).

[34] Vergleiche dazu 3. Kapitel, C. I. 3.

[35] Baumann, NJW 1962 16ff. (17); zu diesem Beispiel vergleiche auch Sax, JZ 1964, 241ff. (244 Fn. 23).

[36] Baumann, NJW 1962, 16ff. (18).

chung weitgehend mit der Auffassung seines Assistenten Weber überein[37], wenn er schlußfolgert: „Nicht nur der reine Verbotsirrtum, sondern auch der Irrtum über ein normatives Tatbestandsmerkmal (der auch zum Irrtum über das Verbotensein des Verhaltens führt), kann Gegenstück der irrigen Annahme des Verbotenseins sein.“[38]

3. Der Umkehrschluß als Scheinbegründung

Kuhrt[39] rügt, daß der Umkehrschluß weder auf einer schlüssigen, logischen Deduktion beruhe, noch — speziell beim umgekehrten Subsumtionsirrtum — sachgerechte Ergebnisse gewährleiste. Mit dem Umkehrschluß werde der Weg zu differenzierten Lösungen verbaut und im Grunde nur eine „Scheinbegründung“[40] geliefert. Er tauge deshalb allenfalls als Faustregel für die Abgrenzung.

4. Der „teleologische“ Einsatz des Umkehrschlusses

Engisch greift in seinem Festschriftbeitrag „Der ‚umgekehrte Irrtum‘ und das ‚Umkehrprinzip‘“[41] die Anregung Roxins[42] auf, sich von systematischen Bindungen frei zu machen und das Wahndelikt aus sich selbst heraus zu bestimmen. Ziel seiner Ausführungen ist demgemäß eine Auflockerung der allzu festen Verknotung von schuldbezogener Irrtumslehre und Versuchslehre[43]. Ohne Anspruch auf eine endgültige Klärung[44] stellt Engisch eine Reihe von denkbaren Ansatzpunkten vor, die den Wechsel vom rein „formallogisch-deduktiven“ zum behutsam „teleologischen“ Einsatz des Umkehrprinzips[45] ermöglichen sollen. Um den Unterschied deutlich zu machen, spricht Engisch

---

[37] Vergleiche auch Baumann / Weber, S. 484: Eine Reziprozität zwischen strafbefreiendem und mit Versuchsstrafe belastendem Irrtum kann „nicht gänzlich durchgehalten werden“. „Übermäßiger Drang zur vollständigen Systematik im Sinne einer vollständigen Reziprozität hat hier manches Unheil angerichtet.“

[38] Baumann, NJW 1962, 16ff. (18).

[39] Kuhrt, S. 82f.

[40] Kuhrt, S. 83; vergleiche auch Kuhlen, S. 560: „Die Rede vom Umkehrverhältnis zwischen einfachem und umgekehrtem Irrtum (...) suggeriert, daß ein und dieselbe Irrtumsart im einfachen Fall begünstigt (belastet), aufgrund einer merkwürdigen Bewertungsumkehrung dagegen im umgekehrten Fall belastet (begünstigt).“

[41] Engisch, FS-Heinitz (1972), S. 185ff.; vergleiche dazu auch Blei, JA 1973, 529ff. (532); ders., JA 1977, 582ff. (584).

[42] Roxin, Offene Tatbestände, S. 159; vergleiche dazu 1.

[43] Engisch, FS-Heinitz (1972), S. 185ff. (202).

[44] Vergleiche Engisch, FS-Heinitz (1972), S. 185ff. (205): „Es ist wohl an der Zeit, dieser Aufgabe eine Monographie zu widmen.“

[45] Engisch, FS-Heinitz (1972), S. 185ff. (205); zustimmend Haft, JuS 1980, 430ff. (435); dagegen Puppe, FS-Lackner (1987), S. 199ff. (243).

statt von „Umkehrprinzip“ von einer „Parallelisierung“ von Tatbestandsirrtum und Versuch einerseits sowie Verbotsirrtum und Wahndelikt andererseits[46].

Der erste Vorschlag Engischs geht dahin, zu differenzieren zwischen der irrigen Annahme einer überhaupt nicht (oder nicht mehr) existierenden Strafvorschrift und dem kritischen Fall des umgekehrten Subsumtionsirrtums, nämlich der irrigen Annahme, ein bestimmtes Verhalten falle unter eine jedenfalls vorhandene Strafvorschrift, deren begriffliche Abgrenzung jedoch dubios und schwankend ist[47]. Zwar sieht Engisch den insoweit naheliegenden Einwand, „daß es keinen Unterschied machen dürfe, ob beim umgekehrten Irrtum überhaupt eine Strafvorschrift in Sicht sei, oder zwar eine solche zur Hand gehen möge, die aber bei richtiger Auslegung nicht passe; so oder so fehle es an einer gesetzlichen Grundlage für die Bestrafung und an einem auf eine strafbare Handlung gerichteten ‚Entschluß‘“[48]. Engisch hält diesem Einwand die gerade in den kritischen Fällen schwankende Kommentierung einzelner Tatbestände des besonderen Teils entgegen, die im Grunde an der gleichen „verbrecherischen Gesinnung“ des Täters nicht ändern könnten. „Was vom Täter her gesehen gestern Subsumtionsirrtum war, kann heute durchaus zutreffende Vorstellung sein (...); gestern noch Wahnverbrechen, heute Versuch!“[49]

Die pauschale Einstufung all dieser Fälle als Versuch dürfte indessen kaum die teleologisch angemessene Lösung dieses Problems sein. Diese kann nur darin bestehen, Grundsätze zu entwickeln, die zu möglichst konsensfähigen Ergebnissen führen und die zugegebenermaßen leidigen Schwankungen in der Rechtsprechung einschränken. Gänzlich vermeiden lassen sie sich, wie noch dargelegt werden wird[50], indessen nie, handelt es sich doch beim Unrechtstatbestand um die Beschreibung eines Unrechtstypus, so daß ein ständiger Wandel gewissermaßen in der Natur der Sache angelegt ist[51]. Herzberg[52] weist im übrigen zutreffend darauf hin, daß die Bedenken Engischs keine Besonderheit der Abgrenzung zwischen Wahndelikt und Versuch aufzeigen. In ihnen äußert sich nur das allgemeine Unbehagen darüber, daß unterschiedliche, aber gleichermaßen vertretbare Interpretationen zu entgegengesetzten Entscheidungen der Strafbarkeitsfrage führen können.

Ein weiterer Vorschlag von Engisch[53] geht dahin, völlig abwegige umgekehrte Subsumtionsirrtümer sowie ebensolche Vorstellungen über die Tauglichkeit

---

[46] Engisch, FS-Heinitz (1972), S. 185ff. (189).

[47] Engisch, FS-Heinitz (1972), S. 185ff. (197ff.).

[48] Engisch, FS-Heinitz (1972), S. 185ff. (198); so sinngemäß bereits Binding, Normen III, S. 472.

[49] Engisch, FS-Heinitz (1972), S. 185ff. (199).

[50] Vergleiche unten 6. Kapitel, A.

[51] Dazu auch unten 6. Kapitel, A.

[52] Herzberg, JuS 1980, 469ff. (470).

[53] Engisch, FS-Heinitz (1972), S. 185ff. (202, 205).

eines Versuchs von der Bestrafung auszunehmen. Der zweite Teil dieser Anregung wurde in der Zwischenzeit vom Gesetzgeber übernommen und hat in § 23 III StGB seinen Niederschlag gefunden. Insgesamt richtet sich dieses Anliegen Engischs allerdings nicht gegen den Umkehrschluß in seiner Funktion als Abgrenzungskriterium, sondern weist lediglich mit Recht darauf hin, daß sich aus dem Umkehrschluß keine verbindliche Aussage über die Strafbarkeit des Versuchs herleiten läßt[54].

Schließlich wirft Engisch[55] die Frage auf, ob nicht ein Bedürfnis vorhanden sei, „ethisch belastende" Verbotsirrtümer in der Umkehrung als Versuch anzusehen[56]. Gegen ein solches Vorgehen bestehen zum einen im Hinblick auf die Einhaltung des Bestimmtheitsgrundsatzes erhebliche Bedenken. Vor allem aber widerspricht eine Bestrafung allein wegen ethisch belastender Vorstellungen den §§ 22, 16 StGB. Aus diesen Bestimmungen, und nicht aus dem Umkehrschluß, ergibt sich, daß das Wissenserfordernis auf den Versuch ebenso anwendbar ist wie auf die Vollendung[57]. Adressat dieser Forderung Engischs kann daher nicht der Richter, sondern nur der Gesetzgeber sein[58].

Uneingeschränkt zustimmen kann man Engisch schließlich, wenn er am Ende seines Plädoyers für eine teleologische Interpretation des Umkehrschlusses im Hinblick auf die weitere Entwicklung formuliert: „Letztlich wird es darauf ankommen, die Probleme der begrifflichen Grenzziehung zwischen Versuch und Wahnverbrechen mit ihrer unterschiedlichen Behandlung so zu lösen, daß das wahrhaft strafwürdige Verhalten herausgehoben wird[59], das dann übrigens unter Zweckgesichtspunkten immer noch von Strafverfolgung freigestellt werden kann."[60]

5. *Der „triviale Kern" des Umkehrschlusses*

Herzberg[61] geht es darum, den Umkehrschluß auf seinen „trivialen Kern", den er im Gegensatz von Vorsatz und Nichtvorsatz sieht, zu beschränken. Zur Veranschaulichung seiner Kritik dient ihm das folgende Beispiel: „Jemand

---

[54] Ebenso Schünemann, GA 1986, 293 ff. (314).

[55] Engisch, FS-Heinitz (1972), S. 185 ff. (200 ff.).

[56] Dagegen schon vor Engisch Bruns, Untauglicher Täter, S. 1, sowie ders. GA 1979, 161 ff. (188 f.); Schünemann, GA 1986, 293 ff. (313 Fn. 96).

[57] Ebenso Puppe, FS-Lackner (1987), S. 199 ff. (221).

[58] Vergleiche auch Kriegsmann, S. 59: „Es hieße ja direkt die Zügel der Gesetzgebung dem subjektiven Belieben anvertrauen, wollte man eine rechtmäßige Handlung für rechtswidrig erklären, weil der Täter sie dafür hält. Sein Angriff richtet sich gegen Güter, denen die Rechtsordnung ihren Schutz versagt hat: soll sie ihren Standpunkt plötzlich ändern, weil der Handelnde es so will?"

[59] Dies ist insbesondere auch das Anliegen von Schünemann in GA 1986, 293 ff. (316 f.), vergleiche 5. Kapitel, G.

[60] Engisch, FS-Heinitz (1972), S. 185 ff. (205).

[61] Herzberg, JuS 1980, 469 ff. (479).

erschießt unvorsätzlich einen Menschen, den er für eine Vogelscheuche hält, ein anderer schießt mit Tötungsvorsatz auf eine Vogelscheuche, die er für einen Menschen hält."[62] Damit werde deutlich, daß man vom Fall des Tatbestandsirrtums (1. Variante) zu seinem angeblichen Gegenstück, dem untauglichen Versuch (2. Variante), erst durch eine *zweifache* Umkehrung komme. Die Umkehrung des Irrtums in der ersten Variante führe nur dazu, daß an die Stelle der falschen Vorstellung die richtige trete[63]. Bereits damit entfiele der entscheidende Grund für die Verneinung des Vorsatzes. Gesetzt den Fall, auch das Willenselement läge vor, würde die unvorsätzliche Tötung zur vorsätzlichen. Zum Umkehrschluß im herkömmlichen Sinn komme man indessen erst durch eine zweite Umkehrung: „Man verändert auch noch den objektiven Sachverhalt, und zwar so, daß die vorsatzbegründende Annahme des Täters (ich schieße auf einen Menschen) wiederum zum Irrtum wird."[64] Diese zweite Umkehrung schließe nun zwar ein vollendetes Delikt aus, mache aber die Annahme eines Versuches nicht zwingend. „Hinsichtlich seiner Voraussetzungen können wir zunächst nur feststellen, daß der Irrtum den (durch die erste Umkehrung gebildeten) Vorsatz des Täters nicht berührt, aber der Vorsatz ist ja nur eine Versuchsvoraussetzung unter anderen, möglicherweise sogar ungeschriebenen, wie der ‚Nichtabergläubigkeit' oder der von einer Mindermeinung[65] geforderten Tätertauglichkeit."[66] Nur die erste Umkehrung schaffe also unter dem Aspekt der Irrtumslehre ein wirkliches Gegenteil, weil sie aus Nichtvorsatz Vorsatz mache. „Es ist deshalb angezeigt, das Umkehrprinzip auf seinen trivialen Kern, den Gegensatz von Nichtvorsatz und Vorsatz zu beschränken."[67]

Die Ausführungen Herzbergs überzeugen insoweit, als sie die „Technik" des Umkehrschlusses analysieren und verdeutlichen, daß es einen zwingenden Schluß vom Tatbestandsirrtum auf den untauglichen Versuch mittels doppelter Umkehr nicht gibt. Nicht gefolgt werden kann jedoch der These, daß das Umkehrprinzip in seinem „trivialen Kern" mittels einfacher Umkehrung den Schluß vom Vorsatz auf den Nichtvorsatz erlaube. So zutreffend der Hinweis Herzbergs darauf ist, daß es sich beim Vorsatz nur um *eine* Voraussetzung des Versuches unter mehreren handelt, so berechtigt ist, wie noch im einzelnen dargelegt werden wird[68], im Hinblick auf die erste Umkehrung der Einwand, daß die Wissenskomponente nur eine der zumindest zwei Voraussetzungen des Vorsatzes ist.

---

[62] Herzberg, JuS 1980, 469ff. (479).

[63] Dies entspricht der ersten Umkehrprobe bei Puppe, vergleiche oben, B. I. 2. b) bb).

[64] Herzberg, JuS 1980, 469ff. (479). So auch die zweite Umkehrprobe bei Puppe, vergleiche oben B. I. 2. b) bb).

[65] Vergleiche dazu die Nachweise oben, 1. Kapitel, B. II.

[66] Herzberg, JuS 1980, 469ff. (479).

[67] Herzberg, JuS 1980, 469ff. (479).

[68] Vergleiche unten III.

6. Die fehlende Eindeutigkeit der Ergebnisse

a) Auch Burkhardt[69] wendet sich gegen die „umgekehrte Parallelbeurteilung im Täterbewußtsein". Diese Lehre drohe „die Konturen des Wahndelikts zu verwischen und den Bereich des strafbaren Versuchs in schwer eingrenzbarem Umfang auszudehnen"[70]. Als Beleg für diese These beruft sich Burkhardt auf die Entscheidung BGHSt 13, 235ff.[71]. Dort habe der BGH entschieden, „daß ein Wahndelikt vorliegt, wenn jemand glaubt, das von ihm hergestellte Schriftstück sei trotz Fehlens eines Ausstellers und trotz Mangels der Beweisbestimmung eine Urkunde im Sinne des § 267 StGB. Demnach soll also *nicht jeder* umgekehrte Bedeutungsirrtum zum strafbaren Versuch führen. Damit ergibt sich erneut das Problem, wo die Grenze zu ziehen ist."[72] Diese Ausführungen sind mißverständlich formuliert und deuten scheinbar darauf hin, daß Burkhardt Parallelbeurteilung und Bedeutungskenntnis mit Subsumtion gleichsetzt. Der Kontext macht allerdings deutlich, daß auch Burkhardt von dem allgemein üblichen Verständnis der Parallelwertung in der Laiensphäre[73] ausgeht. Dies hat jedoch zur Konsequenz, daß Burkhardt mit seiner Interpretation der Entscheidung BGHSt 13, 235ff. eine Außenseiterposition einnimmt, wird dieses Urteil doch allgemein so verstanden, daß sich der BGH für den Vorsatz mit der isolierten Bedeutungskenntnis begnügt. Indessen wurde schon an anderer Stelle der vorliegenden Abhandlung[74] darauf hingewiesen, daß auch eine abweichende Deutung des Urteils durchaus vertretbar erscheint.

Die Kritik Burkhardts kann aber den Umkehrschluß nur insoweit treffen, als sie richtig erkennt, daß seine Anwendung ohne Abstimmung mit dem Normbereich tendenziell zu einer Ausweitung des Versuchsbereichs gegenüber dem Wahndelikt und damit zu einer Ausweitung der Strafbarkeit führt. Im übrigen betrifft sein Einwand nicht den Umkehrschluß als solchen, sondern seinen fehlerhaften Gebrauch durch die Rechtsprechung. Beim Umkehrschluß handelt es sich gewissermaßen um eine Hülse, die durch ein bestimmtes Vorsatzverständnis aufgefüllt werden muß. Was dabei die Wissenskomponente des Vorsatzes anbelangt, auf die Burkhardt mit seinem Hinweis auf den umgekehrten Bedeutungsirrtum abzielt, so läßt sich, wie noch dargelegt werden wird[75], mit dem Umkehrschluß nur eine einzige Deutung der Vorsatzanforderungen vereinbaren. Das von Burkhardt konstatierte Abgrenzungsproblem besteht daher bei korrekter Handhabung des Umkehrschlusses nicht.

---

[69] Burkhardt, JZ 1981, 681ff. (684ff.); vergleiche dazu Tischler, S. 344.

[70] Burkhardt, JZ 1981, 681ff. (684).

[71] Vergleiche dazu oben 3. Kapitel, B. III. 3. b).

[72] Burkhardt, JZ 1981, 681ff. (684).

[73] Vergleiche dazu oben 2. Kapitel, D.

[74] 3. Kapitel, B. III. 3. b).

[75] Vergleiche unten III.

b) Einen zutreffenden Hinweis auf die beschränkte Leistungsfähigkeit des Umkehrschlusses liefert dagegen Otto[76], wenn er formuliert: „Das Umkehrprinzip ist (...) nicht in der Lage ein sicheres Abgrenzungskriterium zu liefern, denn bei einem Rechtsirrtum ist — im Gegensatz zum Irrtum über Tatsachen — gerade fraglich, welche Auswirkung ein eventuell bestehender Wertungswiderspruch zwischen Täterwertung und gesetzlicher Wertung hat."[77] Otto spricht damit den eigentlichen Kern der Abgrenzungsproblematik um den umgekehrten Subsumtionsirrtum an, für den der Umkehrschluß keine Lösung bietet, da seine Anwendung insoweit bereits eine entsprechende Entscheidung voraussetzt[78]: Hat der Täter mit Hilfe der Parallelwertung in der Laiensphäre eine tatbestandsadäquate Bedeutungskenntnis erlangt, oder überdehnt er den Normbereich und subsumiert fehlerhaft ein tatbestandsloses Geschehen unter den von ihm erweiterten Normbereich?

7. *Die mangelnde Orientierung am Strafgrund des Versuchs*

Kuhlen[79] bemängelt, daß der Umkehrschluß nicht auf den überwiegend vertretenen Strafgrund des untauglichen Versuches, „der Auflehnung des Handelnden gegen die Rechtsordnung bzw. deren Gefährdung", gestützt werden kann. Dazu bemerkt er zutreffend, daß Auflehnung rein subjektiv als Wille des Handelnden, sich über das Recht hinwegzusetzen, beim strafbaren untauglichen Versuch wie beim Wahndelikt gegeben ist[80].

Wenn es demnach für eine Unterscheidung maßgeblich auf die *objektive* Gefährdung der Rechtsordnung[81] ankommt, zeigt sich darin erneut, wie zuvor schon beim Einwand Ottos, die große Bedeutung, die einer exakten Bestimmung des Normbereiches zukommt, kann es zu einer entsprechenden Gefährdung der Rechtsordnung doch nur kommen, wenn der Täter in seinem Vorsatz von Tatumständen ausgeht, die realiter den objektiven Tatbestand einer Strafnorm verwirklichen würden. Das Umkehrprinzip kann diese Bestimmung des Normbereiches nicht leisten, sondern setzt sie voraus.

---

[76] Otto, Allgemeine Strafrechtslehre, S. 283.

[77] In diesem Sinne auch Reiß, wistra 1986, 193ff. (195f.).

[78] Puppe zog ja gerade daraus die Konsequenz, den Umkehrschluß nur noch als Probe auf das Exempel zu verwenden.

[79] Kuhlen, S. 563; ähnlich Schünemann, GA 1986, 293ff. (314).

[80] Ebenso bereits Natrop, S. 51; vergleiche auch Fabian, S. 31: „Die Gesinnung des Putativdelinquenten ist nicht der *wirklichen* Rechtsordnung feindlich, sondern nur einer *fiktiven.* Man wird nicht allgemein aus dieser Abneigung gegen die eingebildete Rechtsordnung auf eine solche gegen die wirkliche schließen dürfen. (...) Deshalb ist es nicht richtig, ganz allgemein dem Wahnverbrecher rechtsfeindliche Gesinnung zuzuschreiben."

[81] Vergleiche dazu auch Sax, JZ 1976, 429ff. (432ff.).

8. Die logische Unhaltbarkeit des Umkehrschlusses bei Tatsachen- und Bedeutungskenntnis als kumulative Vorsatzvoraussetzungen

Schünemann[82] erkennt im Ergebnis zutreffend die logische Unhaltbarkeit des Umkehrschlusses als Abgrenzungskriterium, wenn man bei den normativen Tatbestandsmerkmalen für den Vorsatz „die Kenntnis sowohl der tatbestandsmäßigen ‚natürlichen' Tatsachen als auch ihrer tatbestandsmäßigen sozialen Bedeutung verlangen würde". Wenn Schünemann dies allerdings damit begründet, daß „beim umgekehrten Irrtum vom Täter *immer*[83] nicht-tatbestandsmäßige Tatsachen irrig mit einer tatbestandsmäßigen sozialen Bedeutung verknüpft werden, so daß dann in diesen Fällen unter der obigen Prämisse der in § 22 (StGB) vorausgesetzte vollständige subjektive Tatbestand eines Delikts nicht gegeben wäre"[84], so kann ihm nicht gefolgt werden[85]. Diese Argumentation beruht wohl auf der Annahme, daß beim Tatbestandsirrtum immer von tatbestandsmäßigen Tatsachen auszugehen ist und — insoweit durchaus zutreffend — eine konsequente Umkehrung daher in der Annahme nicht-tatbestandsmäßiger Tatsachen liegt. Eine solche Betrachtungsweise verkennt, daß ein Tatbestandsirrtum nicht nur darauf beruhen kann, daß tatbestandsmäßigen Tatsachen ihre tatbestandsmäßige Bedeutung nicht beigemessen wird, sondern auch darauf, daß tatbestandsmäßige „natürliche" Eigenschaften als solche nicht erkannt werden und folglich von nicht-tatbestandsmäßigen Tatsachen ausgegangen wird, denen dann regelmäßig auch eine nicht-tatbestandsmäßige Bedeutung beigemessen wird. Folglich repräsentiert der Fall, daß nichttatbestandsmäßigen Tatsachen eine tatbestandmäßige Bedeutung beigemessen wird, nur eine der beiden Varianten des umgekehrten Irrtums. Eine konsequente Umkehrung der Tätervorstellung kann auch vorliegen, wenn sich der Täter tatbestandsmäßige Tatsachen vorstellt und diesen eine tatbestandsmäßige Bedeutung beimißt. In dieser Variante verwirklicht der Täter dann auch beide nach der obigen Prämisse geforderten Komponenten des kognitiven Vorsatzelements.

III. Der eigene Standpunkt

Im Zusammenhang mit dem Umkehrschluß gilt es, zwei Gesichtspunkte auseinander zu halten, die regelmäßig unzulässig miteinander vermengt werden.

1. Der strukturelle „Befund"

Nachdem sich die Vorschläge Engischs insbesondere im Lichte der §§ 22, 16 StGB als nicht tragfähig erwiesen haben, steht fest, daß die als untauglicher

[82] Schünemann, GA 1986, 293ff. (313 Fn. 96).

[83] Hervorhebung vom Verfasser.

[84] Schünemann, GA 1986, 293ff. (313 Fn. 96).

[85] Zur korrekten Begründung vergleiche nachfolgend III.

Versuch und Wahndelikt bezeichneten Phänomene in struktureller Hinsicht Spiegelbilder von Tatbestandsirrtum und Verbotsirrtum darstellen[86].

Für das Verhältnis Tatbestandsirrtum — Versuch heißt das:

	Tatbestandsirrtum	Versuch
obj. Tatbestand	+	—
subj. Tatbestand	—	+
Unrechtsbewußtsein	—	+

Verbotsirrtum und Wahndelikt (und damit auch der umgekehrte Subsumtionsirrtum) bieten folgendes strukturelles Bild:

	Verbotsirrtum	Wahndelikt
obj. Tatbestand	+	—
subj. Tatbestand	+	—
Unrechtsbewußtsein	—	+

In diesem Sinne stellt der untaugliche Versuch eine Umkehrung des Tatbestandsirrtums und das Wahndelikt (einschließlich des umgekehrten Subsumtionsirrtums) eine Umkehrung des Verbotsirrtums dar. Der weitverbreitete Sprachgebrauch vom untauglichen Versuch als umgekehrten Tatbestandsirrtum und vom Wahndelikt als umgekehrten Verbotsirrtum kann daraus seine Berechtigung ableiten.

2. *Der Umkehrschluß*

a) Die begrenzte Leistungsfähigkeit des Umkehrschlusses

Wesentlicher Ertrag der Kritik der Literatur ist die Erkenntnis der begrenzten Leistungsfähigkeit des Umkehrschlusses. Auf die eigentlich interessierende Frage, ob der Täter eine vorsatzbegründende Parallelwertung in der Laiensphäre vornimmt oder den Normbereich überschreitet und sich deshalb in einem umgekehrten Subsumtionsirrtum befindet, vermag der Umkehrschluß keine Antwort zu geben. Dies ist darauf zurückzuführen, daß sich die Frage, ob vom Täter eine Parallelwertung vollzogen worden ist, in gleicher Weise beim einfachen Tatbestandsirrtum stellt. Bedient man sich nun vor der Lösung dieses Problems des Umkehrschlusses, so kann man einer Entscheidung doch nicht ausweichen und verschiebt diese letztlich nur auf die Ebene des einfachen Irrtums.

---

[86] Zu strukturellen Tabellen im Zusammenhang mit der Irrtumsproblematik Haft, JuS 1980, 430ff., 588ff., 659ff. Derartige Tabellen haben zwar selbst keinen Beweiswert (ebenso Haft, JuS 1980, 430ff., [435], Puppe, FS-Lackner [1987], S. 199ff. [212 Fn. 12]), sind aber geeignet, als besondere Darstellungsart ein bereits gefundenes Ergebnis zu veranschaulichen. In diesem Sinne werden sie auch hier verwendet.

b) Die mangelhafte Reziprozität

Zusätzlich handelt man sich mit der Einschaltung des Umkehrschlusses als Abgrenzungskriterium das weitere Problem ein, ob nun die auf der Ebene des einfachen Irrtums im Hinblick auf den Vorsatz gefundene Lösung tatsächlich auch Geltung beim umgekehrten Irrtum beanspruchen kann. Die Antwort auf diese Frage ist von der Prämisse abhängig, daß wirklich jeder umgekehrte Tatbestandsirrtum zu einem untauglichen Versuch und nur aber auch jeder umgekehrte Verbotsirrtum zu einem Wahndelikt führt. Von den Befürwortern des Umkehrschlusses wird dies offenbar ohne Bedenken bejaht.

Der strukturelle Befund erlaubt kein Urteil über die Eignung des Umkehrschlusses als Abgrenzungskriterium. Auch wenn es sich bei Versuch und Wahndelikt strukturell um einen umgekehrten Tatbestandsirrtum bzw. einen umgekehrten Verbotsirrtum handelt, so steht damit noch lange nicht fest, daß *jede* Fehlvorstellung, die zu einem Tatbestandsirrtum oder zu einem Verbotsirrtum führt, in ihrer Umkehrung einen Versuch bzw. ein Wahndelikt darstellt. Darüber darf auch die Technik des Umkehrschlusses, im Wege einer doppelten Umkehrung sowohl das Vorstellungsbild des Täters als auch den Sachverhalt in ihr Gegenteil zu verkehren, nicht hinwegtäuschen.

aa) Der Rückschluß vom Verbotsirrtum auf das Wahndelikt

Beim Wahndelikt nimmt der Täter „in Verkennung der Rechtslage an, er mache sich durch sein Verhalten strafbar."[87] Die herkömmliche Formulierung des Umkehrschlusses lautet deshalb beim Verbotsirrtum: „So wie bei diesem (also dem Verbotsirrtum) dem Täter das Bewußtsein der objektiven Rechtswidrigkeit seines Verhaltens fehlen kann, geht im umgekehrten Fall des Wahndelikts der Täter infolge irriger Ausdehnung des Normbereichs fälschlich davon aus, daß sein objektiv strafloses Verhalten strafbar sei."[88] Der Widerspruch dieses Schlusses vom Verbotsirrtum zum Wahndelikt besteht darin, daß er fälschlicherweise das Bewußtsein, Unrecht zu tun, mit der Kenntnis von der Strafbarkeit des Verhaltens gleichsetzt. Nach ständiger Rechtsprechung des BGH[89] und ganz überwiegender Meinung in der Literatur[90] setzt das Unrechtsbewußtsein eine solche Strafbarkeitskenntnis nicht voraus. Korrigiert man daher die strafrechtlich relevante Fehleinschätzung des Verbotsirrtums, das fehlende Unrechtsbewußtsein, so gelangt man zum Unrechtsbewußtsein des Täters, aber nicht zwingend zur Kenntnis der Strafbarkeit. Oder, um es mit den Vokabeln der Logik auszudrücken: Zwar ist die Kenntnis der Strafbarkeit eine hinreichende

---

[87] LK-Vogler, § 22 Rdnr. 143; so bereits Kriegsmann, S. 3, 5, 43, 59f.

[88] S/S-Eser, § 22 Rdnr. 78.

[89] BGHSt 2, 194ff. (202); 10, 35ff. (41); 15, 377ff. (382f.).

[90] So zum Beispiel S/S-Eser, § 17 Rdnr. 4; Dreher/Tröndle, § 17 Rdnr. 3; Wessels, Allgemeiner Teil, § 14 VI; Mlosch, S. 60; Jescheck, S. 408; SK-Rudolphi, § 17 Rdnr. 3; Jakobs, S. 454; anderer Meinung LK-Schroeder, § 17 Rdnr. 7.

Bedingung für das Unrechtsbewußtsein mit der Folge, daß jedes Wahndelikt einen umgekehrten Verbotsirrtum darstellt. Umgekehrt aber ist das Unrechtsbewußtsein nur eine notwendige Bedingung der Kenntnis der Strafbarkeit, so daß nicht jeder umgekehrte Verbotsirrtum zu einem Wahndelikt führt. Der Fall des Handelns mit Unrechtsbewußtsein, aber ohne Kenntnis der Strafbarkeit wird im Rahmen des Umkehrschlusses ganz einfach ignoriert.

Für den Fall des Verbotsirrtums reduziert sich daher der Erkenntniswert des Umkehrschlusses auf das, was Herzberg[91] wohl den „trivialen Kern" nennen würde: der Gegensatz von Unrechtsbewußtsein und fehlendem Unrechtsbewußtsein.

bb) Der Rückschluß vom Tatbestandsirrtum auf den untauglichen Versuch

Gegen die vollständige Reziprozität von Tatbestandsirrtum und untauglichem Versuch bestehen in zweifacher Hinsicht Bedenken.

Zunächst ist noch einmal einzugehen auf den in der Sache berechtigten, jedoch in der Begründung abzulehnenden Einwand Schünemanns[92], daß der Umkehrschluß logisch unhaltbar wird, wenn man für den Vorsatz neben der Bedeutungskenntnis auch Tatsachenkenntnis verlangt. Die zutreffende Begründung dafür wurde bereits oben bei der Erläuterung der Entscheidung BGHSt 14, 345ff.[93] ausführlich dargelegt. Dort wurde darauf hingewiesen, daß infolge der Zweigleisigkeit der Wissenskomponente Tatsachen- und Bedeutungskenntnis ihre Eigenschaft als scheinbar hinreichende Bedingungen des Vorsatzes verloren haben, während das Fehlen einer der beiden Komponenten weiterhin hinreichende Bedingung für den Tatbestandsirrtum bleibt. Damit gelangt man zu dem dem gewählten Vorsatzbegriff widersprechenden Umkehrschluß: Wie die fehlende Tatsachenkenntnis (Bedeutungskenntnis) den Vorsatz entfallen läßt und zu einem Tatbestandsirrtum führt, begründet umgekehrt allein die Tatsachenkenntnis (Bedeutungskenntnis) den Vorsatz und führt zu einem untauglichen Versuch.

Tatsächlich wird man sogar noch über diesen Widerspruch hinausgehend konstatieren müssen, daß der Umkehrschluß auch bei einer eingliedrigen Wissenkomponente des Vorsatzes logisch nicht aufgeht, und das selbst dann, wenn man den Umkehrschluß mit Herzberg auf seinen scheinbaren trivialen Kern, „den Gegensatz von Nichtvorsatz und Vorsatz"[94] reduziert. Die bisherige Betrachtungsweise beschränkte sich auf einen der beiden Bestandteile des Vorsatzes, nämlich die Wissenskomponente. Zusätzlich gehört aber zum

91 Vergleiche Herzberg, JuS 1980, 469ff. (479).

92 Vergleiche oben II. 8.

93 3. Kapitel, B. III. 2. a).

94 Herzberg, JuS 1980, 469ff. (479).

Vorsatz auch das Wollen des tatbestandsmäßigen Geschehens[95]. Dieser Gesichtspunkt wird in der Rechtsprechung und von den Verfechtern des Umkehrschlusses zumeist völlig ignoriert oder doch nur am Rande erwähnt, ohne daß daraus irgendwelche Konsequenzen für den Umkehrschluß abgeleitet werden. So geht Herzberg[96] davon aus, daß auch das „Willenselement" gegeben ist. Sax[97] behauptet ebenfalls, „daß das emotionale Vorsatzelement, das unbedingte Wollen der Tat, in § 59 I (jetzt 16 I StGB) natürlich vorausgesetzt ist". An diesen Behauptungen ist richtig, daß beim Tatbestandsirrtum mit dem *Fehlen des Wissens* notwendig auch das Fehlen des Wollens verbunden ist, denn dieses setzt als notwendige Bedingung immer das Wissen voraus (d.h. ohne Wissen kein Wollen). Eine dementsprechende Sachlage ist beim umgekehrten Irrtum jedoch nicht gegeben. *Liegt die Wissenskomponente vor,* so ist damit über den Willen noch keine zwingende Aussage getroffen (d.h. bei Wissen nur möglicherweise auch Wollen). Tatsächlich wird mit dem fälschlicherweise zwingenden Schluß auf die Willenskomponente der Bereich der bewußten Fahrlässigkeit übergangen.

Da Wissen und Wollen logisch betrachtet notwendige Bedingungen des Vorsatzes darstellen, genügt also zwar das Fehlen einer der beiden Komponenten, um den Vorsatz auszuschließen. Das Wissenselement allein kann aber niemals *zwingend* den Vorsatz begründen. Insoweit besteht nur die *Möglichkeit,* daß Vorsatz und damit auch ein dem § 22 StGB entsprechender Tatentschluß vorliegt. Immer ist gesondert zu prüfen, ob auch der korrespondierende Wille gegeben ist. Ansonsten geht es lediglich um ein Handeln mit bewußter Fahrlässigkeit, bei dem ein Tatentschluß fehlt.

[95] Gegen die Zweigliedrigkeit des Vorsatzbegriffes soweit ersichtlich nur Jakobs, S. 213f., und Frisch, zusammenfassend S. 300ff.; dagegen jedoch überzeugend Schünemann, GA 1985, 341ff. (362f.); Küper, GA 1987, 479ff. (508f.); allgemein zum zweigliedrigen Begriff des Vorsatzes Spendel, FS-Lackner (1987), S. 167ff.

[96] Herzberg, JuS 1980, 469ff. (479).

[97] Sax, JZ 1964, 241ff. (242; vergleiche auch 245); dagegen zutreffend Puppe, FS-Lackner (1987), S. 199ff. (210 Fn. 10).

5. Kapitel

Die weiteren Kategorien der Abgrenzung

A. Überholte Unterscheidungen

Nachdem sich mit der Widerlegung des Umkehrschlusses eine an der Differenzierung zwischen Tatbestandsirrtum und Verbotsirrtum ausgerichtete Abgrenzung für die Unterscheidung zwischen Wahndelikt und untauglichem Versuch als undurchführbar erwiesen hat, ist es nun an der Zeit, die weiteren bisher vorgeschlagenen Kategorien der Abgrenzung zu untersuchen.

Dabei können a priori solche Stellungnahmen ausgeschieden werden, denen die Einführung der Schuldtheorie, ein gewandeltes Verständnis des Wahndelikts[1] und die Abkehr von der rein objektiven Sichtweise beim untauglichen Versuch die rechtssystematischen und dogmatischen Grundlagen entzogen haben. Dies gilt insbesondere für Bindings Lehre[2] vom umgekehrten Irrtum mit ihrer Unterscheidung zwischen Delikts- bzw. Hauptirrtum und Nebenirrtum. Ebenso überholt ist Naglers[3] Unterscheidung zwischen dem „Irrtum in thesi" (Wahnverbrechen im engeren Sinn) und dem „Irrtum über die Rechtswidrigkeit im Einzelfall" (= Wahnverbrechen im weiteren Sinn bestehend aus den Fällen des absolut untauglichen Versuchs und denjenigen des Mangels am Tatbestand). Inhaltlich verfehlt ist schließlich der Versuch Pusinellis[4], für die Abgrenzung zwischen untauglichem Versuch und Wahndelikt den Versuchstatbestand in einen sog. „Grundtatbestand" und „ergänzende Merkmale" aufzuspalten und sich mit einem den Grundtatbestand verwirklichenden Geschehen als notwendigem Gegenstand des Versuchsvorsatzes zu begnügen. Dies führt zu einer unverständlichen Differenzierung zwischen dem Tatentschluß beim untauglichen Versuch und dem Tätervorsatz beim tauglichen Versuch. Außerdem setzt sich Pusinelli damit in Widerspruch zu dem ausdrücklichen Verweis der §§ 22, 16 StGB auf den gesamten gesetzlichen Tatbestand als notwendigen Vorsatzgegenstand[5].

---

[1] Vergleiche etwa Kriegsmann, S. 1, zur Rechtslage am Anfang des 20. Jahrhunderts: „Weder können wir von einem allgemein anerkannten Begriff des Wahnverbrechens sprechen, — hinsichtlich der Fälle, die mit diesem Ausdruck charakterisiert werden, fehlt es an jeglicher Uebereinstimmung, — noch finden wir, dass überall vom einzelnen Schriftsteller ein einheitlicher Begriff zu Grunde gelegt werde."

[2] Binding, Normen III, S. 403ff.; vergleiche dazu 4. Kapitel, B. I. 1. sowie Natorp, S. 52ff.

[3] LK-Nagler, 6. Auflage, § 59 Anm. 5.

[4] Pusinelli, JR 1951, 196f.

B. Die Flucht in die Terminologie

Bei mehreren Autoren ist die Tendenz festzustellen, die bei der Unterscheidung zwischen untauglichem Versuch und umgekehrtem Subsumtionsirrtum auftretenden Abgrenzungsprobleme durch die Einführung neuer Begriffe lösen zu wollen, die die zu differenzierenden Kategorien treffender kennzeichnen sollen[1]. Ein Überblick zeigt allerdings, daß dem Versuch, mit Hilfe von Umformulierungen strafrechtliche Einsichten zu gewinnen und Sachprobleme zu lösen, kein Erfolg beschieden ist[2].

I. Irrtum über Deliktsmerkmale — Irrtum über Deliktsfolgen

In einer Abhandlung[3] aus dem Jahre 1905 plädiert Fabian für die Unterscheidung zwischen dem Irrtum über Deliktsmerkmale und dem Irrtum über Deliktsfolgen als maßgebliche Kriterien der Abgrenzung von untauglichem Versuch und Wahndelikt[4]. Sowohl beim Versuch als auch beim „Putativdelikt" irre der Täter. Ursachen und Inhalt der beiden Irrtümer seien aber völlig verschieden. Beim Wahnverbrechen sei der Irrtum auf die mangelnde Rechtskenntnis zurückzuführen und bestehe in der „Annahme von Deliktsfolgen"[5], ohne daß ein „deliktischer Vorsatz"[6] vorliege. Beim untauglichen Versuch dagegen sei der Vorsatz „deliktisch"[7]. Die Irrtumsursache kann nach Fabian sowohl in der Unkenntnis allgemeiner Erfahrungssätze oder der fehlerhaften Bewertung tatsächlicher Umstände als auch in der „Unkenntnis über Rechtsnormen" liegen[8]. Inhaltlich beziehe sich der Irrtum auf die Möglichkeit, die Deliktsvollendung tatsächlich herbeiführen zu können[9], bestehe also in der irrtümlichen Annahme von „Deliktsmerkmalen"[10].

---

[5] Im übrigen bleibt die Frage offen, welchen Sinn die Unterscheidung zwischen untauglichem Versuch und Wahndelikt für Pusinelli überhaupt haben soll, gelangt er doch in einem weiteren Aufsatz (JR 1951, 197f.) zu dem Ergebnis, daß der untaugliche Versuch generell straflos sei.

[1] Dazu allgemein kritisch Arthur Kaufmann, FS-Lackner (1987), S. 185ff. (197): „Was der Irrtumslehre nottut: weniger, aber dafür klarere Begriffe."

[2] Kritisch gegenüber neuen Terminologien in anderem Zusammenhang auch Roxin, FS-Bockelmann (1979), S. 279ff. (303 Fn. 75); Mlosch, S. 84 Fn. 326: „Ersetzung im Definitorischen".

[3] Fabian, Abgrenzung von untauglichem Versuch und Putativdelikt, und Erörterung ihrer Strafbarkeit.

[4] Fabian, S. 34ff., 39; vergleiche dazu v. Kempis, S. 27f.; Probst, S. 97f.

[5] Fabian, S. 35.

[6] Fabian, S. 39.

[7] Fabian, S. 39.

[8] Fabian, S. 36.

[9] Fabian, S. 35f.

[10] Fabian, S. 39 Fn. 1.

Fabian umschreibt hiermit zwar auf der Grundlage einer eigenen Terminologie (Irrtümliche Annahme der Strafbarkeit = irrtümliche Annahme von Deliktsfolgen, irrtümliche Annahme von Tatumständen = irrtümliche Annahme von Deliktsmerkmalen) durchaus zutreffend die „Symptome" von Wahndelikt und untauglichem Versuch. Einen über die Umschreibung dieser Phänomene hinausgehenden Erkenntniswert besitzen seine Abgrenzungskategorien allerdings nicht. Gerade in den kritischen Fällen des Rechtsirrtums im Vorfeld des Straftatbestandes argumentiert er zu vage, wenn er sich auf die Feststellung beschränkt, daß auch die Unkenntnis über Rechtsnormen zu einem untauglichen Versuch führen *kann*. Schließlich bekennt er selbst, daß seine Unterscheidung die Abgrenzungsprobleme nicht lösen kann, wenn er formuliert: „In praxi wird die Grenze zwischen Deliktsmerkmal und Deliktsfolgen allerdings oft schwer zu finden sein, weil die beiden Begriffe sich auf eine allgemein gültige Formel nicht bringen lassen. Der letzte Ausweg ist dann, historisch zu untersuchen, an welche vorhandenen Merkmale der Gesetzgeber seine Strafdrohung angeknüpft hat."[11]

II. Irrtum über außersprachliche Gegenstände — Irrtum über den semantischen Gehalt von Normen

1. Die Konzeption

Im Rahmen einer sprachanalytischen Betrachtung des Irrtums über normative Tatbestandsmerkmale im Strafrecht[12] greift Darnstädt eine von dem Sprachtheoretiker Searle[13] getroffene Unterscheidung zwischen „natürlichen" und „institutionellen" Tatsachen auf[14]. Als natürliche Tatsachen bezeichnet er solche, die sich mit Hinweisen auf physische oder psychische Zustände oder Eigenschaften vollständig beschreiben lassen. Institutionelle Tatsachen entstünden dagegen, „indem natürlichen Tatsachen eine Relevanz für die Mitglieder der Gesellschaft zugewiesen wird"[15]. Die gesellschaftliche Relevanz einer Urkunde sei es, beweiserheblich zu sein. Denke man sich diese Eigenschaft weg, bliebe ein beschriebenes Papier, aber eben keine Urkunde. Institutionelle Tatsachen würden also „durch Konvention konstiutiert (die Gesetz sein kann, aber nicht sein muß)"[16]. Unter normativen Tatbestandsmerkmalen versteht Darnstädt nun genau jene Merkmale, „deren Designate institutionelle Tatsachen sind"[17]. Mit Hilfe dieser Umschreibung will Darnstädt eine Präzisierung des Begriffs der

[11] Fabian, S. 39 Fn. 1.

[12] Darnstädt, JuS 1978, 441 ff.

[13] Searle, Sprechakte, S. 78 ff.

[14] Darnstädt, JuS 1978, 441 ff. (443).

[15] Darnstädt, JuS 1978, 441 ff. (443).

[16] Darnstädt, JuS 1978, 441 ff. (445).

[17] Darnstädt, JuS 1978, 441 ff. (443).

Parallelwertung in der Laiensphäre gewinnen. Eine institutionelle Tatsache könne der Täter nur kennen, wenn er — neben anderen Eigenschaften — auch deren gesellschaftlich verliehene Eigenschaft kenne: „Der Täter hat also nur Vorsatz, wenn er die gesellschaftliche Relevanz einer Tatsache kennt. Umgekehrt begeht er einen untauglichen Versuch, wenn er Tatsachen eine gesellschaftliche Relevanz beimißt, die sie gar nicht haben, die aber zu einem Tatbestandsmerkmal des StGB gehört.“[18] Nach Darnstädt soll es mit Hilfe der von ihm gewählten Terminologie möglich sein, gerade in den kritischen Fällen der Unterscheidung zwischen der „‚Bedeutung‘ im Sinne des semantischen Gehaltes eines Tatbestandsmerkmales und der ‚Bedeutung‘ im Sinne der sozialen Relevanz beobachtbarer Tatsachen“[19] eine klare Abgrenzung zwischen den Irrtümern „über die Sprache“ und solchen „über deren Designate“ zu treffen[20]. Der untaugliche Versuch gründe sich auf einen „Irrtum über außersprachliche Gegenstände“, das Wahndelikt auf einen „Irrtum über den semantischen Gehalt von Normen“[21]. Beim untauglichen Versuch stelle sich der Täter daher eine „Konvention“[22] bzw. „Regel“[23] vor, die einem Tatumstand eine gesellschaftliche Relevanz verleihe, die der Bedeutung, d.h. dem semantischen Gehalt eines Tatbestandsmerkmales entspreche. Die Feststellung dieser Bedeutung stehe deshalb immer am Ausgangspunkt der Prüfung.

2. *Stellungnahme*

Der von Darnstädt angestrebte gesteigerte Erkenntniswert seiner Terminologie gegenüber dem herkömmlichen Sprachgebrauch ist nicht feststellbar. Darnstädt kleidet lediglich bereits bekannte Thesen in neue Worte, ohne die eigentlichen rechtlichen Sachprobleme über einen Ende der siebziger Jahre aktuellen Diskussionsstand hinaus einer Lösung näher zu bringen[24]. So wurde auf den beschreibenden Charakter deskriptiver Tatbestandsmerkmale ebenso bereits hingewiesen, wie auf den Umstand, daß normative Tatbestandsmerkmale sozial bedeutsame Tatsachen erfassen[25]. Und wenn Darnstädt bei der Parallelwertung in der Laiensphäre den Begriff der „sozialen Bedeutung“ durch den der „gesellschaftlichen Relevanz“ ersetzen will, so stellt auch dies lediglich eine kosmetische Korrektur dar.

Der eigentliche sachliche Mangel in den Ausführungen Darnstädts liegt darin, daß er offenbar glaubt, mit Hilfe der Feststellung der Bedeutung (des

[18] Darnstädt, JuS 1978, 441 ff. (444).

[19] Darnstädt, JuS 1978, 441 ff. (445).

[20] Darnstädt, JuS 1978, 441 ff. (445).

[21] Darnstädt, JuS 1978, 441 ff. (445 f.).

[22] Darnstädt, JuS 1978, 441 ff. (445).

[23] Darnstädt, JuS 1978, 441 ff. (446).

[24] Anders Burkhardt, JZ 1981, 681 ff., obwohl auch er auf Searle zurückgreift, vergleiche dazu unten C. II.

[25] Vergleiche dazu im einzelnen die Nachweise oben 2. Kapitel, D. I.

„semantischen Gehalts“) der normativen Tatbestandsmerkmale den Normbereich des Straftatbestandes abschließend bestimmen zu können[26]. Mit dieser Prämisse steht und fällt die von ihm gewählte Abgrenzung zwischen dem Irrtum über den semantischen Gehalt von Normen (= Verbotsirrtum bzw. Wahndelikt) und dem Irrtum über außersprachliche Gegenstände (= Tatbestandsirrtum bzw. untauglicher Versuch). Darnstädt setzt sich damit in Widerspruch zu der von ihm selbst gewählten Beschreibung der Art und Weise, wie „institutionelle“ Tatsachen entstehen. Wenn es gesellschaftliche Konventionen und Regeln gibt, die „natürlichen“ Tatsachen ihre gesellschaftliche und damit im Hinblick auf die entsprechenden normativen Tatbestandsmerkmale auch ihre tatbestandliche Bedeutung verleihen, dann ist es eben nicht mehr der „semantische Gehalt“ des normativen Tatbestandsmerkmales allein, der den Normbereich bestimmt. Dazwischen geschaltet sind diese gesellschaftlichen Konventionen, die festlegen, welchen Tatumständen die entsprechende soziale Relevanz zukommt, die sie zu „Designaten“ normativer Tatbestandsmerkmale macht. Die irrtümliche Annahme einer entsprechenden Regel führt demgemäß notwendigerweise zu einer Überdehnung des Normbereichs, obwohl der Täter den „semantischen Gehalt“ des normativen Tatbestandsmerkmals richtig verstanden hat[27].

III. Gegenstandsbezogener Irrtum — begriffsbezogener Irrtum

1. Die Konzeption

In mehreren Stellungnahmen[28] seit Beginn der achtziger Jahre hat sich Haft dafür ausgesprochen, die Abgrenzung von untauglichem Versuch und Wahndelikt an Hand der Dichotomie von gegenstandsbezogenem und begriffsbezogenem Irrtum durchzuführen. „Gegenstand“ soll dabei alles sein, „was man mit einem inhaltsbefrachteten Wort des gesetzlichen Tatbestandes bezeichnen kann“, seien es „Tatsachen“ in Gestalt eines sinnlich wahrnehmbaren Gebildes oder Ereignisses, oder „ein nur wertend herzustellendes und zu begreifendes geistiges Beziehungsgefüge“[29]. Der begriffsbezogene Irrtum ziele hingegen auf die „Begriffe gerade des strafrechtlichen Tatbestandes“[30]. Demgemäß führe ein gegenstandsbezogener Irrtum — ohne Unterschied, „ob der Irrtum vorsprachlicher Natur (z.B. Verwechslung einer Sache) oder sprachlicher Natur (z.B. Irrtum über des Miteigentum anderer) ist“[31] — je nach Fallkonstellation immer

[26] Dagegen zu Recht Burkhardt, JZ 1981, 681 ff. (686).

[27] Vergleiche dazu näher 6. Kapitel, D.

[28] Haft, JuS 1980, 588 ff. (590 f.); ders., JA 1981, 281 ff. (284 f.); ders., Allgemeiner Teil, S. 266 ff.

[29] So praktisch wortgleich Haft, JA 1981, 281 ff. (284); ders., Allgemeiner Teil, S. 266; ders., JuS 1980, 588 ff. (591).

[30] Haft, Allgemeiner Teil, S. 266; ebenso ders., JA 1981, 281 ff. (284).

[31] Haft, JA 1981, 281 ff. (284); anders noch ders., JuS 1980, 588 ff. (591): „Bezieht sich die Fehlvorstellung auf einen außersprachlichen Gegenstand, liegt ein Tatbestandsirrtum

zu Tatbestandsirrtum oder untauglichem Versuch, während ein begriffsbezogener Irrtum in entsprechender Weise immer einen Verbotsirrtum oder ein Wahndelikt zur Folge habe. Diese Abgrenzung könne mit Hilfe eines „Tests" einfach durchgeführt werden: „Läßt sich der Irrtum ohne Verweis auf den strafrechtlichen Tatbestand verständlich mitteilen, muß er gegenstandsbezogen, anderenfalls begriffsbezogen sein."[32]

Für die irrtümliche Annahme der Zuständigkeit im Rahmen des Meineidtatbestandes (§ 154 StGB) zieht Haft[33] aus seiner Unterscheidung folgende Schlußfolgerungen: Halte der Täter den Staatsanwalt „als Staatsanwalt" für zuständig für die Abnahme des Eides, so sei der Irrtum begriffsbezogen, so daß nur ein strafloses Wahndelikt vorliege. Halte der Täter den Staatsanwalt dagegen irrig für den Ermittlungsrichter, so handele es sich um einen gegenstandsbezogenen Irrtum und damit um einen untauglichen Versuch.

2. *Stellungnahme*

Haft selbst formuliert einen möglichen formalen Einwand gegen seine Konzeption, wenn er eingesteht, „es bestehe in der Irrtumslehre Bedarf an vielleicht manchem, nicht aber an einer neuen Terminologie"[34]. Dem hält er aber sogleich entgegen, daß die von ihm vorgeschlagene Abgrenzung gerade der ratio legis der gesetzlichen Irrtumsregeln gerecht werde. „Immer, wenn jemand gegenstandsbezogen irrt, liegen außerstrafrechtliche Fehlvorstellungen des Irrenden vor, die das Strafrecht beachten muß."[35] Der begriffsbezogene Irrtum dagegen spiele in der strafrechtlichen Welt; über ihn könne das Strafrecht verfügen. Bei diesen stark an die reichsgerichtliche Unterscheidung zwischen strafrechtlichem und außerstrafrechtlichem Rechtsirrtum[36] erinnernden Ausführungen[37] übersieht Haft indessen „die Fälle, in denen ein Delikt Tatbestandsmerkmal eines anderen Delikts ist"[38], also insbesondere die §§ 257ff. StGB mit dem Tatbestandsmerkmal „rechtswidrige Tat". Eine Fehlvorstellung über die damit in Bezug genommenen Tatbestandsmerkmale führt, hält man sich konsequent an das Begriffsverständnis Hafts, sowohl zu einem gegenstandsbezogenen als auch zu einem begriffsbezogenen Irrtum. So irrt der Täter einerseits

---

bzw. ein Versuch vor; ist der Irrtum dagegen innersprachlich (d.h. metasprachlich) und damit lediglich begriffsbezogen, kommt nur ein Verbotsirrtum bzw. ein Wahndelikt in Betracht."

32 Haft, Allgemeiner Teil, S. 266.

33 Haft, Allgemeiner Teil, S. 268; ebenso ders. JuS 1980, 588ff. (591).

34 Haft, JA 1981, 281ff. (285).

35 Haft, JA 1981, 281ff. (285).

36 Dazu unten D. I.

37 So spricht denn auch Haft, Allgemeiner Teil, S. 266 und JuS 1980, 588ff. (590), vom „richtigen Kern" der Irrtumslehre des Reichsgerichts.

38 Kohlrausch, S. 165.

über die „Begriffe" des in Bezug genommenen Straftatbestandes. Andererseits ist dieser Straftatbestand aber gerade auch einer jener „Gegenstände", die mit dem „inhaltsbefrachteten Wort"[39] des Ausgangsstraftatbestandes, also mit dem Tatbestandsmerkmal „rechtswidrige Tat" bezeichnet werden können, ohne diesem selbst anzugehören. Die Einführung der neuen Begriffe trägt so mehr zur Verwirrung als zur Klarheit bei.

Gleiches trifft auch für den Terminus des „begriffsbezogenen" Irrtums als solchen zu. Gegenstand dieses Irrtums sind nach Haft nur die Begriffe des strafrechtlichen Tatbestandes. Gemeint ist also mit der Formulierung „begriffsbezogener Irrtum" nur der „strafbegriffsbezogene" Irrtum[40]. Das bedeutet aber gleichzeitig, daß es weitere (außerstrafrechtliche) begriffsbezogene Irrtümer gibt, die Haft unter die Kategorie des gegenstandsbezogenen Irrtums einordnet. Die vermeintliche Klarheit und Eindeutigkeit der Begriffe und damit auch der Grenzziehung zwischen Wahndelikt und untauglichem Versuch geht damit gänzlich verloren.

Daß die Unterscheidung zwischen einem begriffsbezogenen und einem gegenstandsbezogenen Irrtum nebst dem von ihm dazu benutzten Test in den kritischen Fällen nicht das hält, was sich Haft von ihr verspricht, erweist sich an seinem Beispiel über die irrtümliche Annahme der Zuständigkeit des Staatsanwalts zur Eidesabnahme[41]. Nach den Ausführungen Hafts bleibt unklar, warum der Täter, der einen Staatsanwalt „als solchen" für zuständig hält, sich in einem begriffsbezogenen Irrtum befinden soll, kennt er die inhaltliche Bedeutung des Begriffes „zuständig" doch ganz genau. Wesentlich näher läge eigentlich ein gegenstandsbezogener Irrtum, verkennt der Täter den Sachverhalt, also „den Gegenstand, mit dem er es zu tun hat"[42], doch insoweit, als er dem Staatsanwalt die (rechtliche) Eigenschaft zuspricht, für die Abnahme von Eiden zuständig zu sein. Dieser Irrtum ist entsprechend dem Haftschen Test auch ohne den Tatbestand des § 154 StGB verständlich mitteilbar, da er aus einer Überdehnung von Kompetenznormen im Vorfeld des Straftatbestandes resultiert.

Zumindest Anlaß zu Mißverständnissen gibt schließlich die Äußerung Hafts[43], Gegenstand und Begriff hingen „natürlich" insoweit zusammen, „als Inhalt und Umfang eines Begriffes von Gegenständen abhängig sind, denen ein Begriff konsensfähig zu- oder abgesprochen werden kann". Wäre diese Aussage richtig, so würde jeder gegenstandsbezogene Irrtum einen begriffsbezogenen Irrtum nach sich ziehen und eine entsprechende Unterscheidung wäre schon aus diesem Grund hinfällig. Tatsächlich aber verwechselt Haft Ursache und

---

[39] Haft, S. 266.

[40] Ebenso Tischler, S. 340.

[41] Dazu auch S/S-Eser, 21. Auflage, § 22 Rdnr. 88; LK-Vogler, § 22 Rdnr. 146; gegen Haft auch Jakobs, S. 239; Tischler, S. 339f.; Kuhlen, S. 357f.

[42] Haft, Allgemeiner Teil, S. 268.

[43] Haft, JuS 1980, 588ff. (591).

Wirkung. Nur wenn einem „Begriff" ein bestimmter Inhalt bereits zugesprochen worden ist, besteht die Möglichkeit, diesem Begriff bestimmte „Gegenstände" zuzuordnen und sie mit dem entsprechenden Wort zu bezeichnen. Eben diesen Weg von der Definition zur Subsumtion geht auch der das Recht Anwendende.

C. Error iuris — error facti

I. Die ursprüngliche Argumentation bei Kriegsmann

Nachdem bereits Häberlin[1] die zur damaligen Zeit für den einfachen Irrtum aktuelle Abgrenzung zwischen Tatsachenirrtum (error facti) und Rechtsirrtum (error iuris) für die Unterscheidung zwischen untauglichem Versuch und Wahndelikt genutzt hat, greift auch Kriegsmann rund 40 Jahre später in seiner Dissertation „Wahnverbrechen und untauglicher Versuch" auf diese Differenzierung zurück: „Das Wahnverbrechen setzt (...) begrifflich voraus einen error juris: einen Irrtum über die Existenz oder das Geltungsgebiet einer Strafdrohung, die Beziehung dieses Irrtums auf die eigene Tat, und die Begehung der Handlung trotz der Annahme ihrer Strafbarkeit. Der Vorsatz beim Wahnverbrechen ist hinsichtlich seiner Rechtswidrigkeit ein Putativvorsatz; er richtet sich auf eine unverbotene Handlung, gilt aber dem Täter als rechtswidrig mit Rücksicht auf das Wahnverbot, dem er widerstreitet."[2] Der Irrtum des Wahnverbrechers stelle sich demnach als „Strafrechtsirrtum" dar[3]. Dieser bilde das Gegenstück zu dem Strafrechtsirrtum bei verbotenen Handlungen, die der Täter für unverboten oder zu denen er sich für befugt halte. „Der Unterschied besteht darin, daß er sich in dem einen Fall zu seinen Ungunsten, in dem andern zu seinen Gunsten irrt." Ohne sie beim Namen zu nennen, umschreibt Kriegsmann damit zutreffend die auch heute noch maßgebliche Dichotomie von einfachem und umgekehrtem Irrtum.

Beim untauglichen Versuch dagegen sei vom Gegenstand des Vorsatzes auszugehen. § 59 (jetzt § 16 StGB) beziehe sich auf die einzelne Tat, in der es keine Rechtsbegriffe, sondern nur Tatumstände gebe[4]. Der Irrtum liege darin, daß im Hinblick auf die Tauglichkeit der Handlung ein „Möglichkeitsurteil" gefällt werde, wo ein „Unmöglichkeitsurteil" am Platze sei[5]. Der Irrtum bestehe in all diesen Fällen in einer falschen Einschätzung der *tatsächlichen* Verhältnisse des Einzelfalles.

Bemerkenswert präzise erfaßt Kriegsmann[6] die Problematik der Abgrenzung, wie sie auch heute noch besteht: „Die Schwierigkeit liegt in der Tatsache, daß ein

---

[1] Häberlin, GA 13 (1865), S. 233ff. (236); vergleiche dazu oben 4. Kapitel, B. I. 1.

[2] Kriegsmann, S. 7; ähnlich S. 43, 51.

[3] Kriegsmann, S. 52.

[4] Kriegsmann, S. 14.

[5] Kriegsmann, S. 23f.; ebenso S. 52f.

[6] Kriegsmann, S. 53.

Wahnverbrechen auch durch einen Irrtum über *außerhalb des Strafrechts* begründete Befugnisse und Rechtsverhältnisse begründet werden kann." Die Frage sei also, wann ein solcher Irrtum über das nicht zum Strafrecht gehörende Recht zu einer falschen Vorstellung über das objektive Strafrecht führe. Kriegsmann stuft diese kritischen Fälle des error iuris im Ergebnis einheitlich als Wahnverbrechen ein. Zwar könne sich bei solchen Konstellationen eine Fehlvorstellung zunächst als error facti darstellen, „dann aber ist er stets auf einen Irrtum über objektives, außerhalb des Strafrechts liegendes Recht zurückzuführen"[7]. Daneben könne es auch Fälle geben, die zunächst „als error iuris erscheinen", sich dann aber stets „auf error facti zurückführen" ließen und folglich als untauglicher Versuch zu behandeln seien[8].

Das Verdienst der Arbeit Kriegsmanns besteht vor allem darin, daß er als erster die besonders problematischen Fälle der Abgrenzung erkannt hat, nämlich den Irrtum über Normen „im Vorfeld" strafrechtlicher Tatbestände. Die Lösung, die er dafür anbietet, kann nicht überzeugen, weil es ihm in der Begründung nicht gelingt, den Zusammenhang ausreichend zu verdeutlichen, der zwischen dem Normbereich der jeweils einschlägigen Strafbestimmung und den Normen in deren Vorfeld besteht. Zwar erkennt Kriegsmann zutreffend, „dass ein Irrtum über ausserstrafrechtliche Verhältnisse nur dann zu einem Wahndelikt führen kann, wenn er eine Verfälschung des Bildes des objektiven Strafrechts in der Seele des Täters zur Folge hat"[9]. Den Nachweis dafür, daß diese Konsequenz, wie von ihm vertreten, ausnahmslos bei jedem Irrtum über eine Norm im Vorfeld des Straftatbestandes eintritt, bleibt Kriegsmann jedoch schuldig.

II. Das Wiederaufgreifen der Lehre durch Burkhardt

Mit dem Anspruch, die konstatierten Begründungsmängel zu beheben, greift Burkhardt[10] Anfang der achtziger Jahre den Lösungsvorschlag Kriegsmanns wieder auf.

Im Anschluß an Searle[11] vertritt Burkhardt[12] wie zuvor bereits Darnstädt[13] die Auffassung, daß Tatbestandsmerkmale dann normativ sind, „wenn sie institutionelle Tatsachen bezeichnen". Während *natürliche* Tatsachen solche

---

[7] Kriegsmann, S. 59.

[8] Kriegsmann, S. 59.

[9] Kriegsmann, S. 54.

[10] Burkhardt, JZ 1981, 681 ff.; ders. wistra 1982, 178 ff.; vergleiche dazu auch Tischler, S. 342 ff.; Roxin, ESJ, S. 172; SK-Rudolphi, § 22 Rdnr. 32b; Samson in: Kohlmann, Strafverfolgung, S. 99 ff. (111 f.).

[11] Searle, Sprechakte, S. 54 ff., 78 ff.

[12] Burkhardt, JZ 1981, 681 ff. (683).

[13] Vergleiche oben B. II. 1.

seien, die unabhängig vom Dasein menschlicher Institutionen existierten, entstünden *institutionelle* Tatsachen erst, indem natürlichen Tatsachen eine Bedeutung für die Mitglieder der Gesellschaft zugewiesen werde. Dies geschehe „durch Konventionen bzw. durch die *Aufstellung von Regeln*“[14]. Demgemäß könne ein Irrtum über solche Tatsachen zwei verschiedene Quellen haben, „die irrige Annahme natürlicher Tatsachen einerseits und Fehlvorstellungen über den Komplex *konstitutiver* Regeln andererseits.“[15] Darüber, daß die irrige Annahme natürlicher Tatsachen als vorsatzbegründender Tatbestandsirrtum einzuordnen sei, bestehe kein Zweifel. „Wie aber ist es, wenn jemand normative Tatumstände als gegeben ansieht, weil er *Rechtsregeln* verkennt, die für das Vorhandensein dieser Tatumstände konstitutiv sind?“[16]

Burkhardts[17] Antwort auf diese Frage lautet: Jede rechtsirrige Annahme normativer Tatumstände geht mit einer Überdehnung des strafrechtlichen Schutzbereiches einher und führt daher mangels Vorsatz zu einem Wahndelikt[18]. „Die Extension (rechts-)normativer Tatbestandsmerkmale“ — also die Menge der Gegenstände, Zustände oder Sachverhalte, auf die diese Merkmale zutreffen[19] — „hängt von den dafür konstitutiven Rechtsnormen ab. Ein Irrtum über diese Rechtsnormen betrifft deshalb eo ipso die Extension der normativen Tatbestandsmerkmale und damit auch den Anwendungsbereich des jeweiligen Straftatbestandes.“[20] Die Umschreibung des Normwidrigen ende also nicht beim „Straftatbestand als solchen“, sondern setze sich fort in den sog. Vorfeldnormen und finde sich manchmal — wie bei den Blankettstrafgesetzen — nur in sog. Ausfüllungsnormen. Diese konkretisierende Schilderung des Normwidrigen mache den „fragmentarischen Charakter des Strafrechts“ aus[21]. Stelle man bei der Abgrenzung von Versuch und Wahndelikt auf die Überdehnung des „Normbefehls“ und nicht darauf ab, ob das, was sich der Täter vorgestellt habe, innerhalb des durch die Vorfeldnormen konkretisierten gesetzlichen Tatbestandes liege, so verliere das Strafrecht im Bereich des untauglichen Versuches seinen fragmentarischen Charakter[22].

Wenn die herrschende Meinung dagegen die rechtsirrige Annahme der Zuständigkeit oder Fremdheit als untauglichen Versuch behandele, so verwende sie die Begriffe „zuständig“ und „fremd“ doppelsinnig: „einmal so, wie sie das

[14] Burkhardt, JZ 1981, 681ff. (683).

[15] Burkhardt, JZ 1981, 681ff. (683).

[16] Burkhardt, JZ 1981, 681ff. (683f.).

[17] Burkhardt, JZ 1981, 681ff. (686); auf der Grundlage des aktuellen Diskussionsstandes wohl zustimmend S/S-Eser, § 22 Rdnr. 89; Roxin, ESJ, S. 172.

[18] Dazu ablehnend Samson in: Kohlmann, Strafverfolgung, S. 99ff. (111f.); SK-Rudolphi, § 22 Rdnr. 32b.

[19] Burkhardt, JZ 1981, 681ff. (685).

[20] Burkhardt, JZ 1981, 681ff. (686).

[21] Burkhardt, wistra 1982, 178ff. (181).

[22] Burkhardt, wistra 1982, 178ff. (181).

Gesetz verstanden wissen will, zum anderen so, wie der Täter sie versteht."[23] Es bedürfe wohl keiner weiteren Begründung, daß etwa die irrtümliche Annahme, bereits die bloße Einigung (i. S. des § 929 BGB) ohne Besitzverschaffung führe zum Eigentumsübergang oder die Staatsanwaltschaft sei für die Abnahme von Eiden zuständig, eine Fehlvorstellung über die Extension von Tatbestandsmerkmalen darstelle, die auf den Anwendungsbereich des jeweiligen Straftatbestandes durchschlage[24].

Dencker[25] ergänzt in seiner zustimmenden Besprechung der Konzeption Burkhardts die Kritik an der herrschenden Meinung, indem er mit dem Hinweis auf § 258 III StGB den Blick auf die möglichen Rechtsfolgen eines untauglichen Versuches der Strafvereitelung (§ 258 StGB) richtet. „Aus welchem Strafrahmen wäre eigentlich der Angeklagte, folgte man der h. M., zu bestrafen? Soll dafür auch die (Laien-)Vorstellung des ‚Täters' konstitutiv sein?"

III. Stellungnahme

Burkhardt stellt zum Schluß seiner Abhandlung die Frage: „Was spricht nun eigentlich dagegen, zu dem um die Jahrhundertwende noch vertretenen und von mir für richtig gehaltenen Standpunkt zurückzukehren, wonach ein nur auf normativem Gebiet liegender Irrtum nicht vorsatz- und strafbegründend wirken kann?"[26]

Die Unterscheidung zwischen error iuris und error facti hat in der Tat den Reiz des Einfachen[27] und damit der größtmöglichen Praktikabilität für den Rechtsanwender für sich. Außerdem ist auch die Deutlichkeit zu begrüßen, mit der Burkhardt auf den Zusammenhang von Vorsatzgegenstand und Normbereich hinweist. Trotzdem bleiben erhebliche Zweifel, ob wirklich jeder Rechtsirrtum zu einer Überdehnung des Normbereichs und damit zu einem Wahndelikt führt.

Burkhardts These, daß jede *rechtsirrige* Annahme eines normativen Tatumstandes auf etwas gerichtet sei, „was *objektiv*[28] besehen nicht unter den Tatbestand eines Strafgesetzes fällt"[29], ist zweifellos richtig. Indessen konstatiert er damit, wie bereits Rudolphi[30] zutreffend ausgeführt hat, keine Besonderheit des Rechtsirrtums. Auch bei einer irrtümlichen *tatsächlichen* Annahme ist der Vorsatz auf einen Tatumstand gerichtet, der „objektiv besehen" nicht unter den

[23] Burkhardt, JZ 1981, 681 ff. (685).
[24] Burkhardt, JZ 1981, 681 ff. (686).
[25] Dencker, NStZ 1982, 458 ff. (459).
[26] Burkhardt, JZ 1981, 681 ff. (688).
[27] So bereits Fabian, S. 37.
[28] Hervorhebung vom Verfasser.
[29] Burkhardt, JZ 1981, 681 ff. (688).
[30] SK-Rudolphi, § 22 Rdnr. 32b.

Tatbestand eines Strafgesetzes fällt. So ist objektiv eine Vogelscheuche ebensowenig ein geeignetes Tatobjekt für ein Tötungsdelikt, wie ein Referendar für die Abnahme von Eiden zuständig ist. Auf diese objektive Betrachtungsweise kommt es jedoch bei der Frage, ob ein Versuch vorliegt, überhaupt nicht an. Kennzeichen des Versuches ist ja gerade die Diskrepanz zwischen objektiver Sachlage und subjektivem Vorstellungsbild. Anderenfalls läge ein vollendetes Delikt bzw. ein gänzlich tatbestandsloses Geschehen vor. Gerade das macht die Irrtumsbedingtheit des untauglichen Versuches aus. Maßgeblich ist der Tatentschluß, also das subjektive Vorstellungsbild des Täters von der Tat. Genau wie der Täter nach dieser subjektiven Vorstellung eine Vogelscheuche für einen Menschen hält, erachtet er den Referendar als eine für die Eidesabnahme zuständige Stelle. Objektiv betrachtet liegt in beiden Fällen ein tatbestandsloses Geschehen vor. Subjektiv aber tötet der Täter einen Menschen und steht vor einer zur Eidesabnahme zuständigen Stelle. Wer dieser subjektiven Betrachtungsweise ihre ausschlaggebende Bedeutung für die Abgrenzung von untauglichem Versuch und Wahndelikt absprechen will, muß dafür besondere Gründe vorweisen können[31]. Diese finden sich bei Burkhardt indessen nicht.

Auch unter einem anderen Blickwinkel bestehen gegen die Unterscheidung error iuris — error facti Bedenken. Diese Differenzierung bei der Bestimmung des Normbereichs hat für den Gegenstand des Vorsatzes die auch von Jakobs[32] verfochtene Konsequenz, daß bei normativen Tatbestandsmerkmalen sowohl Tatsachen- als auch Bedeutungskenntnis erforderlich sind[33].

Selbst wenn man nun aber neben der Bedeutungskenntnis auch die Tatsachenkenntnis als Vorsatzgegenstand verlangt, ist es aber doch so, daß nicht jede Fehlvorstellung über Tatsachen den Vorsatz entfallen läßt. Nur ein Irrtum über diejenigen Tatsachen, die einem Geschehen seine Tatbestandsmäßigkeit verleihen, können einen Tatbestandsirrtum begründen. So entfällt etwa der Vorsatz eines farbenblinden Täters nicht deshalb, weil das von ihm gestohlene Auto nicht, wie er meint, grün, sondern blau ist. Nur so läßt sich auch die einhellig vertretene Unbeachtlichkeit des error in persona vel in objecto erklären[34].

Allein die Erkenntnis, daß nicht jeder Tatsachenirrtum einen vorsatzausschließenden Tatbestandsirrtum i.S. des § 16 StGB begründet, läßt allerdings noch keine zwingenden Rückschlüsse auf den Rechtsirrtum zu. Es gibt aber Konstellationen, bei denen die Interessenlage zwischen einem als unbeachtlich zu qualifizierenden Tatsachenirrtum und einem Irrtum über eine Rechtsnorm im Vorfeld des Straftatbestandes so deckungsgleich ist, daß sich eine unterschiedliche rechtliche Behandlung wertungsmäßig nicht mehr begründen läßt.

---

[31] Vergleiche dazu unten 6. Kapitel, D.

[32] Dazu sogleich IV.

[33] Dazu ablehnend Samson in: Kohlmann, Strafverfolgung, S. 99ff. (111f.); Schünemann, GA 1986, S. 293ff. (313 Fn. 96).

[34] Vergleiche nur Schreiber, JuS 1985, 873 m.w.N. in Fußnote 3.

Als Beleg dafür möge ein Vergleich zwischen dem deskriptiven Tatbestandsmerkmal „alkoholische Getränke“, das unter anderem in § 315c StGB zu finden ist, und dem normativen Tatbestandsmerkmal „fremde Sachen“ (vergleiche etwa §§ 242, 246 StGB) dienen. Am fehlenden Vorsatz besteht weder ein Zweifel, wenn der Täter (tatsachen-)irrig glaubt, er trinke alkoholfreies Bier, noch, wenn er die von ihm unterschlagene Sache (rechts-)irrig für seine eigene hält. Ebenso zweifelsfrei handelt aber der Täter bei entsprechendem Willen mit Vorsatz, überdehnt also nicht den Normbereich, wenn er weiß, daß er alkoholhaltiges Bier trinkt, dabei aber zugleich Vorstellungen über die Brautechnik hat, die nie zur Gewinnung eines alkoholhaltigen Getränkes führen würden. Anderenfalls könnten ja Alkoholdelikte nur noch Täter begehen, die die Herstellungsmethoden der entsprechenden Getränke kennen, eine der ratio legis offensichtlich widersprechende Konsequenz. Nichts anderes als bei der natürlichen Eigenschaft „alkoholisch“ kann dann aber auch für den entsprechenden Parallelfall bei der rechtlichen Eigenschaft „fremd“ gelten. Der Täter, der weiß, daß eine Sache im Eigentum eines anderen steht und folglich für ihn eine fremde ist, handelt bei entsprechendem Willen vorsätzlich, selbst wenn er sich über seinen vorausgehenden Eigentumsverlust nach §§ 929ff. BGB völlig verkehrte rechtliche Vorstellungen macht. Diese Vorstellungen sind nicht Bestandteil des von der Norm beschriebenen tatbestandlichen Geschehens, liegen also außerhalb des Normbereiches und können ihn folglich auch nicht überdehnen.

Im übrigen führt die Annahme, die genauen Modalitäten des Eigentumsverlustes seien notwendiger Gegenstand des Tätervorsatzes, auch zum Konflikt mit der Parallelwertung in der Laiensphäre. Beim Wort genommen läuft eine solche Forderung letztlich darauf hinaus, daß ein Täter nur noch dann vorsätzlich handelt, wenn er den zu seinem Eigentumsverlust führenden Übereignungsvorgang im Wege einer exakten Subsumtion unter die einschlägigen Bestimmungen des BGB einordnet. Da dies ohne entsprechende juristische Spezialkenntnis kaum möglich sein dürfte, könnten in einer Reihe von Fallkonstellationen nur noch Juristen vorsätzlich Eigentumsdelikte begehen. Dies aber hätte eine unerträgliche Aushöhlung des strafrechtlichen Eigentumsschutzes zur Folge.

Damit sei nicht bestritten, daß es im Vorfeld eines Straftatbestandes durchaus Rechtsnormen geben kann, die für die „Extension“ normativer Tatbestandsmerkmale konstitutiv sind und deren Verkennung zu einem Wahndelikt führt. Feststehen dürfte aber, daß, anders als Burkhardt dies vertritt, nicht *jeder* Rechtsirrtum im Vorfeld eines Straftatbestandes diese normbereichsbestimmende Wirkung besitzt. Es gibt auf normativem Gebiet liegende Irrtümer, die in ihrer Konsequenz vorsatz- und somit auch versuchsbegründende Wirkung haben können. Die kategorische Unterscheidung in error iuris und error facti verliert daher ihre Tragfähigkeit.

Die Antwort auf Burkhardts einleitend wiedergegebene Frage kann infolgedessen nur lauten: Die pauschale Behauptung, ein Rechtsirrtum könne nicht vorsatz- und strafbegründend wirken, läßt sich nicht aufrechterhalten, weil es

Rechtsirrtümer im Vorfeld des Straftatbestandes gibt, die nicht zu einer Überdehnung des Normbereiches führen und deshalb eine vorsatzbegründende Wirkung entfalten können.

IV. Das modifizierte Umkehrprinzip nach Jakobs

1. Die Konzeption

Jakobs[35] nimmt bei seiner Argumentation die Bestimmung des Vorsatzgegenstandes zum Ausgangspunkt und gelangt dabei für die Abgrenzung von untauglichem Versuch und Wahndelikt zu den gleichen Ergebnissen wie Burkhardt, d.h. jeder Rechtsirrtum führe zu einem Wahndelikt. In der Begründung greift er allerdings auf ein Argument zurück, das zuvor schon Dencker[36] in die Diskussion eingebracht hat: „Vorsatz bedeutet nach h.M.[37] Kenntnis der (‚natürlichen') Tatsachen, die dem Tatbestand zugehören, *und* gleichgerichtete soziale (‚Parallel'-)Wertung. Für den Versuch *nur* die ‚Parallel'-Wertung ausreichen zu lassen, würde im Ergebnis zu verschiedenen Vorsatzbegriffen für Versuch und Vollendung führen."[38] In diesem Sinne plädiert Jakobs[39] für eine Modifikation des Umkehrprinzips dahingehend, daß die beiden Elemente des Vorsatzes, Tatsachenkenntnis und Bedeutungskenntnis, nur zusammen „umgekehrt" werden können. Allerdings will Jakobs[40] für den Fall, daß der Täter bei gegebener Bedeutungskenntnis falsche Rückschlüsse auf die tatsächliche Basis der Parallelbeurteilung zieht, eine Einschränkung des Vorsatzgegenstandes machen. Dort soll die Fehlerhaftigkeit des Rückschlusses den Vorsatz und damit auch den Versuch nicht ausschließen.

2. Stellungnahme

Auch die Argumentation Jakobs kann nicht überzeugen. Wie bereits an anderer Stelle erläutert[41], erlaubt der Umkehrschluß — unabhängig davon, ob

---

[35] Jakobs, S. 595ff., 599f.

[36] Dencker, NStZ 1982, 458f. (459).

[37] Ob man hierbei wirklich von einer herrschenden Meinung sprechen kann, erscheint zumindest fraglich. Die Rechtsprechung bietet, wie sich dem 3. Kapitel entnehmen läßt, ein unheitliches Bild. Im Schrifttum lassen die reine Annahme der tatbestandsadäquaten Bedeutung u.a. genügen: LK-Schroeder, § 16 Rdnr. 45; Schaffstein, FS-OLG Celle (1961), S. 175ff. (188); Stöger, S. 28; Samson in: Kohlmann, Strafverfolgung, S. 99ff. (111f.); Schünemann, GA 1986, 293ff. (313 Fn. 96); zweifelnd etwa Bruns, GA 1979, 161ff. (187); Warda, Jura 1979, 71ff. (81 Fn. 59), der bezeichnenderweise darauf hinweist, daß „der Fall, daß der Täter trotz unvollständiger oder teilweise unrichtiger Wahrnehmung oder Beurteilung des Sachverhalts im Ergebnis zu dem der gesetzlichen Wertung entsprechenden richtigen Bedeutungsverständnis gelangt (...) bisher im Grundsätzlichen noch wenig geklärt (ist)."

[38] Ebenso Tischler, S. 269.

[39] Jakobs, S. 599f.; zustimmend Schumann, JZ 1987, 523ff. (526).

[40] Jakobs, S. 596; vergleiche auch S. 239f.

[41] 4. Kapitel, B. III 2. b) bb).

man das Wissenselement des Vorsatzes eingliedrig oder zweigliedrig interpretiert — zu keiner Zeit den zwingenden Rückschluß auf einen untauglichen Versuch oder auch nur auf den Vorsatz. Immer bleibt die Frage offen, ob auch ein entsprechender Täterwille besteht.

Was die von Jakobs verfochtene Einschränkung des Vorsatzgegenstandes bei gegebener Bedeutungskenntnis anbelangt, so bestehen in zweifacher Hinsicht Bedenken.

Zum einen ist eine reine, von jeglichen Tatsachen losgelöste Bedeutungskenntnis kaum denkbar. Angesichts des in den Dimensionen von Raum und Zeit verhafteten menschlichen Denkens dürfte sich wohl jeder Akt der Erkenntnisgewinnung auf Tatsachen zurückführen lassen[42]. Damit aber entfällt die Prämisse auf die Jakobs seine Konstruktion stützt.

Zum andern führt der partielle Verzicht auf die Tatsachenkenntnis bei ein und demselben Tatbestandsmerkmal, je nachdem wie die Bedeutungskenntnis erlangt wurde, zu einer nicht gerechtfertigten Variation der Vorsatzanforderungen. Nach § 16 und § 22 StGB ist der Gegenstand des Vorsatzes am Tatbestand auszurichten. Dieser Tatbestand ist aber immer der gleiche. Er verändert sich nicht deshalb, weil der Täter auf unterschiedlichen Wegen Bedeutungskenntnis erlangt. Folglich bleibt auch der Gegenstand des Vorsatzes immer der gleiche. Wenn man daher, wie Jakobs dies tut, die Tatsachenkenntnis als notwendige Bedingung des Vorsatzes anerkannt hat, muß man es auch ausnahmslos akzeptieren, daß ohne diese Tatsachenkenntnis kein Vorsatz besteht[43].

D. Strafrechtlicher Rechtsirrtum — außerstrafrechtlicher Rechtsirrtum

I. Normanwendungsabsolute Betrachtungsweise

Wie bereits an anderer Stelle[1] dargelegt, unterschied das Reichsgericht in seiner Irrtumslehre zwischen den vorsatzausschließenden Fehlvorstellungen des Tatsachenirrtums und des außerstrafrechtlichen Rechtsirrtums auf der einen Seite und dem den Vorsatz unberührt lassenden strafrechtlichen Rechtsirrtum auf der anderen Seite. Dabei wird das Reichsgericht ganz überwiegend, trotz zahlreicher Unstimmigkeiten[2], „normanwendungsabsolut"[3] verstanden, d.h. es ging von einer formalen Betrachtungsweise aus und unterschied, ohne die

[42] Zweifelnd auch Maurach/Gössel/Zipf, Strafrecht Allgemeiner Teil, Teilband 2, S. 48.

[43] Oder mit anderen Worten ausgedrückt: Das Fehlen der Tatsachenkenntnis ist hinreichende Bedingung für das Fehlen des Vorsatzes.

[1] Vergleiche 3. Kapitel, A. II. 2.

[2] Vergleiche dazu den Überblick bei Kohlrausch, S. 118ff. sowie Kahn, S. 33ff.

[3] Kuhlen, S. 162ff.

konkrete Art der Normanwendung zu beachten, danach, ob die Fehlvorstellung eine Strafbestimmung betraf oder eine nichtstrafrechtliche Norm.

Für die vorliegende Untersuchung besteht keine Notwendigkeit zu einer grundlegenden Auseinandersetzung mit dieser Auffassung[4]. Festgehalten zu werden verdient allerdings die Tatsache, daß die formale Unterscheidung zwischen strafrechtlichem und außerstrafrechtlichem Irrtum kein allgemein gültiges Prinzip für die Problematik der Überdehnung des Normbereiches gewährleisten kann. Zwar stellt jeder Fall des umgekehrten Subsumtionsirrtums, d.h. der rechtsirrtümlichen Überdehnung des Straftatbestandes, definitionsgemäß einen strafrechtlichen Irrtum dar. An diese Feststellung knüpft sich aber die weitere Frage, ob wirklich jeder strafrechtliche Irrtum normbereichsrelevant ist und ob es nicht rechtliche Fehlvorstellungen außerhalb des Strafrechts gibt, die zu einer Überdehnung des Normbereichs und damit zu einem strafrechtlichen Irrtum führen. Insoweit ergeben sich insbesondere bei einem Vergleich zwischen zwar strafrechtlichen, aber lediglich im Vorfeld des maßgeblichen Tatbestandes liegenden Rechtsirrtümern und außerstrafrechtlichen, ebenfalls im Vorfeld des Tatbestandes liegenden Rechtsirrtümern erhebliche Wertungswidersprüche. Warum etwa soll die Überdehnung einer das Tatbestandsmerkmal „rechtswidrige Tat“ (§§ 257ff. StGB) ausfüllenden Strafbestimmung zu einer Normbereichsüberdehnung und damit auch zu einem umgekehrten Subsumtionsirrtum führen, während es sich bei der Überdehnung von Kompetenzzuweisungsnormen, die in gleicher Funktion bestimmen, welche Stelle für die Eidesabnahme „zuständig“ ist, um einen untauglichen Versuch handeln soll? Insoweit wird deutlich, daß sich die Trennungslinie zwischen normbereichsrelevanter und normbereichsirrelevanter Fehlvorstellung nicht formal entlang der Unterscheidung von strafrechtlichem und außerstrafrechtlichem Irrtum ziehen läßt, sondern nach anderen Kriterien zu bestimmen ist.

II. Die normanwendungsrelative Betrachtungsweise: Rechtsirrtum im Vorfeld des Straftatbestandes — Rechtsirrtum über die Reichweite des Straftatbestandes

1. Die Konzeption

Blei[5] machte im Jahr 1973 am Ende einer Bestandsaufnahme über das „Wahnverbrechen“[6] den Vorschlag, die Fälle des Rechtsirrtums im Vorfeld des Straftatbestandes einheitlich als Versuch zu behandeln. Insoweit liege kein

[4] Vergleiche dazu etwa Kohlrausch, Irrtum und Schuldbegriff im Strafrecht; Kahn, Der außerstrafrechtliche Rechtsirrtum; Binding, Normen III, S. 327ff.; neuerdings etwa Kuhlen, S. 158ff.

[5] Blei, JA 1973, 601ff. (604); zustimmend Herdegen in: Krüger-Nieland, 25 Jahre Bundesgerichtshof, S. 195ff. (206).

[6] Blei, JA 1973, 237ff., 321ff., 389ff., 459ff., 529ff., 601ff.

„Wahnverbrechen kraft Auslegungsexzesses“[7] vor, denn der Täter glaube, „das für sich gesehen richtig verstandene Tatbestandsmerkmal zu verwirklichen“[8].

Eine ausführlichere dogmatische Begründung dieser Konzeption wurde sieben Jahre später von Herzberg[9] nachgereicht. Herzberg bezeichnet Tatbestandsmerkmale wie die „Fremdheit“ in §§ 242, 246 StGB[10], die „rechtswidrige Tat“ in §§ 258, 258a StGB[11], die „Rechtswidrigkeit der erstrebten Zueignung oder Bereicherung“ in §§ 242, 246, 253, 263 StGB[12], die „Beugung des Rechts“ in § 336 StGB[13] und die „Zuständigkeit“ in §§ 154, 156 StGB[14] als „Verweisungsbegriffe“[15]. Außerdem gibt es nach Herzberg sog. „Verweisungselemente“[16]. Als ein solches „schwer aufspürbares Teilelement“[17] eines Tatbestandsmerkmales komme etwa die „Überschreitung des Vernehmungsgegenstandes“ im Tatbestandsmerkmal „falsch schwört“ in § 154 StGB[18] und „das Untermerkmal der ‚Eignung, für ein Rechtsverhältnis Beweis zu erbringen‘“[19] im Rahmen des Urkundenbegriffes in Betracht.

Mit diesen Tatbestandsmerkmalen binde der Strafgesetzgeber die Anwendung der betroffenen Straftatbestände einerseits in gewissem Umfang an „außertatbestandliches“ Recht[20], andererseits treffe er damit eine „Grundentscheidung strafrechtlichen Normverständnisses“[21]. So sei bei § 154 StGB erforderlich, daß die Falschbekundung innerhalb des Vernehmungsgegenstandes liege[22], bei § 258 StGB, daß es sich bei den „rechtswidrigen Taten“ um Straftaten handele[23], bei § 154 StGB, daß die vereidigende Stelle „zuständig“ sei[24]. Zugleich eröffnen diese Merkmale nach Herzberg einen „Verweisungsbereich (Vorfeld)“[25]. So verweise das Tatbestandsmerkmal „fremd“ „auf das

---

[7] Blei, JA 1973, 601 ff. (602).
[8] Blei, JA 1973, 601 ff. (604).
[9] Herzberg, JuS 1980, 469 ff. (472 ff.).
[10] Herzberg, JuS 1980, 469 ff. (473).
[11] Herzberg, JuS 1980, 469 ff. (473).
[12] Herzberg, JuS 1980, 469 ff. (474).
[13] Herzberg, JuS 1980, 469 ff. (473).
[14] Herzberg, JuS 1980, 469 ff. (474 ff.).
[15] Herzberg, JuS 1980, 469 ff. (473).
[16] Herzberg, JuS 1980, 469 ff. (476).
[17] Herzberg, JuS 1980, 469 ff. (473).
[18] Herzberg, JuS 1980, 469 ff. (476 ff.).
[19] Herzberg, JuS 1980, 469 ff. (473).
[20] Herzberg, JuS 1980, 469 ff. (472).
[21] Herzberg, JuS 1980, 469 ff. (476 f., auch 473, 475).
[22] Herzberg, JuS 1980, 469 ff. (477 f.).
[23] Herzberg, JuS 1980, 469 ff. (473).
[24] Herzberg, JuS 1980, 469 ff. (475).
[25] Herzberg, JuS 1980, 469 ff. (477).

bürgerliche Recht“[26], das Merkmal „zuständig“ auf „verfahrensrechtliche Regeln“[27] und das Untermerkmal „Überschreitung des Vernehmungsgegenstandes“ beim Offenbarungseid auf „außerhalb des Tatbestandes stehende Rechtssätze, die den Umfang der Pflicht zur wahrheitsgemäßen Offenbarung regeln“[28].

Tangiert ein Irrtum die Grundentscheidung, liegt nach Herzberg ein Wahndelikt vor[29]. Insoweit sei das Anwendungsfeld des Straftatbestandes von außen nicht veränderbar. Eine die Grundentscheidung betreffende rechtsirrige Überdehnung führe daher zu einem umgekehrten Subsumtionsirrtum. Gehe dagegen die Rechtsbeurteilung im Verweisungsbereich fehl, so sei ein untauglicher Versuch anzunehmen. Dieser Verweisungsbereich ist nach Herzberg vom Gesetzgeber bis zur Grenze der Grundentscheidung für Verschiebungen des Anwendungsbereiches „freigegeben“[30]. Als Beleg dafür zieht Herzberg[31] vergleichend den Rechtsirrtum des Angeklagten im Fall des OLG Stuttgart[32] heran: „Daß die Unfallflucht nach bloßer Selbstschädigung dem § 142 oder das Herstellen einer schriftlichen Lüge dem § 267 unterfällt, kann nicht durch eine Rechtsentwicklung an anderer Stelle bewirkt werden. Dazu bedarf es der tatbestandsimmanenten Veränderung; es müßte das Rechtsgut neu bestimmt und die Gesetzesfassung dem angepaßt oder ein tatbestandlicher Begriff neu verstanden werden. Wenn der Täter seine Tat für ein Delikt hält, so steht seine Rechtsansicht im Gegensatz zur geltenden Fassung des Gesetzes oder maßgeblichen Interpretation seiner Begriffe. Der Autoverkäufer dagegen gerät nicht in seinen Widerspruch. Sein Rechtsverständnis verbleibt im Rahmen möglicher Verschiebungen des Anwendungsbereiches, die der Gesetzgeber ‚freigegeben‘ hat. Das zeigt sich sofort, wenn man sich anstelle der bloßen Tätermeinung die wirkliche Änderung des Zivilrechts denkt. So wenig diese die Fassung und Auslegung des § 246 ‚überdehnen‘ würde, so wenig tut es die Rechtsansicht des Täters, der das rechtliche Vorfeld gleichsam auf eigene Faust verändert. Der Unterschied besteht nur in der objektiven Gültigkeit der Veränderung.“

2. Stellungnahme

Herzberg belegt zwar mit einer Reihe von Fallbeispielen, daß sich seine Konzeption in den meisten Fällen mit den Ergebnissen der Rechtsprechung vereinbaren läßt und dieser so eine dogmatische Grundlage verleiht[33]. Auch

[26] Herzberg, JuS 1980, 469ff. (472).

[27] Herzberg, JuS 1980, 469ff. (475).

[28] Herzberg, JuS 1980, 469ff. (477).

[29] Herzberg, JuS 1980, 469ff. (473, 477f.).

[30] Herzberg, JuS 1980, 469ff. (472).

[31] Herzberg, JuS 1980, 469ff. (472f.).

[32] OLG Stuttgart, NJW 1962, 65f.; vergleiche dazu oben 3. Kapitel, C. I. 3. a).

[33] In diesem Sinne Herzberg, JuS 1980, 469ff. (473).

schlagen trotz der engen Verwandtschaft mit der reichsgerichtlichen Unterscheidung zwischen strafrechtlichem und außerstrafrechtlichem Rechtsirrtum[34] die gegen diese Lehre erhobenen Einwände[35] nicht durch, denn Herzberg zieht die Trennungslinie zwischen untauglichem Versuch und Wahndelikt gerade nicht entlang der formalen (normanwendungsabsoluten) Unterscheidung von Strafrecht und außerstrafrechtlichem Recht.

Trotzdem hat die Unterscheidung zwischen dem Rechtsirrtum im Vorfeld des Straftatbestandes und dem Rechtsirrtum über die Reichweite des Straftatbestandes zu Kritik herausgefordert. Herzberg macht damit die Abgrenzung von Zufällen abhängig, die die erheblichen damit zusammenhängenden Konsequenzen — strafbarer Versuch oder strafloses Wahndelikt — wertungsmäßig nicht rechtfertigen können. Roxin[36] hat zutreffend darauf hingewiesen, daß es allein eine Frage der Gesetzestechnik ist, ob auf außerstrafrechtliche Regeln verwiesen wird oder ob man alle Voraussetzungen der Strafbarkeit in die Strafbestimmung selbst aufnimmt.

Mit diesem Einwand hängt eng das auf Kohlrausch[37] zurückgehende und von Burkhardt so genannte „Argument der prinzipiellen Substituierbarkeit“[38] zusammen. Danach soll es möglich sein, die Tatbestandsmerkmale, die Herzberg als Verweisungsbegriffe kennzeichnet, derart zu ersetzen, daß ohne Veränderung des strafrechtlichen Schutzbereiches das außerstrafrechtliche Recht zu einem innerstrafrechtlichen wird. So könnte etwa an die Stelle des Merkmals „dem Jagdrecht unterliegend“ in § 292 StGB ohne weiteres eine Aufzählung der in § 2 JagdG genannten Tierarten treten[39], der Ausdruck „rechtswidrige Tat“ in §§ 258ff. StGB ließe sich durch eine Aneinanderreihung der einzelnen Straftatbestände ersetzen[40] und statt des Merkmals „zuständige Stelle“ könnten diese Stellen im Straftatbestand aufgelistet werden[41]. Diese Argumentation jedoch ist nur insoweit zutreffend, als auch sie die Möglichkeit einer Integration des Verweisungsbereiches in den Straftatbestand erkennt[42]. Nicht nur eine Frage der „Darstellungsart“[43] ist es aber, wenn die Tatbestandsmerkmale „dem Jagdrecht unterliegend“ und „zuständige Stelle“ durch die betroffenen Tierarten und Institutionen *ersetzt* werden. Dies führt strenggenommen zu einer inhaltlichen Veränderung der jeweiligen Straftatbestände.

---

[34] Dazu Burkhardt, JZ 1981, 681ff. (687).

[35] Vergleiche oben C. I.

[36] Roxin, ESJ, S. 172; ebenso Reiß, wistra 1986, 193ff. (197).

[37] Kohlrausch, S. 179f.

[38] Burkhardt, JZ 1981, 681ff. (687); ebenso S/S-Eser, 21. Auflage 1982, § 22 Rdnr. 87.

[39] Burkhardt, JZ 1981, 681ff. (687).

[40] Burkhardt, JZ 1981, 681ff. (687).

[41] Burkhardt, JZ 1981, 681ff. (687); S/S-Eser, 21. Auflage 1982, § 22 Rdnr. 87.

[42] Selbst dies lehnt Kuhlen, S. 369ff., ab; vergleiche dazu III.

[43] Kohlrausch, S. 180.

Die genannten Tatbestandsmerkmale sind nämlich nicht nur reine „Aufzählungsbegriffe", die als bloße Abkürzung eine rein terminologische Funktion haben und als solche nichts beschreiben[44]. Das Merkmal „dem Jagdrecht unterliegend" nimmt nicht nur Bezug auf die in § 2 JagdG genannten Tierarten, sondern auch auf den dort aufgestellten Rechtssatz, daß diese Tiere dem Jagdrecht unterliegen. Ebenso ist das Merkmal „zuständige Stelle" nicht nur die schlagwortartige Zusammenfassung der in Betracht kommenden Stellen, sondern gleichzeitig auch die Zusammenfassung der Rechtssätze, die die Zuständigkeit begründen. Demgemäß lassen sich die entsprechenden Merkmale strenggenommen auch nicht durch eine Auflistung ihrer Bezugsobjekte *ersetzen,* sondern nur *ergänzen.* Anders ausgedrückt: Der Verweisungsbereich läßt sich in den Straftatbestand integrieren. Damit reduziert sich aber die Kritik auf den bereits wiedergegebenen Einwand Roxins. Zumindest in der Gestalt von ungeschriebenen Tatbestandsmerkmalen bleiben die ursprünglichen Merkmale weiterhin relevant[45], wenn ihre „Substituierung" nicht zu einer inhaltlichen Veränderung führen soll. Sie drücken das aus, was Herzberg als „Grundentscheidung" bezeichnet. In diesem Sinne muß die durch sie umschriebene Bedeutung der Tatumstände auch weiterhin vom Vorsatz umfaßt werden.

Anders dagegen verhält es sich wohl mit dem Tatbestandsmerkmal „rechtswidrige Tat". Insoweit handelt es sich lediglich um einen „Aufzählungsbegriff" ohne weiteren Aussagewert, der durch eine Auflistung der möglichen Straftatbestände *ersetzt* werden könnte.

Ein weiterer Einwand der Literatur wendet sich gegen die „bedenkliche Ausweitung der Strafbarkeit", die die Konzeption Herzbergs zur Folge habe[46]. Dieses Argument kann indessen die gefundene Abgrenzung als solche nicht in Frage stellen, wenn sich mit Hilfe der Unterscheidung zwischen dem Rechtsirrtum im Vorfeld des Straftatbestandes und dem Rechtsirrtum über die Reichweite des Straftatbestandes tatsächlich die korrekte Reichweite des Normbereichs ermitteln läßt. Daran bestehen allerdings in der Tat erhebliche Zweifel[47].

Der Fehler Herzbergs liegt in der Annahme, daß der gesamte Verweisungsbereich deshalb ohne normbereichsbestimmende Bedeutung sei, weil der Gesetzgeber ihn „freigegeben" habe. Die hierbei relevanten Einwände seien an dieser Stelle nur an einem Bespiel veranschaulicht und werden im Rahmen des eigenen

---

[44] Dazu Kunert, S. 107ff.; Peter Backes, S. 115ff.

[45] Analog dazu hat der BGH (JZ 1953, 117ff.) das Tatbestandsmerkmal „Gericht" in § 154 StGB um die Dimension der Zuständigkeit ergänzt.

[46] Burkhardt, JZ 1981, 681ff. (687f.).

[47] Auch Eser (S/S-Eser, 21. Auflage 1982, § 22 Rdnrn. 85f.) weist darauf hin, daß ein Irrtum im Verweisungsbereich „mittelbar zu einer Ausdehnung des Bereichs der anzuwendenden Strafrechtsnorm führen (kann)". Das von ihm dafür angeführte Beispiel der Verkennung der bürgerlich-rechtlichen Übereignungsvorschriften ist allerdings, wie noch gezeigt werden wird (unten 6. Kapitel, D. IV.), kein Beleg für diese These.

Lösungsvorschlages[48] ausführlicher dargestellt. Das Tatbestandsmerkmal der „rechtswidrigen Tat“ in den §§ 257ff. StGB verweist auf andere Straftatbestände. § 11 I Nr. 5 StGB bestimmt dazu ausdrücklich, daß rechtswidrige Taten nur solche sind, die den Tatbestand eines Strafgesetzes verwirklichen. Diese Norm ist ihrerseits Ausfluß des Verfassungsgrundsatzes „nullum crimen sine lege“ (Art. 103 II GG, § 1 StGB). Nur eine Handlung, die tatsächlich dem Tatbestand eines Strafgesetzes unterfällt, ist daher geeignet, das Tatbestandsmerkmal „rechtswidrige Tat“ auszufüllen. Verweisungsadressat ist einzig der Gesetzgeber. Der Hypothese, der Verweisungsbereich sei „freigegeben“, wird also ausdrücklich durch das Gesetz eine Absage erteilt.

III. Die Unterscheidung zwischen strafrechtlichem und außerstrafrechtlichem Rechtsirrtum nach dem Kriterium der Zeitstruktur

1. Die Konzeption

Lothar Kuhlen widmet sich in seiner Habilitionsschrift[49] schwerpunktmäßig dem einfachen Irrtum. Dort[50] plädiert er für eine Abkehr von der herkömmlichen, wie er es nennt, „vertikalen“ Ausrichtung der Unterscheidung zwischen Tatbestandsirrtum und Verbotsirrtum an der Straftatsystematik, die lautet: Tatbestandsirrtum = vorsatzausschließender Irrtum, Irrtum über die Rechtswidrigkeit = Verbotsirrtum. Als Beleg für die Unbrauchbarkeit dieser Differenzierung führt er vor allem die rechtliche Behandlung des sog. Erlaubnistatbestandsirrtums an, der, obwohl eigentlich ein Irrtum über die Rechtswidrigkeit, doch zumindest wie ein Tatbestandsirrtum behandelt wird. Kuhlen will an die Stelle dieser Unterscheidung die rechtsfolgenrelevante, „horizontale“ Dichotomie von vorsatzausschließendem und nichtvorsatzausschließendem Irrtum treten lassen[51]. Für die Durchführung der horizontalen Grenzziehung greift Kuhlen auf die reichsgerichtliche Unterscheidung zwischen Tatirrtum und

---

[48] Vergleiche dazu unten 6. Kapitel.

[49] Kuhlen, Die Unterscheidung von vorsatzausschließendem und nichtvorsatzausschließendem Irrtum.

[50] Vergleiche im einzelnen Kuhlen, S. 298ff.

[51] Im Rahmen der vorliegenden Arbeit ist leider kein Raum für nähere Ausführungen hierzu. Kuhlen (S. 331) selbst faßt seinen Standpunkt wie folgt zusammen: „§§ 16 und 17 erfordern die rechtsfolgenrelevante Unterscheidung zweier Arten von Irrtümern über die Tatbestandsmäßigkeit wie die Rechtswidrigkeit eines Verhaltens. Zur einen Art gehören die Irrtümer, die zum Ausschluß des Vorsatzes führen. Gemäß § 16 I ist das zum einen der Deliktstatbestandsirrtum, soweit er nicht Subsumtionsirrtum ist. Gem. § 16 analog ist es zum anderen der Erlaubnissachverhaltsirrtum. Beide Arten von Irrtümern führen dazu, daß es schon an einer rechtswidrigen Vorsatztat fehlt. Die verbleibenden Irtrtümer sind, soweit sie überhaupt relevant sind, d. h. zu fehlendem Unrechtsbewußtsein des Handelnden führen, gem. § 17 nach Maßgabe ihrer Vermeidbarkeit zu beurteilen.“

außerstrafrechtlichem Rechtsirrtum (vorsatzrelevant) einerseits, sowie dem strafrechtlichen Rechtsirrtum (vorsatzirrelevant) andererseits zurück[52].

Burkhardts „Argument der prinzipiellen Substituierbarkeit"[53] aufgreifend entwickelt Kuhlen[54] dabei für die Abgrenzung von außerstrafrechtlichem und strafrechtlichem Rechtsirrtum „das hochinteressante ‚Zeitstrukturkriterium'"[55]. Nach Kuhlen ist die Substituierbarkeitsthese nur haltbar, soweit die Verweisung durch die strafrechtliche Ausgangsnorm und die in Bezug genommene Norm die gleiche „Zeitstruktur" aufweisen. Dabei muß nach Kuhlen zwischen einer dynamischen und einer statischen Zeitstruktur unterschieden werden. Bei statischer Zeitstruktur verweise die Ausgangsnorm auf eine bestimmte Fassung einer Norm im Vorfeld des Straftatbestandes. Bei der dynamischen Normierung dagegen stelle der Strafgesetzgeber „nicht auf die zum Normsetzungszeitpunkt existierenden, sondern auf die rechtlichen Regeln und sonstigen Beurteilungsmaßstäbe ab, die jeweils zu dem Zeitpunkt bestehen, in dem eine zu beurteilende Handlung vorgenommen wird"[56]. Dynamische Normierungen wiesen daher eine Variable in Gestalt eines „zeitlichen Indexes" auf.

Die Substituierbarkeitsthese treffe demgemäß nur für statische Normierungen voll zu[57]. Ausgangsnorm und Konkretisierung haben hier nach Kuhlen die gleiche, statische Zeitstruktur, so daß zwischen „einem in der Ausgangsnorm enthaltenen Begriff und seiner (partiellen) Konkretisierung durch andere Begriffe (...) kein wesentlicher Unterschied (besteht)"[58]. Da der Irrtum über eine Handlungsbeschreibung mit Begriffen der Ausgangsnorm strafrechtlich sei, seien demzufolge bei statischen Normen auch alle Rechtsirrtümer strafrechtlich.

Bei einer dynamischen Verweisung hingegen funktioniere die Substituierung nur, wenn die Bezugsnorm ihrerseits eine dynamische Zeitstruktur aufweise. So könne man „den dynamisch verstandenen Begriff ‚fremd' nicht durch die Aufzählung der im Normierungs- oder irgendeinem anderen Zeitpunkt geltenden bürgerlich-rechtlichen Regeln angemessen ersetzen"[59]. Jeder Enumerationsversuch müsse die „durch die zeitliche Indexikalität dynamischer Formulierungen bedingte Unabgeschlossenheit derart formulierter Normen in der Zeitdimension verfehlen"[60]. Nur wenn der Begriff der Ausgangsnorm seinerseits

---

52 Zur Begründung detailliert Kuhlen, S. 333ff.

53 Dazu oben II. 2.

54 Kuhlen, S. 369ff.

55 Schünemann, GA 1986, 293ff. (315), der Kuhlens Arbeit als die „Krönung der ‚Rückkehr zum Reichsgericht'" ansieht.

56 Kuhlen, S. 369.

57 Kuhlen, S. 371.

58 Kuhlen, S. 371.

59 Kuhlen, S. 370.

60 Kuhlen, S. 370.

dynamisch konkretisiert werde, könne er ersetzt werden, ohne daß sich ein wesentlicher Unterschied ergäbe. Ein Irrtum über eine Beschreibung der Handlung mit einem Begriff, der den Begriff der Ausgangsnorm seinerseits dynamisch konkretisiere, ist daher nach Kuhlen[61] ebenfalls strafrechtlich. Anders sei es dagegen bei statischen Konkretisierungen. „Da diese Ersetzung dynamischer Begriffe durch statische Konkretisierungsprämissen nicht möglich ist (obwohl sie völlig angemessene Konkretisierungen des Normbegriffs darstellen!), ist ein Irrtum über eine Handlungsbeschreibung mit Begriffen der statischen Normkonkretisierung außerstrafrechtlich."[62]

Im folgenden stellt Kuhlen fest, daß sich praktisch alle in der Diskussion stehenden „Verweisungsbegriffe, wie „fremd", „zur Abnahme von Eiden zuständig" oder „dem Jagdrecht unterliegend" angemessen nur dynamisch deuten lassen, mit der Folge, daß ein diesbezüglicher Irrtum außerstrafrechtlich ist[63].

Was den umgekehrten Irrtum anbelangt, befaßt sich Kuhlen[64] nur kurz mit der in wistra 1982, 196ff. veröffentlichten Steuerhinterziehungsentscheidung des Kammergerichts[65] und der Entscheidung des Bayerischen Obersten Landesgerichts zum möglichen Versuch einer Strafvereitelung[66]. Er gelangt unter[67] Anwendung des Zeitstrukturkriteriums in beiden Fällen zu einem Wahndelikt. Dabei ist nach seiner Auffassung zwar in beiden Fällen der Vorsatz des Täters zu bejahen. Ein strafbarer Versuch setze aber neben dem Vorsatz und den sonstigen Strafbarkeitsvoraussetzungen des Versuchs voraus, „daß der Versuch aus tatsächlichen, nicht nur aus rechtlichen Gründen untauglich ist"[68]. Anderenfalls lasse sich der Gesetzesverstoß nicht ohne Änderung rechtlicher Annahmen konstruieren mit der Konsequenz, daß der außerstrafrechtlich untaugliche Versuch nur eine hypothetische, nicht aber eine wirkliche Rechtsordnung gefährde[69]. Davon geht Kuhlen in beiden Fällen aus.

2. *Stellungnahme*

Kuhlens Versuch, der reichsgerichtlichen Unterscheidung zwischen strafrechtlichem und außerstrafrechtlichem Irrtum mit Hilfe des Zeitstrukturkriteriums eine konsensfähige dogmatische Grundlage zu verschaffen, ist kein Erfolg

---

[61] Kuhlen, S. 372f.

[62] Kuhlen, S. 373.

[63] Kuhlen, S. 382.

[64] Kuhlen, S. 558ff.

[65] Vergleiche dazu oben 3. Kapitel, C. I. 5.

[66] BayObLG, JZ 1981, 715f.; vergleiche dazu oben C. I. 4.

[67] Eigentlich müßte es heißen „trotz".

[68] Kuhlen, S. 566.

[69] Kuhlen, S. 565.

beschieden. Sowohl der dem Zeitstrukturkriterium im allgemeinen zugesprochenen Bedeutung als auch seiner Handhabung beim umgekehrten Irrtum im besonderen sind gewichtige Einwände entgegenzuhalten.

Kuhlen[70] geht nach eigenem Bekunden davon aus, daß Verweisungsbegriffe wie „jagdbar“ und „zuständig“ keine bloßen „Aufzählungsbegriffe“ sind[71]. Gleichzeitig stellt er (zutreffend[72]) fest, daß mit dieser Auffassung die „Zurückweisung der Substituierbarkeitsthese (...) notwendig verbunden (ist)“[73]. Damit aber wird das Zeitstrukturkriterium überflüssig, denn die Ausschlußfunktion, die dem Argument von der fehlenden reinen Aufzählungsfunktion der Verweisungsbegriffe gegenüber der „Substituierbarkeitsthese“ zukommt, reicht weiter, als dies nach dem Zeitstrukturkriterium der Fall ist. Während sich die Substituierbarkeit bei letzterem lediglich auf die Fälle gleicher Zeitstruktur beschränkt, scheidet sie bei ersterem gänzlich aus, also insbesondere auch im Fall der „statischen Normierung“.

Im übrigen überschätzt Kuhlen die Bedeutung des Substituierbarkeitsarguments. Nur wenn sich die Beziehung zwischen dem Verweisungsbegriff und seiner konkretisierenden Vorfeldnorm als Aliud-Verhältnis darstellen würde, wäre die Einstufung eines entsprechenden rechtlichen Vorfeldirrtums als außerstrafrechtlicher Irrtum gerechtfertigt. Dagegen läßt sich aber zum einen ganz abstrakt einwenden, daß ein aliud gerade nicht in der Lage ist, ein Bezugsobjekt zu konkretisieren. Zum anderen ist konkret festzustellen, daß sich Verweisungsbegriff und Vorfeldnorm extensional betrachtet — und nur darauf kam es Burkhardt mit seinem Argument an — höchstens in einem Verhältnis des Mehr oder Weniger gegenüberstehen können. Damit aber bleibt die (straf-)normbereichsrelevante Bedeutung der Vorfeldnorm erhalten. So wird auch Kuhlen nicht leugnen können, daß es bei einer statischen Normierung keinen sachlichen Unterschied machen kann, ob die jagdbaren Tierarten in einer oder in zwei Bestimmungen geregelt sind. Gleichwohl ist im ersten Fall die Substituierung — die Frage der Aufzählungsbegriffe außer Betracht gelassen — mit Hilfe dieser einzigen Norm möglich, während im zweiten eine Einzelnorm den gesamten Bereich des Veweisungsbegriffes nicht abzudecken vermag. Nicht anders stellt sich die Sachlage aber *extensional betrachtet* im Verhältnis zwischen dynamischer Normierung des Verweisungsbegriffes und statischer Vorfeldnorm dar. Dort bildet die aktuelle Regelung der Vorfeldnorm lediglich eine Teilmenge aller aufgrund des Verweisungsbegriffes denkbaren Regelungen. Die Besonderheit der dynamischen Verweisung besteht nur darin, daß die möglichen

---

[70] Kuhlen, S. 386f. Fn. 77.

[71] Vergleiche dazu oben D. II. 2. Die Differenzierung zwischen Aufzählungsbegriffen und sonstigen Verweisungsbegriffen wurde nicht, wie bei Kuhlen angegeben (S. 386), von Peter Backes „entwickelt“, sondern geht auf Kunert (S. 110ff.) zurück, dessen Gedanken von Backes (S. 115ff.) teilweise sogar wortgleich wiederholt werden.

[72] Vergleiche oben D. II. 2.

[73] Kuhlen, S. 386.

Bezugsregeln nicht abschließend festgelegt sind. Sicher ist aber, daß die aktuell gültige Vorfeldnorm eine der denkbaren, den Verweisungsbegriff (mit-)konkretisierenden Bestimmungen repräsentiert und somit in den strafrechtlichen Normbereich fällt, auch wenn eine Substituierung nicht möglich ist. Demgemäß ist ein entsprechender Rechtsirrtum über die Vorfeldnorm ein strafrechtlicher Irrtum. Die sich daran anschließende eigentlich interessante Frage ist jedoch, ob dieser Irrtum angesichts der Tatsache, daß der Verweisungsbegriff für andere Regelungen offen ist, überhaupt zu einer Normbereichsüberdehnung führen kann. Insoweit könnte es Kuhlen mit der „Entdeckung" der dynamischen Verweisungen gelungen sein, Herzbergs apodiktischer Behauptung, der Gesetzgeber habe den Normbereich jenseits der Grundentscheidung freigegeben, eine dogmatische Grundlage zu verschaffen[74].

Speziell mit seiner Behandlung des untauglichen Versuches setzt sich Kuhlen in Widerspruch zum gesetzlich angelegten Regel-Ausnahmeprinzip, wenn er in den Fällen des rechtlichen Vorfeldirrtums zwar ausnahmslos einen vom Vorsatz getragenen Versuch annimmt, dessen Strafbarkeit aber ebenso regelmäßig verneint. Nach dem Gesetz (§§ 22, 23 StGB) ist dagegen mit der Verwirklichung des Versuchstatbestandes grundsätzlich von der Strafbarkeit des Täterverhaltens auszugehen und nur ausnahmsweise bei grobem Unverstand von Strafe abzusehen (§ 23 III StGB).

Schließlich vermag auch die Begründung nicht zu überzeugen, mit der Kuhlen die Strafbarkeit des rechtlich untauglichen Versuches verneint. Kuhlen stützt sich dafür, wie erwähnt, auf die Annahme, daß der Täter eines derartigen Versuches nicht eine wirkliche, sondern nur eine hypothetische Rechtsordnung gefährde. Gleichzeitig bejaht Kuhlen jedoch den Tätervorsatz. Das bedeutet aber nach §§ 22, 16 StGB, daß der Täter sämtliche Umstände kennt (und will), die zum gesetzlichen Tatbestand gehören und diesen verwirklichen. Mit anderen Worten: Vorsätzlich handelt nur, wer sich gegen die reale Rechtsordnung wendet und deren Rechtsgüter gefährdet. Zwischen der Annahme, der Täter wende sich nur gegen eine hypothetische Rechtsordnung und der Bejahung des Vorsatzes besteht daher ein unauflösbarer Widerspruch. Auch dies belegt, daß Kuhlen eine angemessene Grenzziehung zwischen vorsatzrelevantem und vorsatzirrelevantem Irrtum nicht gelungen ist.

E. Irrtum über die tatsächlichen Voraussetzungen der Verbotsnorm — falsche rechtliche Schlußfolgerungen bei richtiger Tatsachenkenntnis

Vogler[1] geht in seiner Stellungnahme davon aus, daß der (nach Herzberg) versuchsbegründende „Rechtsirrtum im Vorfeld des Straftatbestandes" mittelbar zu einer Ausdehnung des Anwendungsbereiches der Norm und damit zu

[74] Vergleiche dazu unten 6. Kapitel, D.

[1] LK-Vogler, § 22 Rdnr. 148; dazu kritisch Schünemann, GA 1986, 293ff. (315f.).

einem Rechtsirrtum über die „Reichweite des Tatbestandes" führe. Gleichwohl soll diese Differenzierung nach seiner Auffassung nicht preisgegeben werden. Vielmehr sei im Einzelfall darauf abzustellen, „ob der Rechtsirrtum im Vorfeld des Straftatbestandes darauf beruht, daß der Täter *tatsächliche* Voraussetzungen, die die Verbotsnorm ausfüllen, rechtsirrig annimmt, oder ob der Täter bei richtiger Tatsachenkenntnis falsche sachliche Schlüsse zieht"[2].

Die von Vogler zur Veranschaulichung seiner These herangezogenen Beispiele machen deutlich, daß er mit seiner Unterscheidung letztlich nur auf den auch im Rahmen des Vorfeldirrtums für die Abgrenzung von untauglichem Versuch und Wahndelikt maßgeblichen Gesichtspunkt hinweist, nämlich die Frage, ob der Täter den Normbereich überdehnt oder sich ein tatbestandsmäßiges Geschehen vorstellt und damit vorsätzlich handelt. Einen weitergehenden Erkenntniswert im Hinblick darauf, wie dieses Problem zu lösen ist, vermitteln Voglers Ausführungen nicht. Bezeichnend dafür ist Voglers Stellungnahme[3] zur rechtsirrigen Annahme einer Steuerschuld: „Ob versuchte Steuerhinterziehung vorliegt, wenn der Täter rechtsirrig eine Steuerschuld annimmt und deshalb keine Angaben macht, hängt von den Umständen des Einzelfalles ab. Die Feststellung, das Bestehen einer Steuerschuld sei Tatumstand (...), läßt nicht die verallgemeinernde Schlußfolgerung zu, die rechtsirrige Annahme einer Steuerschuld führe zum Versuch (...). Der Glaube an das Bestehen eines fehlenden Steueranpruches kann ein Irrtum im Normbereich sein."

F. Irrtümer mit fehlendem Handlungsunwert — Irrtümer ohne fehlenden Handlungsunwert

I. Die Konzeption

In einem Aufsatz „Zur Abgrenzung von untauglichem Versuch und Wahndelikt am Beispiel der Steuerhinterziehung" stellt Reiß[1] den Handlungsunwert des untauglichen Versuches in den Mittelpunkt seiner Betrachtung. Versuch und damit auch untauglicher Versuch seien zwar dadurch gekennzeichnet, daß der Erfolgsunwert ausbleibe[2]. Der Täter müsse aber den Handlungsunwert verwirklichen. Dieser sei nicht bereits dann gegeben, wenn der Täter einen rechtsfeindlichen Willen betätige. Die Handlung des Täters müsse vielmehr zusätzlich geeignet sein, „das Vertrauen auf die Geltung der Rechtsordnung und das Gefühl der Rechtssicherheit bei der Allgemeinheit zu erschüttern"[3]. Beim untauglichen Versuch fehle zwar ein konkretes Rechtsgutsobjekt, da dieses nur in

[2] LK-Vogler, § 22 Rdnr. 148.

[3] LK-Vogler, § 22 Rdnr. 148.

[1] Reiß, wistra 1986, 193ff.

[2] Reiß, wistra 1986, 193ff. (198).

[3] Reiß, wistra 1986, 193ff. (194). Ohne sie ausdrücklich beim Namen zu nennen, bezieht sich Reiß hier auf die Eindruckstheorie.

der Vorstellung des Täters vorhanden sei. „Aus der Sicht des Täters liegt aber ein Angriff sowohl auf das geschützte Rechtsgutsobjekt als auch auf das Rechtsgut selbst vor. Dies macht den Handlungsunwert aus.“[4] Beim Wahndelikt dagegen fehle der Handlungsunwert. Es werde dadurch gekennzeichnet, „daß auch bei Zugrundelegung der Tätervorstellung ein Angriff auf das durch die Strafrechtsnorm geschützte Rechtsgutsobjekt fehlt“[5]. Der Handlungswert werde nur verwirklicht, wenn der subjektive Tatbestand, so wie ihn das vollendete Delikt voraussetze, gegeben sei. „Das entscheidende Abgrenzungskriterium kann daher nur sein, ob beim Täter trotz seines Irrtums der für das vollendete Delikt erforderliche Tatbestandsvorsatz gegeben ist“[6], d.h. der Vorsatz des Täters müsse „auf die Erreichung des Erfolgsunwertes der vollendeten Tat gerichtet sein“[7].

Ist daher zur Bejahung des Vorsatzes, wie etwa beim Tatbestandsmerkmal „zuständig“, die dem Gesetz entsprechende Parallelwertung in der Laiensphäre erforderlich, so kann nach Reiß diese Wertung „infolge eines Vorfeldirrtums oder aus sonstigen Gründen“ entfallen[8]. „Wer etwa irrtümlich glaubt, das Finanzamt sei eine zur Abnahme von Eiden zuständige Stelle und dennoch falsch schwört, wertet zugleich entgegen der gesetzlichen Entscheidung, daß das Finanzamt gerade keine zuständige Stelle im Sinne des § 154 StGB ist.“[9] Indem der Strafgesetzgeber nur den Meineid vor der nach den jeweiligen Verfahrensgesetzen zuständigen Stelle unter Strafe stelle, treffe er zugleich die Wertung, daß die Rechtspflege durch einen Eid vor der unzuständigen Stelle nicht oder nicht in gleichem Maße tangiert sei[10]. Zwar stehe auch bei einem auf „Faktenunkenntnis beruhenden Sachverhaltsirrtum“[11] die Erkenntnis des Täters im Widerspruch zur Wirklichkeit, seine Wertung stimme aber mit der gesetzlichen Wertung überein. „Läge der von ihm vorgestellte Sachverhalt tatsächlich vor, so erfüllte er den Tatbestand eines in der geltenden Rechtsordnung und nicht nur in der Einbildung des Täters bestehenden Steuergesetzes.“[12]

Entgegen der Annahme von Burkhardt verneint Reiß allerdings einen allgemeinen Grundsatz, wonach ein Rechtsirrtum immer nur zu einem Wahndelikt führen könne[13]. Vielmehr komme es darauf an, *„ob und wie das betreffende*

---

[4] Reiß, wistra 1986, 193ff. (194); vergleiche zum gleichen Problem grundlegend Sax, JZ 1976, 429ff. (431ff.).

[5] Reiß, wistra 1986, 193ff. (194).

[6] Reiß, wistra 1986, 193ff. (195).

[7] Reiß, wistra 1986, 193ff. (198).

[8] Reiß, wistra 1986, 193ff. (197).

[9] Reiß, wistra 1986, 193ff. (197f.).

[10] Reiß, wistra 1986, 193ff. (198).

[11] Reiß, wistra 1986, 193ff. (198). Gemeint ist damit wohl die irrtümliche Annahme von Tatsachen, die das Tatbestandsmerkmal ausfüllen.

[12] Reiß, wistra 1986, 193ff. (198).

[13] Reiß, wistra 1986, 193ff. (199).

normative Tatbestandsmerkmal durch Rechtsnormen auszufüllen ist"[14]. Entscheidend dafür ist nach Reiß, ob die sich durch den Rechtsirrtum ergebende Täterwertung im Widerspruch zu der gesetzlichen Wertung stehe, die dem normativen Tatbestandsmerkmal einschließlich seines Verweisungsbereiches beizumessen sei. So verweise das Tatbestandsmerkmal „fremd" im Sinne der §§ 242, 246 StGB auf die zivilrechtlichen Normen des Eigentums, dessen Inhalt sich nach § 903 BGB bestimme. „Vollzieht der Täter durch eine Parallelwertung in der Laiensphäre diese Wertung nach, hält er aber infolge eines Rechtsirrtums über die Erwerbstatbestände des Eigentums fälschlich einen anderen für den Eigentümer, so steht seine Wertung nicht im Widerspruch zur Bedeutung des Merkmales ‚fremd'."[15] Die gesetzliche Wertung der §§ 242, 246 StGB laute eben nur, daß die im Eigentum eines anderen stehende Sache nicht weggenommen oder unterschlagen werden dürfe.

II. Stellungnahme

Der Abgrenzungsvorschlag von Reiß führt zu einer, insbesondere auch von Lackner[16] geforderten, differenzierenden Lösung, die die Fälle des Rechtsirrtums im Vorfeld des Straftatbestandes weder einheitlich dem untauglichen Versuch noch geschlossen dem Wahndelikt zuschlägt. Dies ist uneingeschränkt zu begrüßen, hat sich doch im Rahmen der vorliegenden Untersuchung erwiesen, daß weder die Konzeption Herzbergs noch der Lösungsvorschlag Burkhardts mit Unterscheidungskriterien operiert, die eine in jeder Hinsicht befriedigende Bestimmung des Normbereiches erlauben.

Reiß gelangt demgegenüber in den von ihm behandelten Fallkonstellationen zu einleuchtenden Ergebnissen, beschränkt sich dabei allerdings auf eine stark am Einzelfall orientierte Betrachtungsweise. Er verzichtet darauf, allgemeingültige Kriterien dafür aufzustellen, wann ein Rechtsirrtum im Vorfeld des Straftatbestandes zu einem untauglichen Versuch und wann ein solcher Irrtum zu einem Wahndelikt führt. So stellt Reiß zwar zutreffend fest, daß das Tatbestandsmerkmal „zuständig" auf bestimmte Verfahrensvorschriften verweist und das Tatbestandsmerkmal „fremd" auf § 903 BGB Bezug nimmt, während die Eigentumsübertragungsvorschriften nicht angesprochen werden. Abstrahiert vom Einzelfall beschränkt er sich jedoch auf die mehr als Frage denn als Feststellung formulierte Formel, daß es darauf ankomme, ob und wie

---

[14] Reiß, wistra 1986, 193ff. (199); Hervorhebung vom Verfasser.

[15] Reiß, wistra 1986, 193ff. (199).

[16] Lackner, § 22 Anm. 2c. Lackner selbst hält eine Differenzierung für erwägenswert, nach der diejenigen Fälle als Wahndelikt auszuscheiden sind, in denen sich der Täter infolge irriger Überdehnung einer außerstrafrechtlichen, durch Verweisung in den Tatbestand integrierten Pflicht zu Unrecht für den Normadressaten hält. Entsprechende Pflichten sind nach Lackner etwa die Wahrheitspflicht bei den Aussagedelikten oder die Steuerpflichtigkeit bei den Steuerdelikten.

das betroffene Tatbestandsmerkmal auszufüllen sei. Ebenso vielsagend ist die Forderung, daß der tatsächliche Anwendungsbereich maßgebend sein muß[17], rechtfertigt doch Burkhardt genau mit diesem Postulat die vorsatzausschließende Wirkung jedes Rechtsirrtums. Und wenn Reiß ausführt, daß der Vorsatz „auf die Erreichung des vom Gesetz verpönten Erfolges gerichtet sein muß"[18], so kann ihm Herzberg entgegenhalten, daß gesetzlich „verpönt" eben lediglich ein Handeln entgegen der „Grundentscheidung"[19] ist.

Auf Bedenken stößt schließlich auch die Begründung, mit der Reiß den Unterschied zum auf „Faktenunkenntnis beruhenden Sachverhaltsirrtum" veranschaulichen will, wenn er argumentiert, daß der Täter bei diesem Irrtum, läge der von ihm vorgestellte Sachverhalt tatsächlich vor, den Tatbestand einer in der geltenden Rechtsordnung und nicht nur in der Tätereinbildung existierenden Vorfeldnorm[20] erfüllen würde. Gleiches läßt sich auch von der rechtsirrigen Annahme der Zuständigkeit des Finanzamts zur Eidesabnahme behaupten. Diese Zuständigkeit ist nämlich als Eigenschaft des Finanzamtes ein wesentliches Element des Sachverhalts. Unterstellt man also den vorgestellten Sachverhalt als richtig, so ist tatsächlich das Finanzamt zur Eidesabnahme zuständig. Damit aber ist denknotwendig verbunden, daß nicht nur in der Einbildung des Täters, sondern in der geltenden Rechtsordnung eine entsprechende Kompetenznorm enthalten ist.

Zusammenfassend läßt sich daher feststellen, daß die differenzierende Betrachtungsweise von Reiß für die Abgrenzung von untauglichem Versuch und Wahndelikt zwar den richtigen Weg weist, die von ihm dafür gegebenen Begründungen aber noch nicht befriedigen können.

G. Situative Täterungefährlichkeit — generelle Täterungefährlichkeit

I. Die Konzeption

Im Rahmen einer Besprechung des Leipziger Kommentars entwickelt Schünemann[1] — aufgrund der thematischen Vorgabe leider nur skizzenhaft — ein am Strafgrund des Versuchs ausgerichtetes Konzept zur Abgrenzung von untauglichem Versuch und Wahndelikt. Schünemann hebt dabei auf die mit der Eindruckstheorie thematisierte Erschütterung des Vertrauens der Allgemeinheit in die Geltung der Rechtsordnung ab und schlägt zu deren Konkretisierung und Entnormativierung folgende „semantische Anreicherung" vor: „Wie das unbe-

---

[17] Reiß, wistra 1986, 193ff. (197).

[18] Reiß, wistra 1986, 193ff. (198).

[19] Vergleiche oben D. II. 1.

[20] Konkret ging es Reiß um Steuergesetze.

[1] Schünemann, GA 1986, 293ff. (316f.).

strittene Paradebeispiel des straflosen Versuches — der abergläubische Versuch — verdeutlicht, wird das Sekuritätsgefühl der Allgemeinheit durch die auch in einem untauglichen Versuch zum Ausdruck kommende Mißachtung der strafrechtlich geschützten Werte durch den Täter *nur dann nicht* affiziert, wenn die kriminelle Energie des Täters nicht nur im konkreten Einzelfall von vornherein zum Scheitern verurteilt war, sondern wenn auch ihre *Wiederholung* unter anderen situativen Umständen als *von vornherein ungefährlich* qualifiziert werden kann, wenn mit anderen Worten die Handlungsdisposition des Täters nicht nur *aktuell* (in der gegebenen Situation), sondern *generell* (auch bei künftigen Konfrontationen) kein Bedrohungsgefühl auszulösen vermag."[2]

„Außerstrafrechtliche (auf das Vorfeld des Tatbestandes bezogene) Rechtsirrtümer"[3] können nach Schünemann einen derartigen generellen Bedrohungseffekt jedenfalls auslösen, wenn sie die Vorgeschichte der Tatsituation betreffen, da der Täter dann seine Mißachtung der Rechtsordnung in einer generell bedrohlichen und nur aus situativen Gründen untauglichen Weise manifestiert habe. Für die demonstrierte Mißachtung der Eigentumsordnung erscheine es gänzlich unerheblich, „ob der Täter die Verletzung fremden Eigentums wegen eines faktischen oder eines rechtlichen Irrtums bezüglich der früheren Sicherungsübereignung angenommen hat"[4].

Als denkbares weiteres Kriterium kommt für Schünemann[5] im Rahmen der „Unterscheidung von situativer und genereller Untauglichkeit beim Rechtsirrtum über Blankettstraftatbestände" die Differenzierung zwischen erst- und zweitstufigen Verweisungen in Betracht. So verweise § 246 StGB auf der ersten Stufe auf den zivilrechtlichen Eigentumsbegriff, der dann selbst in zweiter Stufe auf die Entstehungs- und Übertragungstatbestände weiterverweise.

II. Stellungnahme

Schünemanns Anregung, im Rahmen der Abgrenzung zwischen untauglichem Versuch und Wahndelikt auf direktem Wege, sozusagen uno actu, zum ausnahmslos *strafbaren* untauglichen Versuch vorzudringen, verdient Beachtung. Gelänge es, ein dogmatisch geschlossenes System zu erstellen, das diesem ehrgeizigen Anspruch gerecht wird, so wäre dies sicherlich die eleganteste und zugleich juristisch überzeugendste Antwort auf die Frage der Abgrenzung von untauglichem Versuch und Wahndelikt, geht es dabei doch letztlich darum, grundsätzlich strafbares Verhalten von straflosem Verhalten abzugrenzen. Auch der von Schünemann gewählte Ansatzpunkt des in der Eindruckstheorie

---

[2] Schünemann, GA 1986, 293ff. (316).

[3] Schünemann, GA 1986, 293ff. (316). Diese Formulierung Schünemanns ist insofern widersprüchlich, als es, wie der Fall des Tatbestandsmerkmals der „rechtswidrigen Tat" zeigt, auch *strafrechtliche* Rechtsirrtümer im Vorfeld eines Straftatbestandes gibt.

[4] Schünemann, GA 1986, 293ff. (317).

[5] Schünemann, GA 1986, 293ff. (317 Fn. 113).

formulierten Strafgrundes des Versuches erscheint angesichts der zu lösenden Aufgabe logisch konsequent[6]. Trotzdem bestehen erhebliche Zweifel daran, ob die Eindruckstheorie in Form der dargestellten „semantischen Anreicherung" das leisten kann, was sich Schünemann von ihr verspricht.

Wenn Schünemann einzig darauf abstellt, ob die kriminelle Energie des Täters nicht nur im konkreten Einzelfall („situativ"), sondern generell als ungefährlich qualifiziert werden könne, so birgt dies die Gefahr in sich, losgelöst von den konkreten Straftatbeständen eine Handlung deshalb als strafbaren Versuch zu qualifizieren, weil sie das Risiko aufzeigt, daß der Täter zukünftig tatsächlich eine tatbestandsmäßige Handlung begehen wird. Die Erwartungshaltung der Allgemeinheit gegenüber dem zukünftigen Täterverhalten wird zum Strafgrund des untauglichen Versuches erhoben. Letztlich gelangt man damit zu einer Art Vorbeugestrafe. Ein Vergleich des von Schünemann gebildeten Jagdrechtsfalls mit dem ebenfalls von ihm herangezogenen Abtreibungsfall belegt dies. Im Jagdrechtsfall hatte der Täter eine von ihm zoologisch zutreffend eingeordnete Maus für ein dem Jagdrecht unterliegendes Tier im Sinne des § 292 StGB gehalten[7]. Schünemann[8] lehnt einen strafbaren Versuch deshalb ab, „weil der Täter die dem fremden Jagdrecht unterfallenden und deshalb strafrechtlich geschützten Objekte nicht nur situativ, sondern generell verkannt und infolgedessen keinen Bedrohungseffekt verursacht habe, da der Abschuß von Mäusen auch in beliebiger situativer Variation niemals für fremdes Jagdrecht gefährlich werden kann". Im Abtreibungsfall, bei dem eine Nichtschwangere mit Pfefferminztee eine Abtreibung versuchte, bejaht Schünemann[9] dagegen einen strafbaren Versuch und leitet das generelle Bedrohungsgefühl daraus ab, daß die Täterin beim nächsten Mal wirklich schwanger und in den Abtreibungsmethoden bewanderter sein könnte. War es nun aber im Jagdrechtsfall gerade die Absicht des Täters ein jagdbares Tier zu töten, so müßte auch ihm für das nächste Mal eine entsprechende Lernfähigkeit bescheinigt werden. Damit aber wird der Bedrohungseffekt generell und Schünemann müßte konsequenterweise einen strafbaren Versuch annehmen. Allgemeiner formuliert würde das bedeuten: Immer, wenn es dem Täter gerade darauf ankommt, sich strafbar zu machen, liegt ein strafbarer Versuch vor. Daß dieser Rückschluß vom subjektiven Willen der Strafbarkeit auf die objektive Strafbarkeit nicht tragfähig ist, bedarf keiner weiteren Erläuterung.

Hintergrund dieser Konsequenzen dürfte der Umstand sein, daß Schünemann mit seiner „semantischen Anreicherung" die Eindruckstheorie inhaltlich entscheidend verändert. Herkömmlicherweise[10] wird die Eindruckstheorie gekennzeichnet als „subjektiv-objektive" Theorie, bei der sich der Strafgrund

[6] Zustimmend auch Kuhlen, S. 562 Fn. 155.

[7] Schünemann, GA 1986, 293ff. (316).

[8] Schünemann, GA 1986, 293ff. (317).

[9] Schünemann, GA 1986, 293ff. (316).

[10] Zu den Nachweisen vergleiche oben 1. Kapitel, C.

des Versuches aus der Erschütterung des Vertrauens der Allgemeinheit in die Geltung der Rechtsordnung (objektives Element) *und* dem einer Verhaltensnorm entgegengesetzten Willen des Täters (subjektives Element) zusammensetzt. Schünemann betont einseitig das objektive Element, spricht im Zusammenhang mit der Eindruckstheorie nur von der „Erschütterung des Vertrauens der Allgemeinheit auf die Geltung der Rechtsordnung" und vernachlässigt so das im betätigten Verbrechensvorsatz verwirklichte Handlungsunrecht. Dies kommt auch in seiner Absage an die Konzeptionen von Herzberg und Burkhardt zum Ausdruck, wenn er diese mit dem Argument disqualifiziert, es handele sich um „verkappte Theorien des Tatbestandsvorsatzes"[11]. Da der Strafgrund des Versuches aber gerade auf dem Vorsatz des Täters aufbaut und erst in einem *zweiten* Schritt die Frage gestellt wird, welche Wirkung die Betätigung dieses Willens auf die Allgemeinheit hat, führt kein Weg daran vorbei, sich Klarheit darüber zu verschaffen, ob der Täter vorsätzlich gehandelt hat[12]. Genau darauf stellt auch die gesetzliche Regelung des Versuches ab; § 22 StGB setzt voraus, daß der Täter nach seinen Vorstellungen von der Tat *zur Verwirklichung des Tatbestandes* unmittelbar ansetzt. Ohne später die entsprechenden Konsequenzen zu ziehen, erkennt Schünemann dies am Ausgangspunkt seiner Erörterung selbst an und führt aus, daß das Gesetz die Strafbarkeit nicht notwendig an jeden ins Werk gesetzten *Tatentschluß* knüpfe, sondern Raum lasse für eine anhand der Eindruckstheorie vorzunehmende kriminalpolitische Abwägung[13].

Die weitere Untersuchung wird zeigen, daß es mit einer exakten Bestimmung des Normbereiches und damit auch des Vorsatzgegenstandes möglich ist, im Einzelfall zu den gleichen Ergebnissen wie Schünemann zu gelangen und bis auf die Fälle des groben Unverstandes (§ 23 III StGB) praktisch alle strafunwürdigen Konstellationen schon bei der Prüfung des Tatentschlusses auszuscheiden. Unter anderem wird sich auch erweisen, daß ein Irrtum des Täters über die „Vorgeschichte der Tatsituation" schon deshalb unbeachtlich ist, weil sich darauf der Vorsatz nicht beziehen muß. Nur diese Betrachtungsweise entspricht im übrigen auch dem gesetzlich in den §§ 22, 23 III StGB angelegten Regel-Ausnahmeverhältnis, wonach das Verhalten des mit Tatentschluß Handelnden grundsätzlich strafwürdig ist und nur ausnahmsweise bei grobem Unverstand von Strafe abgesehen werden kann[14].

---

[11] Schünemann, GA 1986, 293ff. (314f.).

[12] Vergleiche dazu auch 6. Kapitel, E.

[13] Schünemann, GA 1986, 293ff. (314). In die gleiche Richtung deutet auch eine Passage (GA 1986, 293ff., 317), in der Schünemann davon spricht, daß die „Bedrohlichkeit des Tatentschlusses" entfällt. Wie aber kann Schünemann von der Bedrohlichkeit des *Tatentschlusses* sprechen, wenn er gleichzeitig den Bemühungen um eine exakte Bestimmung des Vorsatzgegenstandes eine Absage erteilt? Die Feststellung der Bedrohlichkeit des Tatentschlusses setzt logisch die Annahme voraus, daß der Täter mit Tatentschluß gehandelt hat. Ob dies der Fall ist, hängt aber wiederum wesentlich davon ab, welche Anforderungen man an den Vorsatzgegenstand stellt.

Was schließlich den Vorschlag Schünemanns anbelangt, beim Rechtsirrtum im Vorfeld des Straftatbestandes zwischen erststufigen und zweitstufigen Verweisungen zu unterscheiden, setzt er sich denselben Einwänden aus, wie sie bereits gegen Herzbergs Konzeption geltend gemacht wurden[15]. Die Abgrenzung von strafbarem und straflosem Verhalten wird von den Zufällen der Gesetzestechnik abhängig gemacht. Nähme etwa der Gesetzgeber den Inhalt einer erststufigen Verweisung in den Straftatbestand auf, würde die vormals zweitstufige Verweisung einen Rang aufrücken. Ohne Veränderung in der Sache könnte so ein bisher als straflos erachtetes Verhalten zu einem strafbaren Versuch werden oder umgekehrt.

[14] Auch für die Begründung der Straflosigkeit des irrealen „Versuches", auf die Schünemann wiederholt hinweist (GA 1986, 293ff. 314, 316), bedarf es nicht des Rückgriffs auf den Eindruck, den dieses Verhalten in der Allgemeinheit hervorruft. Von einem *Versuch* kann nur gesprochen werden, „wo der Täter seine Ziele durch real wirkende Kräfte erreichen will" (Roxin, JuS 1973, 329ff., 331; ähnlich Gössel, GA 1971, 225ff., 234f.).

Im übrigen gibt die Eindruckstheorie in der Fassung Schünemanns eher zu Zweifeln im Hinblick auf die Strafwürdigkeit des irrealen „Versuches" Anlaß, bezieht sie doch eine mögliche zukünftige Entwicklung in die Betrachtung mit ein. Ob aber der abergläubische Täter immer bei seinen irrealen Mitteln bleibt oder angesichts der Aussichtslosigkeit seiner bisherigen Bemühungen — genau wie die zunächst mit Pfefferminztee abtreibende Schwangere — zu probateren Methoden greift, ist eine Frage die je nach Täterpersönlichkeit im Einzelfall unterschiedlich beurteilt werden kann.

[15] Vergleiche oben D. II. 2.

6. Kapitel

Der eigene Lösungsvorschlag — Definitionsirrtum und Kompetenzvorbehalt

A. Unrechtstypus und Normbereich

Kriterium des umgekehrten Subsumtionsirrtums ist die Überdehnung des Normbereichs in der Vorstellung des Täters. Eine Untersuchung, die es sich zum Ziel gesetzt hat, die sich um den umgekehrten Subsumtionsirrtum rankende rechtliche Problematik einer konsensfähigen Lösung näher zu bringen, muß daher bestrebt sein, ein Verfahren zu entwickeln, das eine möglichst exakte Bestimmung des Normbereichs erlaubt. Am Ausgangspunkt eines eigenen Lösungsansatzes soll die Frage stehen, was eine derartige genaue Ermittlung des Anwendungsbereiches einer Strafnorm vor dem Hintergrund ihrer Funktion als Beschreibung des Unrechtstypus überhaupt zu leisten vermag.

Wer den Normbereich überdehnt, macht ein tatbestandsloses Geschehen zu einem vermeintlich tatbestandsmäßigen. Der Normbereich ist demgemäß im Lichte der §§ 16, 22 StGB, wie bereits am Anfang der Untersuchung ausgeführt[1], maßgebender Bestimmungsfaktor des Vorsatzgegegenstandes und entscheidet als solcher in den Fällen des umgekehrten Irrtums darüber, ob der Täter einen (vorsätzlichen) untauglichen Versuch begeht oder lediglich ein (vorsatzloses) Wahndelikt verübt. Von seiner Bestimmung hängt es ab, ob der Täter in den kritischen Fällen eine Parallelwertung in der Laiensphäre vollzieht oder lediglich falsch subsumiert.

Trotz alledem darf die Aussagekraft einer einmal angestellten Ermittlung des Normbereiches nicht überschätzt werden. Der Gesetzgeber kommt mit der Formulierung deliktischer Unrechtstatbestände seiner Aufgabe nach, bestimmte typische Unrechtssachverhalte zu beschreiben. Er tut dies, indem er die ihm unrechtserheblich erscheinenden Umstände möglichst mit exakten, genau definierten Begriffen umschreibt. Hinter dem Deliktstatbestand, oder besser gesagt, diesem gedanklich vorgelagert, ist und bleibt aber ein bestimmter Typus des Unrechts[2]. Und dieser Typus ist, um es mit Arthur Kaufmann[3] zu sagen, „in

---

[1] Vergleiche oben 2. Kapitel, A.

[2] Nach Larenz, Methodenlehre, S. 444, sind in der Rechtswissenschaft mindestens vier verschiedene Verwendungsformen von Typen zu unterscheiden:

1. „Die Typen der allgemeinen Staatslehre, der historischen und der vergleichenden Rechtswissenschaft“,

seiner größeren Wirklichkeitsnähe, Anschaulichkeit und Gegenständlicheit (...) nicht definierbar, sondern nur ,explizierbar', er hat zwar einen festen Kern, aber keine festen Grenzen (...) ist offen". Unter den Typus kann deshalb auch nicht exakt subsumiert werden, „man kann ihm einen konkreten Sachverhalt vielmehr nur in höherem oder geringerem Grad zuordnen"[4]. Es ist deshalb unmöglich, einen Typus genau zu beschreiben, immer ist nur eine gewisse Annäherung möglich[5]. Demzufolge ist es denkbar, daß der Täter eine Vorstellung von einem Sachverhalt hat, die dem Unrechtstypus entspricht, die aber von der tatbestandlichen Beschreibung desselben, so wie sie bisher verstanden wurde, nicht erfaßt wird. Als Konsequenz muß es zu einer Korrektur der bisher gültigen Auslegung des betreffenden Begriffs kommen, „die ihrerseits angesichts der Mannigfaltigkeit des Lebens (...) auch wieder nur für eine mehr oder minder lange Zeit genügen kann"[6]. Mit der tatbestandlichen Beschreibung des Unrechtstypus und den daraus abgeleiteten Auslegungen folgen Gesetzgeber, Rechtsprechung und Rechtslehre also einem Ideal, das sie doch niemals erreichen können. Die Bestimmung des Normbereichs ist ein aus dem typologischen Denken erwachsender, dynamischer, ständig durch neue Erkenntnisse beeinflußter Prozeß, der andauert, solange die Norm besteht. Wenn daher im folgenden versucht wird, Kriterien für eine exakte Bestimmung des Normbereichs zu ermitteln, so muß man sich vor Augen halten, daß es sich dabei immer nur gewissermaßen um das „Handwerkszeug" handeln kann, um in einer Momentaufnahme den aktuellen Stand des beschriebenen Erkenntnisprozesses zu ermitteln. Für die Beurteilung der Strafbarkeit des Täters, speziell für die Frage des Tätervorsatzes, muß dies andererseits aber auch genügen, denn für die Antwort auf diese Frage kann der Rechtsanwender eben nur von dem Annäherungsstand ausgehen, den die tatbestandliche Beschreibung an den Unrechtstypus bisher erfahren hat. Der Rechtsanwender ordnet ein Verhalten dem Unrechtstypus zu, indem er es unter den aktuellen Stand der Erkenntnis subsumiert[7]. Der Zugriff auf künftige Entwicklungen des oben beschriebenen dynamischen Prozesses steht ihm nicht offen.

---

2. die „allgemein-rechtlichen, im engeren Sinn juristischen Typen",
3. die „strafrechtlichen Typen",
4. die „steuerrechtlichen Typen".

[3] Arthur Kaufmann, Analogie, S. 47.

[4] Arthur Kaufmann, Analogie, S. 48.

[5] Gleiches meint wohl auch Larenz, Methodenlehre, S. 212, wenn er formuliert: „Der Typus wird nicht definiert, sondern beschrieben."

[6] Arthur Kaufmann, Analogie, S. 52.

[7] In diesem Sinne wohl auch Kaufmann, Analogie, S. 52; anders Larenz, Methodenlehre, S. 214: „Die Gerichte argumentieren nicht selten typologisch, deklarieren ihre als Zuordnung zu einem Typus gerechtfertigte Argumentation dann aber als Subsumtion unter einen Begriff, als die sie in der Tat nicht haltbar ist."

B. Der umgekehrte Subsumtionsirrtum als Definitionsirrtum

I. Der Subsumtionsvorgang als methodischer Ausgangspunkt der Normbereichsbestimmung

Die Subsumtion eines Tatgeschehens unter den objektiven Straftatbestand ist zwar weder eine Voraussetzung für die Erfüllung des subjektiven Tatbestandes durch den Täter, noch sonst eine allgemeine Strafbarkeitsvoraussetzung. Es handelt sich dabei vielmehr um die typische Aufgabe des Richters. Vollzieht ein möglicherweise rechtlich geschulter Täter eine entsprechende korrekte Subsumtion eines tatbestandsmäßigen Geschehens, so leistet er im subjektiven Bereich ein Mehr, das selbstverständlich seine Strafbarkeit nicht hindert. Was den umgekehrten Subsumtionsirrtum anbelangt, so liegt im Ergebnis zwar eine fehlerhafte Subsumtion vor, da ein objektiv tatbestandsloses Geschehen unter den Straftatbestand eingeordnet wird. Hinsichtlich der methodischen Vorgehensweise lassen sich aber auch beim fehlerhaft subsumierenden Täter die drei Komponenten des Subsumtionsvorganges, Begriffsbestimmung, Sachverhaltsfeststellung und syllogistischer Schluß[1], unterscheiden. Dieser Gleichlauf der Gedankenschritte erlaubt es, für die Einstufung der Täterfehlvorstellung, also zur Klärung der Frage, ob der Täter den Normbereich überdehnt und daher vorsatzlos handelt, auf das Verfahren zurückzugreifen, dessen sich auch der Richter bedient, wenn er im Rahmen des Subsumtionsvorganges den Normbereich bestimmt.

II. Der Definitionsirrtum als Normalfall des umgekehrten Subsumtionsirrtums

Welche Tatumstände und Verhaltensweisen vom objektiven Tatbestand einer Strafnorm erfaßt werden, bestimmt der Richter im Regelfall mit Hilfe der Definitionen der einzelnen Tatbestandsmerkmale. In diesem Sinne läßt sich der durch eine Überdehnung des Normbereiches gekennzeichnete umgekehrte Subsumtionsirrtum meist auf eine zu weite Definition eines Tatbestandsmerkmals zurückführen.

Die Definition gibt den Inhalt eines Tatbestandsmerkmales an, „indem sie alle in einem Begriff gemeinten wesentlichen Merkmale deutlich herausarbeitet“[2]. Abstrakt ausgedrückt: „Die Definition ist (...) die genaue Bestimmung der Bedeutung und (oder) der Anwendungsweise eines Sprachzeichens mittels anderer sprachlicher Ausdrücke.“[3] Aus diesem Wesen der Definition resultiert die „Umfangsbeziehung zwischen Definiendum und Definiens“[4]. Definiens und

[1] Vergleiche oben 1. Kapitel, A. I.

[2] Schneider, Logik für Juristen, S. 45.

[3] Weinberger, S. 250.

[4] Weinberger, S. 258.

Definiendum sind immer umfangsgleich und deshalb auch gegenseitig substituierbar, ohne daß sich Bedeutungsgehalt und Normbereich verändern. Die Definitionen veranschaulichen den Normbereich, verändern ihn aber nicht. Wird gegenüber der korrekten Definition ein Definitionsmerkmal weggelassen oder ein weiteres hinzugefügt, läßt sich die Definitionsgleichung Definiendum = def. Definiens nicht mehr aufrechterhalten[5]. Der Bedeutungsgehalt des Begriffs ist verfälscht[6] und damit auch der Normbereich unzutreffend verändert.

Die in den Straftatbestand aufgenommenen Begriffe haben die Aufgabe, bestimmte, tatbestandsrelevante Eigenschaften eines Sachverhalts zu beschreiben. Welche Eigenschaften dies sind, kommt in der Definition der Tatbestandsmerkmale zum Ausdruck. Die Definition eines Tatbestandsmerkmals ist daher eine Auflistung der tatbestandsrelevanten, d.h. strafrechtlich bedeutsamen Eigenschaften aller Designate des Merkmales. Wenn der Täter einen Tatumstand mit dem Begriff des Tatbestandsmerkmals bezeichnet, so geschieht dies in der Annahme, daß dieser Begriff bestimmte Eigenschaften beschreibt, die er bei einem Tatumstand zu erkennen glaubt. Auch insoweit läßt sich eine Liste der vom Täter angenommenen Eigenschaften des Tatumstandes erstellen. Das Verhältnis zwischen diesen konkreten, vom Täter festgestellten Tatumstandseigenschaften und den abstrakten Eigenschaften der Merkmalsdefinition entscheidet darüber, ob der Täter das für den Vorsatz erforderliche Wissen besitzt oder den Normbereich überdehnt, also den Tatumstand lediglich falsch benennt, und sich in einem umgekehrten Subsumtionsirrtum befindet. Läßt sich jedem Definitionsmerkmal, gegebenenfalls im Wege der weiteren Begriffsentfaltung mittels Subdefinitionen, eines der vom Täter angenommenen Tatumstandsmerkmale zuordnen, so hat der Täter den Tatumstand korrekt benannt und handelt vorsätzlich. Daß der Täter, was regelmäßig der Fall sein wird, dem Tatumstand weitere Eigenschaften ohne Tatbestandsrelevanz zuordnet, schadet nicht. Über diese in der Definition zum Ausdruck kommenden Eigenschaften hinaus, ist der Begriff des Tatbestandsmerkmals für jegliche weiteren Qualitäten offen. So schadet es beispielsweise nicht, wenn der Täter ein Schriftstück nur deshalb für eine „Urkunde" hält, weil er neben den objektiv tatbestandsrelevanten Eigenschaften (verkörperte Gedankenerklärung, Ausstellererkennbarkeit, Beweiseignung, Beweisbestimmung) zusätzlich Handschriftlichkeit verlangt, wie sie bei dem von ihm angenommenen Tatumstand auch tatsächlich vorliegt[7].

---

[5] Vergleiche Schreiber, Logik des Rechts, S. 33.

[6] Zur Definitionslehre im übrigen, insbesondere zu den verschiedenen Arten von Definitionen, Weinberger, S. 249ff.; Schneider, S. 44ff.; Schreiber, S. 32ff.; Klug, S. 88ff.; Essler, S. 39ff.; Siebel, S. 33ff., 125ff.; v. Savigny, S. 9ff.; Opp, S. 189ff.; v. Kutschera/Breitkopf, S. 139ff.; Haft, Juristische Rethorik, S. 60ff.

[7] Auch hier zeigt sich wieder, daß es im Gegensatz zu den Ausführungen Dopslaffs (vergleiche oben 2. Kapitel, E. III.) für die Bejahung des Vorsatzes nicht auf die Identität der Sachverhaltsbeschreibungen von Täter und Rechtsanwender ankommt.

Scheitert die Subsumtion der Tätervorstellung unter die Begriffsdefinition, weil der Tatumstand, wie ihn der Täter sieht, zumindest *ein* tatbestandsrelevantes Charakteristikum nicht aufweist, so überdehnt der Täter den Normbereich und befindet sich in einem umgekehrten Subsumtionsirrtum.

Sachverhaltsirrtum und Normbereichsirrtum bzw. untauglicher Versuch und Wahndelikt lassen sich also durch das Kriterium des Definitionsirrtums voneinander abgrenzen. Ist jedem Element der Definition eine vom Täter angenommene Eigenschaft des Tatumstandes zuordenbar, so liegt ein untauglicher Versuch vor, anderenfalls handelt es sich um einen umgekehrten Subsumtionsirrtum und damit um ein Wahndelikt. Für die praktische Arbeit des Richters bedeutet das, daß er eine doppelte Subsumtion vorzunehmen hat. Er prüft zum einen die Frage, ob der Sachverhalt, so wie er sich tatsächlich ereignet hat, unter den objektiven Tatbestand der Strafnorm subsumiert werden kann. Zum anderen hat er für die Feststellung des Vorsatzes zu untersuchen, ob die Tatumstände in der Form, wie sie sich der Täter vorgestellt hat, eine Subsumtion unter die vorsatzrelevanten Merkmale des objetiven Tatbestandes erlauben.

III. Die Konsequenzen für den Vorsatzgegenstand bei normativen Tatbestandsmerkmalen

Das Kriterium des Definitionsirrtums gibt zudem auch eine Antwort auf die Frage, ob der Täter bei normativen Tatbestandsmerkmalen nur dann vorsätzlich handelt, wenn er Tatsachen- *und* Bedeutungskenntnis besitzt, oder ob dafür die isolierte Bedeutungskenntnis genügt. Die Antwort lautet: Tatsachenkenntnis ist insoweit erforderlich, als es sich um Tatsachen handelt, die in der Definition des Tatbestandsmerkmales als tatbestandsrelevante Eigenschaften ihren Ausdruck gefunden haben. Wenn daher etwa die Definition des Urkundenbegriffes lautet, „verkörperte Gedankenerklärungen, die ihrem gedanklichen Inhalt nach geeignet und bestimmt sind, für ein Rechtsverhältnis Beweis zu erbringen und die ihren Aussteller erkennen lassen“[8], so genügt es eben nicht, daß sich der Täter eine verkörperte Gedankenerklärung vorstellt, der eine entsprechende Bedeutung objektiv nicht zukommt. Nur wenn die vorgestellte „Verkörperung“ tatsächlich die aus der Definition zu entnehmende Bedeutung besitzt, handelt der Täter mit Vorsatz. Das gesetzlich angelegte Risiko des Täters, sich trotz eines Defizits im objektiven Tatbestand aufgrund seiner subjektiven Vorstellung vom Tatgeschehen wegen Versuchs strafbar zu machen, findet seine Grenze an der Definition der Tatbestandsmerkmale. Der gegenteilige Standpunkt führt zu einem inhaltlichen Auseinanderfallen von subjetivem und objektivem Tatbestand, denn er verändert den durch die Definitionen umschriebenen Inhalt des objektiven Tatbestandes, soweit dieser als Beschreibung des Vorsatzgegenstandes fungiert.

---

[8] S/S-Cramer, § 267 Rdnr. 2.

C. Tatbestandsmerkmale ohne abschließende Definition

Nicht immer handelt es sich bei den vom Gesetz zur Kennzeichnung eines tatbestandlichen Geschehens verwendeten Ausdrücken um Begriffe, die man unter eine abschließende Definition subsumieren kann. Ein anschauliches Beispiel dafür ist das Tatbestandsmerkmal der „Drohung mit einem *empfindlichen* Übel", wie es etwa in § 240 StGB und in den Erpressungstatbeständen vorzufinden ist. Im Kommentar[1] findet sich hierzu die Anmerkung, daß es für die Bejahung eines „empfindlichen Übels" genüge, „daß eine erhebliche Einbuße an Werten zu besorgen und der drohende Verlust geeignet ist, einen besonnenen Menschen zu dem mit der Drohung erstrebten Verhalten zu bestimmen". Kennzeichnenderweise wird nicht davon gesprochen, was ein empfindliches Übel *ist*, sondern was dafür *genügt*. Das Tatbestandsmerkmal „empfindliches Übel" gehört nämlich zu einer Kategorie von unbestimmten Begriffen, die in der Literatur als „offene Begriffe"[2], „Typenbegriffe"[3], „wertausfüllungsbedürftige Begriffe"[4] oder „regulative Begriffe"[5] bezeichnet werden, und denen allen gemeinsam ist, daß sie sich nicht mit Hilfe einer abschließenden Liste von Definitionsmerkmalen umschreiben lassen. Der Kreis ihrer inhaltsbestimmenden Merkmale ist offen. Als Kehrseite dieser Sachlage wird andererseits für die Verwirklichung eines einem solchen Ausdruck unterfallenden Tatumstandes auch nicht verlangt, daß sämtliche derzeit bekannten Merkmale erfüllt sind, handelt es sich doch jeweils um ein „elastisches Merkmalgefüge"[6] von großer „Variabilität und Graduierbarkeit"[7]. Ähnlich wie bereits beim Unrechtstypus festgestellt[8], erlauben daher auch diese unbestimmten Begriffe keine exakte Subsumtion, sondern nur eine wertende Zuordnung. Für diese Zuordnung muß sich im Sachverhalt zur Verdichtung der Indizwirkung der Einzelmerkmale eine Auswahl der mit dem Begriff bezeichneten Merkmale in solcher Zahl und Intensität finden, daß im Rahmen einer wertenden Betrachtung der Rückschluß auf die mit dem unbestimmten Begriff zum Ausdruck kommende Eigenschaft möglich ist.

Für den umgekehrten Subsumtionsirrtum und die Frage der Überdehnung des Normbereiches bedeutet das: Ausgehend von der Tätervorstellung ist bei Tatbestandsmerkmalen ohne abschließende Definition danach zu fragen, ob das Tatbild, das sich der Täter von einem Geschehen bzw. Tatumstand macht, genügend Merkmale aufweist, um eine wertende Zuordnung zu rechtfertigen.

---

[1] S/S-Eser, § 240 Rdnr. 9.

[2] Roxin, Täterschaft und Tatherrschaft, S. 122ff.

[3] Engisch, FS-Klug (1983), S. 33ff. (41).

[4] Lenckner, JuS 1968, 249ff., 304ff.

[5] Engisch, FS-Klug (1983), S. 33ff (41). Zu den „regulativen Begriffen" gehören insbesondere auch die Generalklauseln.

[6] Leenen, S. 34.

[7] Engisch, Idee der Konkretisierung, S. 242.

[8] Vergleiche oben A.

Benennt der Täter ein vorgestelltes Geschehen mit dem unbestimmten Begriff des Tatbestandsmerkmales, ohne daß die Tatumstände eine solche Zuordnung objektiv erlauben, überdehnt er den Normbereich und befindet sich in einem umgekehrten Subsumtionsirrtum.

Ergänzend sei noch darauf hingewiesen, daß der Täter, um vorsätzlich zu handeln, analog zur Sachlage bei der herkömmlichen Subsumtion, diese wertende Zuordnung nicht vollziehen muß. So genügt für den Vorsatz beim Tatbestandsmerkmal der „Drohung mit einem empfindlichen Übel" die Kenntnis der Umstände, die das Übel als empfindlich erscheinen lassen[9]. Darauf, daß der Täter das von ihm angedrohte Übel ebenfalls mit dem Begriff „empfindlich" umschreibt, kommt es nicht an.

D. Der Irrtum über eine Rechtsnorm im Vorfeld des Straftatbestandes

I. Die Zweidimensionalität des Normbereichs

Auch beim Irrtum über eine Rechtsnorm im Vorfeld des Straftatbestandes ist die für die rechtliche Behandlung maßgebliche Frage, ob der Täter den Normbereich des Straftatbestandes überdehnt. Schon Burkhardt[1] hatte auf das Phänomen hingewiesen, daß es Fälle gibt, bei denen jemand die Bedeutung eines Tatbestandsmerkmales, nicht aber seine „Extension", also seinen Anwendungsbereich, kennt[2]. So dürfte etwa die Bedeutung des Tatbestandsmerkmals „zuständig" im allgemeinen bekannt sein. Ganz anders dürfte es sich dagegen wohl bei der Frage verhalten, wer konkret für die Abnahme von Eiden zuständig ist.

Zurückzuführen ist diese Divergenz zwischen der Kenntnis der Bedeutung und der Kenntnis des Anwendungsbereiches eines Tatbestandsmerkmales auf die Zweidimensionalität des Normbereichs. Innerhalb des Normbereiches ist nämlich zu unterscheiden zwischen

— dem Inhalt eines Tatbestandsmerkmales

und

— dem Anwendungsbereich eines Tatbestandsmerkmales.

Auf diesen Umstand ist es zurückzuführen, daß der Normbereich auch in

[9] Dreher/Tröndle, § 240 Rdnr. 34; S/S-Eser, § 240 Rdnr. 34.

[1] Burkhardt, JZ 1981, 681 ff. (686).

[2] Auf eine damit verwandte Erscheinung weist Weinberger (S. 267) hin, wenn er betont, daß es rechtswissenschaftliche Begriffe wie „Staat", „Souveränität", „Rechtsnorm", „Sanktion" etc. gibt, die nicht analytisch durch Ablesen der Bedeutung der Termini in den Rechtsvorschriften, sondern „durch Sacherkenntnis oder als bestimmte Festsetzungen" definiert werden.

zweifacher Hinsicht begrenzt wird. So gibt es zum einen eine

— qualitative Grenze,

die vom Inhalt des Tatbestandsmerkmales bestimmt wird.
Weiterhin existiert aber auch eine

— quantitative Grenze,

die den Anwendungsbereich des Tatbestandsmerkmales absteckt.

Objektiv betrachtet fallen Qualität und Quantität immer zusammen, d.h. ausschließlich aber auch gänzlich alle Tatumstände mit der entsprechenden Qualität, die das Tatbestandsmerkmal bezeichnet, fallen in den Anwendungsbereich des Tatbestandsmerkmales und bestimmen so auch seine Quantität.

Bei der subjektiven Vorstellung des Täters vom Sachverhalt dagegen gilt es zu differenzieren. Regelmäßig bestimmt zwar der Täter, der einem Tatumstand die von dem Tatbestandsmerkmal bezeichneten Eigenschaften zuweist und deshalb die Subsumtion vollzieht, den Anwendungsbereich des Tatbestandsmerkmales korrekt. Dies ist darauf zurückzuführen, daß bei der überwiegenden Mehrzahl der Tatbestandsmerkmale die qualitative Dimension die einzige Bestimmungsgröße für die quantitative Komponente ist. Wer den Inhalt eines Tatbestandsmerkmals bei einem Tatumstand zu erkennen glaubt und deshalb subsumiert, begeht deshalb im Regelfall keine Normbereichsüberdehnung. Um sich darüber Klarheit zu verschaffen, genügt es folglich, mit Hilfe der Definition den Inhalt des Tatbestandsmerkmales zu ermitteln und in der bereits erläuterten Art und Weise mit der Tätervorstellung vom Sachverhalt zu vergleichen.

Daneben gibt es aber auch Tatbestandsmerkmale, bei denen der Inhalt keine *unmittelbar* bestimmende Wirkung für den Anwendungsbereich besitzt. Stellt sich bei diesen Fallkonstellationen die Frage der Normbereichsüberdehnung, erlangt die quantitative Grenze des Normbereichs ihre eigenständige Bedeutung. Um sie einzuhalten, genügt es dann nicht mehr, irgendeinem Tatumstand die durch das Tatbestandsmerkmal ausgedrückte Bedeutung beizumessen. Erforderlich ist dafür vielmehr, daß der Tatumstand die entsprechende Eigenschaft auch tatsächlich besitzt.

Wie die folgende Untersuchung noch zeigen wird, tritt dieses Phänomen ausschließlich bei Tatbestandsmerkmalen auf, die auf Rechtsnormen im Vorfeld des Straftatbestandes verweisen. Das sich in diesem Zusammenhang stellende Problem ist, Kriterien zu ermitteln, die eine sichere Abgrenzung zwischen normbereichsbestimmenden und normbereichsneutralen Vorfeldnormen ermöglichen. Nach dem bisher Gesagten hat der Irrtum über eine Rechtsnorm im Vorfeld des Straftatbestandes nämlich immer, aber auch nur dann eine normbereichsrelevante Bedeutung, wenn die Vorfeldnorm den Verlauf der qualitativen oder der quantitativen Grenze (mit)bestimmt. Bei welchen Normen im Vorfeld des Straftatbestandes dies der Fall ist, soll im folgenden ermittelt werden.

II. Die qualitative Grenze des Normbereichs — merkmalumschreibende Normen

Auf den Verlauf der qualitativen Grenze des Normbereiches üben diejenigen Vorfeldnormen bestimmenden Einfluß aus, die man als merkmalumschreibende Normen bezeichnen kann. Es handelt sich insoweit um Bestimmungen, die im Hinblick auf ein Tatbestandsmerkmal eine begriffsbestimmende bzw. begriffsumschreibende Bedeutung besitzen, denn rein wertungsmäßig darf es keinen Unterschied machen, ob sich der Täter über eine Definition irrt, die von der Rechtsprechung oder der Lehre entwickelt wurde, oder ob sich der Irrtum auf eine Begriffsbestimmung bezieht, die in einer Vorfeldnorm enthalten ist, sei es unmittelbar im Strafgesetzbuch selbst (wie etwa § 248 b IV StGB), sei es in einer metastrafrechtlichen Gesetzesnorm.

Einen derartigen merkmalumschreibenden Charakter besitzt eine Vorfeldnorm einmal dann, wenn sie ein Tatbestandsmerkmal unmittelbar selbst definiert, wie dies nach verbreiteter Auffassung zum Beispiel im Rahmen der Eigentumsdelikte beim Tatbestandsmerkmal „Sache" durch § 90 BGB geschieht.

Weiterhin hat eine Vorfeldnorm aber auch dann eine definitionsfunktionale Bedeutung, wenn sie zwar nicht unmittelbar das Tatbestandsmerkmal definiert, aber den Inhalt eines der Definitionsmerkmale umschreibt. Dies gilt zum Beipiel für das Verhältnis zwischen § 903 BGB und der Definition des Tatbestandsmerkmals „fremd". Nach der allgemein anerkannten Definition ist eine Sache dann eine „fremde", „wenn sie (zumindest auch) im Eigentum eines Dritten steht"[3]. Wer nun dieses Tatbestandsmerkmal dem Wortlaut nach korrekt definiert, überdehnt trotzdem den Normbereich, wenn er zum Beispiel unter „Eigentum" nichts weiter als die tatsächliche Sachherrschaft versteht. So leuchtet es auch unmittelbar ein, daß ein Täter, der in diesem Glauben ein an einen Freund entliehenes, tatsächlich in seinem Alleineigentum stehendes Buch „entwendet", sich in einem umgekehrten Subsumtionsirrtum befindet und lediglich ein Wahndelikt begeht. Zurückzuführen ist dies darauf, daß nicht nur der Täter den Normbereich überdehnt, der explizit durch eine abweichende Formulierung einem Tatbestandsmerkmal eine unzutreffende Bedeutung beimißt, sondern auch derjenige, der zwar wortlautidentisch definiert, aber mit den in der Definition verwendeten Begriffen eine vom herkömmlichen Sprachgebrauch abweichende Bedeutung verbindet. Diese Ausdrücke stellen sozusagen nur Kürzel dar, die, genau wie das Tatbestandsmerkmal selbst, mit einem Schlagwort eine komplexere Materie veranschaulichen und es so ermöglichen, mit knappen Formulierungen ein Tatbestandsmerkmal prägnant zu umschreiben[4].

---

[3] Vergleiche nur S/S-Eser, § 242 Rdnr. 12.

[4] Tendenziell besteht daher die Notwendigkeit zu immer mehr ins Detail gehenden Subdefinitionen (vergleiche dazu im Zusammenhang mit der Abgrenzung von Rechtsfrage und Tatfrage bei der Revision Schünemann, JA 1982, 71 ff., 74 f.). Larenz (Methoden-

Bei einer ausformulierten Definition treten an die Stelle dieser Schlagworte ihre Begriffsbestimmungen. „Fremd“ ist eine Sache in diesem Sinn dann, wenn der Täter im Rahmen der Gesetze und der Rechte Dritter nicht allein mit ihr nach Belieben verfahren und andere von der Einwirkung ausschließen kann.

III. Die quantitative Grenze des Normbereichs

1. Merkmalausfüllende Normen

a) Der Befund

aa) Die quantitative Grenze des Normbereichs besitzt insbesondere dann eine eigenständige Bedeutung, wenn ein Straftatbestandsmerkmal auf Bestimmungen im Vorfeld des Straftatbestandes verweist, die man als merkmalausfüllende Normen bezeichnen kann. Derartige merkmalausfüllende Normen gibt es nur bei Tatbestandsmerkmalen, die eine bestimmte *rechtliche* Qualität bzw. Eigenschaft umschreiben. Die Designate dieser Tatbestandsmerkmale sind dem Recht nicht vorgegeben und lassen sich deshalb auch nicht mit Hilfe der Definition des Tatbestandsmerkmals ermitteln. Ihre Extension wird vielmehr durch die Verleihung der beschriebenen rechtlichen Eigenschaften an gewisse Tatumstände bestimmt. Soweit diese Qualität gesetzlich verliehen wird, ist dies die Aufgabe der merkmalausfüllenden Normen. Merkmalausfüllende Normen bestimmen so abschließend die Designate und damit den Anwendungsbereich des verweisenden Tatbestandsmerkmales. An die Stelle des herkömmlichen, syllogistischen Subsumtionsschlusses tritt mit *quasi subsumtionsvollziehender Wirkung* die merkmalausfüllende Norm.

Eine solche Konstellation zeigt sich etwa bei Tatbestandsmerkmalen wie „zuständig“, „jagdbare Tiere“, „rechtswidrige Tat“ und „Pflicht zur Steuerzahlung“. So bestimmen Kompetenznormen, welche Stelle zur Abnahme von Eiden „zuständig“ ist. § 2 JagdG legt die „dem Jagdrecht unterliegenden“ Tierarten fest. Aus den Tatbeständen der Strafgesetze ergeben sich die „rechtswidrigen Taten“. Die Steuergesetze bestimmen die „Pflichten zur Steuerzahlung“.

bb) Merkmalsausfüllende Normen gibt es jedoch nicht nur auf der Ebene der Straftatbestandsmerkmale. Sie sind auch bei den einzelnen Merkmalen der Definitionen anzutreffen. So sind etwa öffentliche Urkunden im Sinne des Strafrechts (§§ 271 f., 348 StGB) „nur solche mit Beweiskraft für und gegen jedermann“[5]. Die Reichweite dieser erhöhten Beweiswirkung ergibt sich nach

---

lehre, S. 263) weist mit Recht darauf hin, daß der Vorgang der Definition und damit der logischen Ableitung im Wege des Subsumtionsschlusses nicht bis ins Unendliche fortgesetzt werden kann, so daß es früher oder später gewisser Elementarurteile bedarf, die ihrerseits nicht mehr durch Schlüsse vermittelt sind, sondern entweder auf (eigenen oder fremden) Wahrnehmungen (Wahrnehmungsurteile) oder auf bestimmten Erfahrungen, insbesondere aus dem Bereich sozialer Erfahrungen, beruhen.

[5] Dreher/Tröndle, § 271 Rdnr. 6.

ständiger Rechtsprechung[6] abschließend aus den §§ 415, 417, 418 ZPO. „Falsch schwören" kann nur, wer der prozessualen Wahrheitspflicht unterliegt. Deren Reichweite wiederum bestimmt sich nach dem Gegenstand der Vernehmung[7]. Bei den Offenbarungseidfällen des BGH[8] wird so mittelbar über die den Vernehmungsgegenstand bestimmende, (definitions-)merkmalausfüllende Norm des § 807 ZPO darüber entschieden, ob der Täter falsch schwört.

cc) Das letzte Beispiel weist insoweit eine Besonderheit auf, als § 807 ZPO lediglich für den Offenbarungseid den Vernehmungsgegenstand bestimmt, während die übrigen Fälle der Vereidigung von dieser gesetzlichen Festlegung unberührt bleiben. Trotzdem besitzt § 807 ZPO normbereichsbestimmende Bedeutung. Für die Normbereichsrelevanz einer Vorfeldnorm ist nicht erforderlich, daß dem Gesetzgeber der Vorfeldnormen abschließend für den gesamten Anwendungsbereich des Verweisungsmerkmals die Bestimmung der tatbestandsadäquaten Zuordnungsobjekte überlassen wird. Ausreichend ist, wenn innerhalb des Anwendungsbereichs eines Merkmales dem Gesetzgeber gewissermaßen ein „Sperrgebiet" zugewiesen wird, für das er zuständig ist und abschließend die möglichen Designate bestimmen kann. Genau so verhält es sich beim Definitionsmerkmal „Vernehmungsgegenstand" und der Vorfeldnorm des § 807 ZPO für den Bereich des Offenbarungseides.

b) Die rechtlichen Konsequenzen

aa) Bei normausgefüllten Tatbestandsmerkmalen kann der umgekehrte Subsumtionsirrtum in zwei Erscheinungsformen auftreten. Wie bereits ausgeführt[9], handelt es sich bei den verweisenden Merkmalen des Straftatbestandes regelmäßig nicht um reine „Aufzählungsbegriffe", die ohne eigene inhaltliche Bedeutung lediglich auf die Vorfeldnormen verweisen. Auch sie besitzen im Regelfall eine qualitative Komponente, die der Täter, um vorsätzlich zu handeln, korrekt erfassen muß. Definiert der Täter das Tatbestandsmerkmal falsch und verkennt so seine Bedeutung, liegt eine Normbereichsüberdehnung in Gestalt eines Überschreitens der qualitativen Grenze vor. Insoweit bestehen dann gegenüber den herkömmlichen Tatbestandsmerkmalen keine Besonderheiten.

bb) Weiterhin kann eine Überdehnung des Normbereichs auch deshalb eintreten, weil der Täter, obwohl er die Bedeutung des Tatbestandsmerkmales richtig erkennt, dessen quantitative Grenze überschreitet. Dabei lassen sich mehrere Fallkonstellationen unterscheiden. Eine Normbereichsüberdehnung ist einmal möglich, wenn der Täter eine tatsächlich existierende merkmalausfüllen-

---

6 Vergleiche die Nachweise bei Dreher/Tröndle, § 271 Rdnr. 8.

7 S/S-Lenckner, Vorbem. §§ 153ff. Rdnrn. 9ff. m.w.N.

8 BGHSt 2, 74ff. (dazu oben 3. Kapitel, B. I. 2.); 14, 345ff. (dazu 3. Kapitel, B. III. 2. a).

9 Vergleiche oben 5. Kapitel, C. III.

de Norm überdehnt. Dabei kann wieder differenziert werden zwischen unmittelbar tatbestandsmerkmalausfüllenden Normen und definitionsmerkmalausfüllenden Bestimmungen. Um eine quantitative Überdehnung des Normbereiches handelt es sich andererseits auch dann, wenn der Täter eine überhaupt nicht existierende merkmalausfüllende Norm, sei es auf der Ebene der Straftatbestandsmerkmale, sei es auf der Ebene der Definitionsmerkmale, unterstellt.

Demgemäß befindet sich in einem umgekehrten Subsumtionsirrtum, z. B.

— wer den Staatsanwalt für eine zur Abnahme von Eiden zuständige Stelle hält,
— wer eine Maus als jagdbares Tier einstuft,
— wer eine Ordnungswidrigkeit als rechtswidrige Tat im Sinne der §§ 257 ff. StGB erachtet,
— wer eine Pflicht zur Steuerzahlung annimmt, wo die Steuergesetze eine solche nicht ausweisen,
— wer glaubt falsch zu schwören, wo die Aussage objektiv vom gesetzlich bestimmten Vernehmungsgegenstand nicht umfaßt wird,
— wer glaubt, Tatsachen falsch zu beurkunden, auf die sich objektiv die gesetzlich bestimmte Beweiskraft der Urkunde gar nicht erstreckt.

In der Sache besteht daher nach dem hier vertretenen Standpunkt Übereinstimmung mit der bei den Blankettgesetzen herrschenden Meinung[10], nach der die Blankettnorm grundsätzlich so zu lesen ist, „als stünde die Ausfüllungsnorm im Strafgesetz“[11]. Burkhardt[12] spricht in diesem Zusammenhang völlig zu Recht vom Blankettgesetz als „Extremfall“ eines Tatbestandes mit Verweisungsbegriffen. Was die quantitative Grenze des Normbereichs anbelangt, so kommt es für die Normbereichsrelevanz der Vorfeldnorm in der Tat nicht darauf an, wie weit ihre ausfüllende Wirkung reicht; entscheidend ist einzig, daß eine Bestimmung diese Bedeutung für den Normbereich überhaupt hat[13].

---

[10] Grundlegend Warda, Blankettgesetze, insb. S. 36ff.; ders., JR 1950, 546ff. (551); Welzel, MDR 1952, 584ff. (586); Lohberger, S. 11; S/S-Cramer, § 15 Rdnrn. 99ff.; Burkhardt, wistra 1982, 178ff. (179); Jescheck, S. 277; Dreher / Tröndle, § 1 Rdnr. 5; Peter Backes, S. 43; vergleiche auch Lüderssen, wistra 1983, 223ff. (224), der diese Position für „relativ unangefochten“ hält, „sofern die Verweisungen in Tatbeständen des Strafgesetzbuches stehen.“

[11] S/S-Cramer, § 15 Rdnr. 100.

[12] Burkhardt, wistra 1982, 178ff. (179).

[13] Ob man Blankettgesetzen deshalb im Zusammenhang mit der irrtümlichen Normbereichsüberdehnung überhaupt eine Sonderstellung gegenüber gewöhnlichen Verweisungsbegriffen einräumen kann und soll, hängt allein von der qualitativen Grenze ab. Bei dieser wiederum kommt es darauf an, wie weit der Kreis der Blankettmerkmale gezogen wird (vergleiche zu den vielfältigen Einteilungskriterien und Unterscheidungen Lohberger, S. 20ff.). Bemüht man sich um eine strenge Abgrenzung zwischen normativen Tatbestandsmerkmalen und Blankettmerkmalen (in diesem Sinne etwa S/S-Cramer, § 15 Rdnr. 103) so läßt sich der Kreis der Blankettmerkmale auf reine Aufzählungsbegriffe beschränken. Ihre spezifische Besonderheit bestünde dann im Hinblick auf den Normbereich darin, daß die qualitative Dimension des Normbereichs quasi als Annex der

cc) Das hiermit gefundene Ergebnis steht im Widerspruch zur These Herzbergs[14], nach der der Verweisungsbereich eines Straftatbestandes vom Gesetzgeber „freigegeben“ worden sei[15]. Bei näherem Hinsehen läßt sich seine These auch nicht aufrechterhalten.

Herzberg verkennt, daß im Fall der normausgefüllten Tatbestandsmerkmale *Verweisungsadressat nicht jedermann, sondern allein der Gesetzgeber* ist. Er allein hat die *Kompetenz*, einem Geschehen bestimmte tatbestandsadäquate rechtliche Eigenschaften beizumessen. Die Meinung, die der Täter dazu hat, ist im Rahmen eines Irrtums als unbeachtlich zu vernachlässigen, denn jede diesbezügliche Fehlvorstellung greift in die Kompetenz des Vorfeldgesetzgebers ein und verfälscht den abschließend von ihm bestimmten Kreis möglicher Tatbestandsdesignate und damit auch den Normbereich. Besonders deutlich wird dies beim Tatbestandsmerkmal „rechtswidrige Tat“, das primär auf § 11 I Nr. 5 StGB verweist, der lautet: „Im Sinne dieses Gesetzes ist rechtswidrige Tat: nur eine solche, die den Straftatbestand eines *Strafgesetzes* verwirklicht“. § 11 I Nr. 5 StGB spricht also die alleinige merkmalausfüllende Kompetenz des Gesetzgebers ausdrücklich an. Die Sachlage ist aber auch in den übrigen Fällen nicht anders, bei denen eine entsprechende klare Regelung fehlt. So legt der Gesetzgeber ebenso abschließend die Reichweite der Beweiskraft einer öffentlichen Urkunde fest, wie er für den Bereich des Offenbarungseides den Vernehmungsgegenstand bestimmt. Auch wer zur Abnahme von Eiden zuständig ist, kann nur durch den Gesetzgeber entschieden werden, ein Umstand, der sich im übrigen auch verfassungsrechtlich mit dem Vorbehalt des Gesetzes rechtfertigen läßt, handelt es sich doch um eine ganz wesentliche Verfahrensentscheidung. Auch wenn es um „dem Jagdrecht unterliegende“ Tierarten oder die „Pflichten zur Steuerzahlung“ geht, hat ausschließlich der Gesetzgeber die Kompetenz den *numerus clausus möglicher Bezugsobjekte des Tatbestandsmerkmals* und damit den Anwendungsbereich der Norm zu bestimmen.

Für den Täter haben diese Festlegungen ebenso verbindliche Wirkung wie die Definitionen der Tatbestandsmerkmale. So wenig, wie sich der Täter mit seinen Vorstellungen von der Strafbarkeit über die Definition eines Tatbestandsmerkmales hinwegsetzen kann, ist ihm diese Möglichkeit bei den gesetzlich abschließend festgelegten Designaten eröffnet. Bezeichnenderweise werden Aufzählungen möglicher Bezugsobjekte, wie etwa die des § 2 JagdG, in der Rechtslogik

---

Quantität einzig in den Verweisungsnormen zum Ausdruck käme. Solange sich aber ein solcher einheitlicher Sprachgebrauch nicht durchgesetzt hat (vergleiche nur die Einstufung der „Fremdheit“ der Sache als Blankettmerkmal durch Jakobs, S. 234), läßt sich eine terminologisch herausgehobene Sonderbehandlung unter dem Begriff „Blankettmerkmal“ nicht rechtfertigen und trägt nur zur Begriffsverwirrung bei. Im Text wird daher, eingedenk Arthur Kaufmanns Forderung nach klaren Begriffen in der Irrtumslehre (FS-Lackner, 1987, S. 185ff., 197), der inhaltlich unmißverständlichere Terminus des „Aufzählungsbegriffs“ verwandt, der auf Kunert (S. 111) zurückgeht.

[14] Herzberg, JuS 1980, 469ff. (472).

[15] Vergleiche dazu oben 5. Kapitel, D. II. 1.

auch als „Aufzählungsdefinitionen" bezeichnet, die zwar keine Bedeutungsbestimmung, aber eine Umfangsbestimmung angeben[16]. Auf der Grundlage dieser Terminologie läßt sich argumentieren: So wenig, wie dem Täter die Definitionskompetenz im Hinblick auf die Bedeutung eines Tatbestandsmerkmales zusteht, so wenig besitzt er sie für den Umfang. Der Normalfall, bei dem es möglich ist, mit Hilfe der Inhaltsdefinition auch den Umfang zu bestimmen, darf im Hinblick auf die Position des Täters nicht anders behandelt werden, als der Sonderfall, bei dem die quantitative Grenze neben der qualitativen Grenze eine eigenständige Bedeutung erlangt.

2. *Merkmalbegrenzende Normen*

In seltenen Fällen finden sich auch Tatbestandsmerkmale, deren Anwendungsbereich von Bestimmungen abhängt, die man als merkmalbegrenzende Normen bezeichnen kann.

Auch bei diesen Tatbestandsmerkmalen erlaubt die Kenntnis ihrer Bedeutung kein Urteil über ihren Anwendungsbereich. Anders als bei den normausgefüllten Tatbestandsmerkmalen wird bei den normbegrenzten Merkmalen der Kreis der Designate gewissermaßen von außen her negativ dadurch (mit-)festgelegt, daß Normen im Vorfeld des Straftatbestandes Tatsituationen beschreiben, in denen das Tatbestandsmerkmal gerade nicht erfüllt ist. Im Vergleich zu den normausgefüllten Tatbestandsmerkmalen liegt den normbegrenzten Tatbestandsmerkmalen eine Umkehr des gesetzestechnischen Regel-Ausnahme-Prinzips zugrunde. Während erstere nur dann erfüllt sind, wenn eine merkmalausfüllende Norm eingreift, sind letztere gerade dann einschlägig, wenn der Tatbestand einer begrenzenden Bestimmung nicht erfüllt ist.

Praktisch bedeutsam sind diese merkmalbegrenzenden Normen vor allem bei unrechtsbetonenden Ausdrücken wie „widerrechtlich", „unbefugt" oder „rechtswidrig", wobei auch hier wieder irrelevant ist, ob diese Termini als Tatbestandsmerkmale oder als Definitionsmerkmale verwendet werden, sofern es sich nur nicht um das allgemeine Verbrechensmerkmal der Rechtswidrigkeit handelt oder man sie als gesamttatbewertende Merkmale bzw. als Rechtspflichtmerkmale einstuft[17]. In diesem Sinne begrenzen etwa die gesetzlichen Aneignungsrechte die „Rechtswidrigkeit" der Zueignung.

Irrtumsrechtlich ist bei den merkmalbegrenzenden Normen zu beachten, daß dabei aufgrund der Gesetzestechnik das Unterschreiten des Anwendungsbe-

---

[16] Weinberger, S. 266; vergleiche auch Engisch, Einführung in das juristische Denken, S. 70: „(Es) ist die Aufgabe der Auslegung, dem Juristen Inhalt und Umfang der Rechtsbegriffe zu vergegenwärtigen. Die Angabe des Inhalts geschieht dabei durch Definitionen, also durch Anführung von Begriffsmerkmalen (umschlossener Raum ist ein Raum, welcher ...). Die Angabe des Umfangs geschieht durch Vorführung von Fallgruppen und einzelnen Fällen, die dem Rechtsbegriff zu subordinieren bzw. zu subsumieren sind."

[17] Dazu ausführlich Seume, S. 77ff.

reichs der Vorfeldnorm bzw. sein gänzliches Ignorieren zu einer Erweiterung der quantitativen Grenze und damit zur Überdehnung des Normbereichs des Straftatbestandes führt. So befindet sich in einem umgekehrten Subsumtionsirrtum und begeht ein strafloses Wahndelikt, wer glaubt, den Tatbestand eines Zueignungsdelikts zu verwirklichen, obwohl objektiv betrachtet, die Rechtswidrigkeit der Zueignung aufgrund eines gesetzlichen Aneignungsrechts entfällt.

3. Der Irrtum über merkmalausfüllende und merkmalbegrenzende Normen — ein Doppelirrtum

Die Regelungstechnik der merkmalausfüllenden und merkmalbegrenzenden Vorfeldnormen, wie sie soeben veranschaulicht wurde, liefert auch eine einleuchtende Erklärung dafür, warum gerade bei einem Rechtsirrtum über diese Bestimmungen die Behandlung des umgekehrten Irrtums besonders umstritten ist. Genau betrachtet, handelt es sich dabei nämlich um einen Doppelirrtum.

Merkmalbegrenzende und merkmalausfüllende Normen setzen die quantitative Grenze eines Tatbestandsmerkmales dadurch fest, daß sie bestimmten Tatumständen eine rechtliche Eigenschaft verleihen und sie so zu Designaten des Tatbestandsmerkmals machen (merkmalausfüllende Norm) oder davon ausnehmen (merkmalbegrenzende Norm). Wer sich nun über eine solche Vorfeldnorm, z.B. eine Kompetenznorm, die die Zuständigkeit für die Eidesabnahme regelt, falsche Vorstellungen macht, der irrt zweifach: Zum einen verkennt er den Sachverhalt und mißt z.B. einer Stelle die rechtliche Eigenschaft zu, zur Abnahme von Eiden zuständig zu sein, obwohl sie es objektiv nicht ist. Gleichzeitig aber überschreitet er damit auch die quantitative Grenze des Normbereichs, deren Verlauf ebenfalls von der Vorfeldnorm abhängt, über die er sich im Irrtum befindet. Nur diese zweite, einen umgekehrten Subsumtionsirrtum auslösende Fehlvorstellung verhindert, daß die Mißdeutung des Sachverhalts zu einem umgekehrten Tatbestandsirrtum und damit zu einem von Vorsatz getragenen untauglichen Versuch führt. Zu letzterem Ergebnis gelangen denn auch konsequenterweise diejenigen Stimmen, die die quantitative Grenze des Normbereichs nicht sehen. Qualitativ betrachtet weist der Täter in den Fällen des Vorfeldirrtums einem Tatumstand nämlich genau jene Eigenschaft zu, die sich mit Hilfe der Definition als Bedeutung des Tatbestandsmerkmales ermitteln läßt. Nur die gleichzeitige Erweiterung des Normbereichs und die damit verbundene Verfälschung des Vorsatzgegenstandes verhindert, daß der Täter vorsätzlich handelt.

IV. Normbereichsneutrale Vorfeldnormen

Entgegen der Auffassung Burkhardts[18] liefert die althergebrachte Unterscheidung zwischen Rechtsirrtum und Tatirrtum keine angemessene Abgrenzung zwischen untauglichem Versuch und Wahndelikt. Nicht jede Norm im Vorfeld

---

[18] Vergleiche oben 5. Kapitel, C. II.

eines Straftatbestandes hat eine normbereichsbestimmende Bedeutung, wie das bei den merkmalumschreibenden, den merkmalausfüllenden und den merkmalbegrenzenden Vorfeldnormen der Fall ist. Es muß daher immer konkret ermittelt werden, ob die in Frage stehende Bestimmung einer dieser drei Kategorien angehört. Daß das Ergebnis einer solchen Prüfung durchaus auch negativ ausfallen kann, läßt sich anhand zweier bereits erläuterter obergerichtlicher Entscheidungen[19] veranschaulichen.

1. Nach dem der Entscheidung des Bayerischen Obersten Landesgerichts zugrundeliegenden Sachverhalt hatten die Angeklagten irrtümlich den Anwendungsbereich einer gesetzlichen Gebührenordnung überdehnt und deshalb angenommen, sie hätten im Rahmen des Betrugstatbestands einen Vermögensschaden verursacht. Dem wäre auch tatsächlich so gewesen, wenn die Gebührenordnung ihrer Vorstellung gemäß ausgestaltet gewesen wäre. Zutreffenderweise ist mit dem BayObLG bei dieser Fallkonstellation von einem grundsätzlich strafbaren untauglichen Versuch auszugehen. Beim Irrtum über eine gesetzliche Gebührenordnung handelt es sich zwar um einen Rechtsirrtum. Durch die Bestimmungen der Gebührenordnung wird aber weder das Tatbestandsmerkmal „Vermögensschaden" umschrieben, noch wird mittels Zuweisung rechtlicher Eigenschaften die quantitative Grenze des Merkmals bestimmt. Die Regelungen der Gebührenordnung begründen einen Zahlungsanspruch und damit einen wirtschaftlichen Wert, dessen Verlust einen Vermögensschaden darstellt. Allein damit, daß eine Vorfeldbestimmung Sachverhaltsbedingungen schafft, an die sich eine tatbestandsmäßige Täterhandlung anschließen kann, übt sie aber noch keine normbereichsbestimmende Wirkung aus. Eine Aussage über den Normbereich des Straftatbestandes setzt vielmehr voraus, daß dem Gesetzgeber der Vorfeldnorm die Kompetenz übertragen ist, *abschließend* für das ganze Tatbestands- bzw. Definitionsmerkmal oder jedenfalls für einen abgrenzbaren eigenständigen Bereich[20] die in Betracht kommenden Designate zu bestimmen. Anders als zum Beispiel bei den Tatbestandsmerkmalen „dem Jagdrecht unterliegend" und „zur Eidesabnahme zuständig" gibt es beim Tatbestandsmerkmal „Vermögensschaden" einen solchen gesetzlich abgeschlossenen Kreis tatbestandsadäquater Fallkonstellationen nicht. Auch ein bestimmtes „Sperrgebiet" innerhalb des Normbereichs, in dem der Gesetzgeber der Vorfeldnorm abschließend über die möglichen Fälle des Vermögensschadens entscheidet, ist nicht ausgewiesen. Der Bereich der möglichen Sachverhaltsvarianten, aus denen ein Vermögensschaden erwachsen kann, und die deshalb geeignete Designate des Tatbestandsmerkmals „Vermögensschaden" darstellen, ist, um es mit den Worten Herzbergs zu sagen, vom Strafgesetzgeber „freigegeben" worden.

[19] BayObLG, NJW 1955, 1567f. (vergleiche dazu oben 3. Kapitel, C. I. 2.); OLG Stuttgart, NJW 1962, 65f. (dazu oben 3. Kapitel, C. I. 3. a).

[20] Wie dies beim Tatbestandsmerkmal „falsch Schwören" für das Definitionselement Vernehmungsgegenstand im Rahmen eines Offenbarungseides der Fall ist.

2. Nicht anders stellt sich die Sachlage bei einem Irrtum über die Übereignungsvorschriften des BGB im Hinblick auf das Tatbestandsmerkmal „fremd" dar, wie er der Entscheidung des Oberlandesgerichts Stuttgart zugrunde lag. Wie schon erläutert wurde[21], kommt es im Hinblick auf den Normbereich bei rechtlichen Eigenschaften ebensowenig auf die *Art und Weise* ihres Ursprungs an, wie dies bei tatsächlichen Eigenschaften der Fall ist. Niemand ist bisher auf die Idee gekommen, für den Vorsatz bei Alkoholdelikten Detailkenntnisse über die Herstellung des Alkohols zu verlangen. So wenig wie aber der Vorsatz im Hinblick auf die berauschende Wirkung alkoholhaltigen Bieres von der Kenntnis der Brautechnik abhängt, können Fehlvorstellungen über die den Übereignungsvorgang regelnden Rechtssätze den Vorsatz im Hinblick auf das Tatbestandsmerkmal „fremd" ausschließen. Notwendiger Vorsatzgegenstand ist einzig die Vorstellung des Täters, nicht Alleineigentümer des Tatobjekts zu sein. *Wie* das Tatopfer Eigentum am Tatobjekt erlangt hat, sei es nach einer Bestimmung des BGB oder z. B. nach den Regeln einer ausländischen Rechtsordnung, ist für den Vorsatz unerheblich.

Diesen Unterschied zwischen dem „Wie" und dem „Ob" zeigt auch ein Vergleich der Übereignungsvorschriften mit merkmalausfüllenden Normen. Dort wird eben nicht geregelt, auf welche Art und Weise eine Tierart jagdbar *wird*, sondern es wird die Feststellung getroffen, daß sie es *ist*. Durch die Übereignungsvorschriften dagegen bestimmt der Gesetzgeber keinen abgeschlossenen Kreis von Tatumständen, denen die rechtliche Eigenschaft „fremd" zukommt. Es gibt inswoweit keinen numerus clausus der Zuordnungsobjekte. Während der Gesetzgeber die Frage des „Wie" regelt, überläßt er die für die quantitative Grenze des Normbereichs entscheidende Frage des „Ob" einer anderen Instanz und gibt die Antwort darauf sozusagen frei. Dies veranschaulichen in besonderer Weise die rechtsgeschäftlichen Übereignungsvorschriften, handelt es sich bei ihnen doch um eine Ausprägung der Privatautonomie und damit der Freiheit, selbst darüber befinden zu können, *ob* eine Sache einem Dritten übereignet wird oder nicht. Die Übereignungsvorschriften verleihen keine rechtlichen Eigenschaften und bestimmen daher nicht den Kreis der Zuordnungsobjekte, sondern sie liefern dem Privatmann das Instrumentarium zur Übereignung und normieren die Voraussetzungen des Eigentumsverlustes. Die Regelung der Art und Weise, wie man eine eigene Sache zu einer fremden macht, ist aber, wie insbesondere auch ein Vergleich mit den tatsächlichen Eigenschaften gezeigt hat, für den Normbereich und damit den Vorsatzgegenstand ohne Bedeutung.

---

[21] Vergleiche oben 5. Kapitel, C. III.

E. Der Zusammenhang zwischen der Bestimmung des Normbereichs und dem Strafgrund des Versuches

Eine exakte Bestimmung des Normbereiches, wie sie in diesem Kapitel versucht wurde, trägt primär dem Grundsatz „nullum crimen, nulla poena sine lege" Rechnung[1]. Darüber hinaus ist sie aber, wie bereits hervorgehoben wurde[2], für den Strafgrund des Versuches von wesentlicher Bedeutung. Der Strafgrund des Versuches kann konsequenterweise nicht hinter dem obigen Verfassungsgrundsatz zurückbleiben. Dies schlägt sich auch in der Formulierung des Strafgrundes nach der herrschenden Eindruckstheorie nieder, wenn es dort heißt: Der Versuch ist, ungeachtet seiner Tauglichkeit im Einzelfall, strafbar, „weil und soweit er durch Betätigung seines rechtsfeindlichen Willens den Eindruck eines Angriffs auf die Rechtsordnung erweckt und dadurch das Vertrauen der Allgemeinheit in den Rechtsfrieden erschüttert"[3].

Sowohl Wahndelikt als auch untauglicher Versuch zeichnen sich durch eine subjektiv rechtsfeindliche Gesinnung des Täters aus. „Rechtsfeindlich" im Sinne der die Versuchsstrafbarkeit begründenden Eindruckstheorie kann der Täterwille aber nur sein, wenn er sich nicht gegen eine hypothetische, lediglich in der Tätervorstellung existierende Rechtsordnung wendet, sondern gegen die objektiv gegebenen Strafgesetze. Der Täter muß sich gegen „ein objektiv ‚vorhandenes' Rechtsgut in einer Weise richten, die seine Geltung nach objektiver Wertung in Frage stellt"[4]. Ob dem so ist, hängt von der genauen Bestimmung des Normbereichs und damit des Vorsatzgegenstandes ab. Der Täter muß eine Sachlage annehmen, in der, wenn sie wirklich gegeben wäre, sein Verhalten zu der vorgestellten Rechtsgutsverletzung geführt hätte. Nur eine solche Bewußtseinslage kann das Vertrauen der Allgemeinheit in die Geltung der Rechtsordnung erschüttern und damit das Gefühl der Rechtssicherheit beeinträchtigen. Der Strafgrund des Versuches greift damit den wesentlichen Unterschied zwischen untauglichem Versuch und Wahndelikt auf. Wer mit seinem Angriff auf ein vermeintliches Rechtsgutsobjekt ein Rechtsgut strafwürdig zu verletzen glaubt, das als strafrechtlich geschütztes Rechtsgut nicht anerkannt ist, wendet sich gegen einen Wert, der nicht gilt und folglich nur vermeintlich, nicht wirklich mißachtet werden kann[5]. Nicht anders ist die Sachlage, wenn das angegriffene Rechtsgut nur im Hinblick auf bestimmte Verhaltensweisen strafrechtlich geschützt wird, nicht aber vor der konkreten Täterhandlung, also in der Situation des umgekehrten Subsumtionsirrtums.

---

1 Diesen Gesichtspunkt in der Abgrenzungsdiskussion hebt insbesondere Herzberg, JuS 1980, 469, hervor.

2 Vergleiche oben 5. Kapitel, G. II.

3 S/S-Eser, § 22 Rdnr. 65; zu den weiteren Nachweisen vergleiche oben 1. Kapitel, C.

4 Sax, JZ 1976, 429ff. (433).

5 Sax, JZ 1976, 429ff. (433).

Unter dem Schutz des Strafrechts stehen grundsätzlich nicht Rechtsgüter als solche. Schutz wird nur vor bestimmten, gesetzlich genau festgelegten Verhaltensweisen potentieller Täter gewährt. Konträr zur objektiven Sachlage und damit auch zum Strafgrund des Versuches *glaubt* der Täter beim umgekehrten Subsumtionsirrtum nur, ein Rechtsgut strafwürdig zu verletzen. Er drückt damit seine „subjektive Mißachtung“[6] aus. Zu einer objektiven Gefährdung der Rechtsordnung, wie dies für den Strafgrund des Versuches erforderlich ist, führt dies aber nicht.

Die Abgrenzung zwischen untauglichem Versuch und Wahndelikt mit Hilfe einer exakten Bestimmung des Normbereichs, erlaubt damit zwar keinen direkten Rückschluß auf die Strafbarkeit des festgestellten untauglichen Versuchs, wie Schünemann dies durch eine semantische Anreicherung der Eindruckstheorie erreichen will[7]; unberücksichtigt bleiben die Fälle, in denen der Täter zwar mit objektiv rechtsfeindlichem Willen handelt, aber trotzdem bei der Allgemeinheit das Vertrauen in die Rechtsordnung und das Gefühl der Rechtssicherheit nicht zu beeinträchtigen vermag. Im übrigen jedoch berücksichtigt die exakte Bestimmung des Normbereichs sämtliche Anforderungen, die an die Strafbarkeit des Versuches gestellt werden. Diesem Ergebnis entspricht auch die Gesetzeslage, die von der grundsätzlichen Strafbarkeit des Versuches ausgeht und für Ausnahmefälle die Korrekturvorschrift des § 23 III StGB zur Verfügung stellt.

---

[6] Sax, JZ 1976, 429ff. (433).

[7] Vergleiche oben 5. Kapitel, G. I.

Schlußbetrachtung

Damit ist das Ende der Untersuchung erreicht. In ihrem Verlauf hat sich erwiesen, daß für die exakte Bestimmung des umgekehrten Subsumtionsirrtums und damit für die Abgrenzung von untauglichem Versuch und Wahndelikt kein Weg an einer genauen Bestimmung des Normbereichs vorbeiführt. Insbesondere der weithin in Rechtsprechung und Literatur vertretene Umkehrschluß führt zu keinen sachgerechten Ergebnissen.

1. Die Bestimmung des Anwendungsbereiches der vorsatzrelevanten, objektiven Tatbestandsmerkmale ist gleichbedeutend mit der Ermittlung des notwendigen Vorsatzgegenstandes. Sie liefert so die entscheidende Bestimmungsgröße für die Abgrenzung zwischen untauglichem Versuch und Wahndelikt, die sich letztendlich auf die Frage zuspitzen läßt, ob der Täter mit Vorsatz gehandelt hat oder ohne Vorsatz.

Der umgekehrte Subsumtionsirrtum ist gekennzeichnet durch eine Überdehnung des strafrechtlichen Normbereiches und damit durch ein vorsatzloses Täterverhalten. Der Anwendungsbereich einer Norm läßt sich im Normalfall mit Hilfe der Definitionen der vorsatzrelevanten Tatbestandsmerkmale ermitteln. Durch einen Vergleich der Definitionsmerkmale mit den vom Täter festgestellten Eigenschaften des Tatumstandes kann festgestellt werden, ob sich jedem Definitionsmerkmal ein Element der Tätervorstellung zuordnen läßt (dann untauglicher Versuch) oder ob der Täter einen Tatumstand lediglich irrtümlich mit dem Ausdruck des Tatbestandsmerkmales benannt hat (dann umgekehrter Subsumtionsirrtum). Bei Tatbestandsmerkmalen ohne abschließende Definition ist danach zu fragen, ob das Vorstellungsbild, das sich der Täter von den Tatumständen macht, eine wertende Zuordnung erlaubt.

Besonderheiten sind beim sog. Rechtsirrtum im Vorfeld des Straftatbestandes zu beachten. Insoweit kommt es entscheidend auf die Bedeutung an, die die Vorfeldnormen im Hinblick auf den Normbereich des Straftatbestandes haben. Dabei lassen sich vier Kategorien von Vorfeldnormen unterscheiden:

— Merkmalumschreibende Normen definieren ein Tatbestandsmerkmal oder ein Definitionsmerkmal eines Tatbestandsmerkmales. Ein umgekehrter Subsumtionsirrtum liegt bei der irrtümlichen Annahme einer zu weiten Definition vor.

— Bei den beiden folgenden Arten von Vorfeldnormen ist neben der durch die Definition bestimmten qualitativen Grenze der Tatbestandsmerkmale auch deren quantitative Grenze von gesonderter normbereichsbestimmender Bedeutung.

— — Merkmalausfüllende Normen weisen bestimmten Tatumständen eine tatbestandsadäquate rechtliche Eigenschaft zu und bestimmen so den Anwendungsbereich des Tatbestandsmerkmals und damit auch der Norm. Die Überdehnung bzw. irrtümliche Annahme einer solchen Norm führt daher zu einem umgekehrten Subsumtionsirrtum.

— — Merkmalbegrenzende Normen weisen bestimmten Sachverhaltselementen eine rechtliche Eigenschaft zu, die einer vom Tatbestand geforderten rechtlichen Qualität kontradiktorisch gegenübersteht mit der Konsequenz, daß der eigentlich tatbestandsadäquate Tatumstand aus dem Anwendungsbereich der Strafnorm herausfällt. Bei den merkmalbegrenzenden Normen ist ein umgekehrter Subsumtionsirrtum daher auf das völlige Übersehen bzw. die zu enge Fassung einer solchen Norm durch den Täter zurückzuführen.

— Bei allen übrigen Bestimmungen im Vorfeld des Straftatbestandes handelt es sich um normbereichsneutrale Rechtssätze, deren zu weite oder zu enge Fassung keinen Einfluß auf die Frage hat, ob der Täter mit oder ohne Vorsatz handelt.

2. Das Anwendungsfeld des hiermit für die Bestimmung des Normbereichs gefundenen Schemas beschränkt sich nicht auf den umgekehrten Subsumtionsirrtum. Es erlaubt ebenso auf der Ebene des einfachen Irrtums eine exakte Abgrenzung zwischen Tatbestandsirrtum (§ 16 StGB) und Subsumtionsirrtum, wobei letzterer einen Verbotsirrtum (§ 17 StGB) zur Folge haben kann. Auch in den anderen Fällen, in denen es auf eine Unterscheidung zwischen der irrtümlichen Annahme der Voraussetzungen einer Norm und der bloßen rechtsirrigen Benennung eines Geschehens mit den Begriffen dieser Norm ankommt, also insbesondere bei den Rechtfertigungs- und Entschuldigungsgründen, kann auf die gefundenen Prinzipien zurückgegriffen werden.

Literaturverzeichnis

Alwart, Heiner: Strafwürdiges Versuchen, Berlin 1982.

Backes, Peter: Zur Problematik der Abgrenzung von Tatbestands- und Verbotsirrtum im Steuerstrafrecht, Diss. Köln 1981.

v. Bar, Ludwig: Gesetz und Schuld im Strafrecht, Band II: Die Schuld nach dem Strafgesetze, Berlin 1907.

Baumann, Jürgen: Das Umkehrverhältnis zwischen Versuch und Irrtum im Strafrecht, NJW 1962, 16ff.

— Grenzfälle im Bereich des Verbotsirrtums, Festschrift für Hans Welzel, 1974, S. 533ff.

Baumann, Jürgen / *Arzt*, Gunther / *Weber*, Ulrich: Strafrechtsfälle und Lösungen, 6. Auflage, Bielefeld 1986.

Baumann, Jürgen / *Weber*, Ulrich: Strafrecht, Allgemeiner Teil, 9. Auflage, Bielefeld 1985.

Beling, Ernst: Die Lehre vom Verbrechen, Tübingen 1906.

Binding, Karl: Die Normen und ihre Übertretung, Dritter Band, Der Irrtum, Leipzig 1918.

Bindokat, Heinrich: Zur Frage des doppelten Irrtums, NJW 1963, 745ff.

Blei, Hermann: Das Wahnverbrechen, JA 1973, 237ff., 321ff., 389ff., 459f., 529ff., 601ff.

— Irrtumsprobleme, JA 1977, 582ff.

— Strafrecht I, Allgemeiner Teil, 18. Auflage, München 1983.

Bödicker, H.: Anmerkung zu OLG Kassel NJW 1949, 358f., NJW 1949, 358f.

Bockelmann, Paul: Zur Abgrenzung der Vorbereitung vom Versuch, JZ 1954, 468ff.

Bockelmann, Paul / *Volk*, Klaus: Strafrecht, Allgemeiner Teil, 4. Auflage, München 1987.

Bringewat, Peter: Der sogenannte doppelte Irrtum, MDR 1970, 652f.

Bruns, Hans-Jürgen: Zur Frage der Strafbarkeit des „Versuchs" eines untauglichen Subjekts, DStR 1938, 161ff.

— Der untaugliche Täter im Strafrecht, Karlsruhe 1955.

— Die Strafbarkeit des Versuchs des untauglichen Subjekts, GA 1979, 161ff.

Burkhardt, Björn: Rechtsirrtum und Wahndelikt, JZ 1981, 681ff.

— Zur Abgrenzung von Versuch und Wahndelikt im Steuerstrafrecht, wistra 1982, 178ff.

Darnstädt, Thomas: Der Irrtum über normative Tatbestandsmerkmale im Strafrecht, JuS 1978, 441ff.

Demuth, Hennrich: Anmerkung zu BGHSt 25, 244ff., NJW 1974, 757f.

Dencker, Friedrich: Besprechung von Aufsätzen und Anmerkungen zum Straf- und Strafprozeßrecht, NStZ 1982, 458ff.

Dicke, Detlev Chr.: Zur Problematik des untauglichen Versuchs, JuS 1968, 157ff.

Dohna, Alexander Graf zu: Der Aufbau der Verbrechenslehre, 3. Auflage, Bonn 1947.

Dopslaff, Ulrich: Plädoyer für einen Verzicht auf die Unterscheidung in deskriptive und normative Tatbestandsmerkmale, GA 1987, 1ff.

Dreher, Eduard: Der Irrtum über Rechtfertigungsgründe, Festschrift für Ernst Heinitz, 1972, S. 207ff.

Dreher, Eduard / *Tröndle,* Herbert: Strafgesetzbuch und Nebengesetze, 44. Auflage, München 1988.

Engisch, Karl: Die normativen Tatbestandselemente im Strafrecht, Festschrift für Edmund Mezger, 1954, S. 127ff.

— Logische Studien zur Gesetzesanwendung, 3. Auflage, Heidelberg 1963.

— Die Idee der Konkretisierung des Rechts und der Rechtswissenschaft unserer Zeit, 2. Auflage, Heidelberg 1968.

— Der „umgekehrte Irrtum" und das Umkehrprinzip, Festschrift für Ernst Heinitz, 1972, S. 185ff.

— Einführung in das juristische Denken, 8. Auflage, Stuttgart, Berlin, Köln, Mainz 1983.

— Formale Logik, Begriff und Konstruktion in ihrer Bedeutung und Tragweite für die Rechtswissenschaft, Festschrift für Ulrich Klug, 1983, S. 33ff.

Erbs, Georg / *Kohlhaas,* Max: Strafrechtliche Nebengesetze, Loseblattsammlung, 3. Auflage, München 1980ff.

Eser, Albin: Strafrecht II, 3. Auflage, München 1980.

Essler, Wilhelm K.: Wissenschaftstheorie I, Definition und Reduktion, München 1970.

Fabian, Theodor: Abgrenzung von untauglichem Versuch und Putativdelikt, und Erörterung ihrer Strafbarkeit, Breslau 1905.

Foth, Heinrich: Neuere Kontroversen um den Begriff des Wahnverbrechens, JR 1965, 366ff.

Frisch, Wolfgang: Vorsatz und Risiko, Köln, Berlin, Bonn, München 1983.

Gallas, Wilhelm: Zum gegenwärtigen Stand der Lehre vom Verbrechen, ZStW 67 (1955), 1ff.

Gössel, Karl Heinz: Zur Strafbarkeit des Versuchs nach dem 2. Strafrechtsreformgesetz, GA 1971, 225ff.

Häberlin: Über Rechtswahn und Wahnverbrechen, GA 1865, 233ff.

Haft, Fritjof: Der doppelte Irrtum im Strafrecht, JuS 1980, 588ff.

— Grenzfälle des Irrtums über normative Tatbestandsmerkmale im Strafrecht, JA 1981, 281ff.

— Juristische Rhetorik, 3. Auflage, Freiburg, München 1985.

— Strafrecht, Allgemeiner Teil, 3. Auflage, München 1987.

Hall, Karl Alfred: Irrtum über Strafmilderungs- und Straferhöhungsgründe, Schluß und Umkehrschluß aus § 59, Ein Collegium logicum am Beispiel der §§ 217, 350 StGB, Festschrift für Reinhart Maurach, 1972, S. 107ff.

Hardwig, Werner: Sachverhaltsirrtum und Pflichtirrtum, GA 1956, 369ff.

— Der Versuch bei untauglichem Subjekt, GA 1957, 170ff.

Heinemann, Hugo: Zur Dogmengeschichte des Rechtsirrtums, ZStW 1893, 371ff.

Herdegen, Gerhard: Der Verbotsirrtum in der Rechtsprechung des Bundesgerichtshofs, in: Krüger-Nieland, Gerda (Hrsg.), 25 Jahre Bundesgerichtshof, München 1975, S. 195ff.

Herzberg, Rolf Dietrich: Das Wahndelikt in der Rechtsprechung des BGH, JuS 1980, 469ff.

v. Hippel, Robert: Vorsatz, Fahrlässigkeit, Irrtum, in: Vergleichende Darstellung des deutschen und ausländischen Strafrechts, Allgemeiner Teil, Band III, Berlin 1908, S. 373ff.

— Lehrbuch des Strafrechts, Berlin 1932.

Hruschka, Joachim: Strafrecht nach logisch-analytischer Methode, Systematisch entwickelte Fälle mit Lösungen zum Allgemeinen Teil, 2. Auflage, Berlin, New York 1988.

Jakobs, Günter: Strafrecht, Allgemeiner Teil, Die Grundlagen und die Zurechnungslehre, Berlin, New York 1983.

Jescheck, Hans-Heinrich: Lehrbuch des Strafrecht, Allgemeiner Teil, 4. Auflage, Berlin 1988.

Kahn, Otto: Der außerstrafrechtliche Rechtsirrtum. Ein Beitrag zur Lehre vom Rechtsirrtum im Strafrecht, Breslau 1900.

Kaufmann, Armin: Lebendiges und Totes in Bindings Normentheorie, Göttingen 1954.

— Rechtspflichtbegründung und Tatbestandseinschränkung, Festschrift für Ulrich Klug, 1983, S. 277ff.

Kaufmann, Arthur: Die Irrtumsregelung im Strafgesetz-Entwurf 1962, ZStW 76 (1964), 543ff.

— Die Parallelwertung in der Laiensphäre, Ein sprachphilosophischer Beitrag zur allgemeinen Verbrechenslehre, München 1982.

— Einige Anmerkungen zu Irrtümern über den Irrtum, Feschrift für Karl Lackner, 1987, S. 185ff.

v. Kempis, Reiner: Abgrenzung zwischen untauglichem Versuch und Wahnverbrechen, Diss. Bonn 1951.

Klug, Ulrich: Juristische Logik, 4. Auflage, Berlin, Heidelberg 1982.

Köhler, Michael: Besprechung von Wolfgang Frisch, Vorsatz und Risiko, JZ 1985, 671.

Kohlrausch, Eduard: Irrtum und Schuldbegriff im Strafrecht, Berlin 1903.

Kohlrausch, Eduard/*Lange*, Richard: Strafgesetzbuch, 43. Auflage, Berlin 1961.

König, Fritz: Versuch und Wahnverbrechen bei Rechtfertigungsgründen, Diss. München 1962.

Kratzsch, Dietrich: Verhaltenssteuerung und Organisation im Strafrecht: Ansätze zur Reform des strafrechtlichen Unrechtsbegriffs und der Regel der Gesetzesanwendung, Berlin 1985.

Kriegsmann, Nikolaus Hermann: Wahnverbrechen und untauglicher Versuch, Über die Begriffe und deren Unterscheidung, Diss. Breslau 1904.

Krümpelmann, Justus: Stufen der Schuld beim Verbotsirrtum. Zugleich eine Stellungnahme zur Behandlung des Irrtums über Rechtfertigungsgründe im Entwurf 1962 und im Alternativ-Entwurf, GA 1968, 129ff.

Kühl, Kristian: Grundfälle zu Vorbereitung, Versuch, Vollendung und Beendigung, JuS 1981, 193ff.

Kuhlen, Lothar: Die Unterscheidung von vorsatzausschließendem und nichtvorsatzausschließendem Irrtum, Frankfurt a. M., Bern, New York, Paris 1987.

Kuhrt, Jürgen: Die Grenzen der Strafbarkeit wegen untauglichen Versuchs, insbesondere im Hinblick auf abergläubisch motiviertes Verhalten, Diss. Hamburg 1968.

Kunert, Karl Heinz: Die normativen Merkmale der strafrechtlichen Tatbestände, Berlin 1958.

Küper, Wilfried: Vorsatz und Risiko, Zur Monographie von Wolfgang Frisch, GA 1987, 479ff.

v. Kutschera, Franz / *Breitkopf*, Alfred: Einführung in die moderne Logik, 4. Auflage, Freiburg, München 1979.

Lackner, Karl: StGB, Strafgesetzbuch mit Erläuterungen, 18. Auflage, München 1989.

Lang-Hinrichsen, Dietrich: Anmerkung zu BGHSt 14, 345ff., LM § 154 StGB 1961 Nr. 61.

Langer, Winrich: Das Sonderverbrechen, Berlin 1972.

Larenz, Karl: Methodenlehre der Rechtswissenschaft, 5. Auflage, Berlin, Heidelberg, New York, Tokyo 1983.

Lauenstein, Günter: Verbrechensversuch des untauglichen Täters, Diss. Hamburg 1961.

Leenen, Detlef: Typus und Rechtsfindung, Berlin 1971.

Leipziger Kommentar zum Strafgesetzbuch:
— 4. Auflage, herausgegeben von Ludwig Ebermayer / Adolf Lobe / Werner Rosenberg, Band 1, Berlin, Leipzig 1929.
— 6. Auflage, herausgegeben von Johannes Nagler / Heinrich Jagusch / Edmund Mezger, Band 1, Berlin, Leipzig 1944.
— 10. Auflage, herausgegeben von Hans-Heinrich Jescheck / Wolfgang Ruß / Günter Willms, Berlin, New York 1978ff.

Lenckner, Theodor: Wertausfüllungsbedürftige Begriffe im Strafrecht und der Satz „nullum crimen sine lege", JuS 1968, 249ff., 304ff.

v. Liszt, Franz: Strafrechtliche Aufsätze und Vorträge, Band II, Berlin 1905.

v. Liszt, Franz / *Schmidt* Eberhard: Lehrbuch des deutschen Strafrechts, Band I, Einleitung und Allgemeiner Teil, 26. Auflage, Berlin 1932.

Lohberger, Karl: Blankettstrafrecht und Grundgesetz, Diss. München 1968.

Lüderssen, Klaus: Die Parteispendenproblematik im Steuerrecht und Steuerstrafrecht — Vorsatz und Irrtum, wistra 1983, 223ff.

Maiwald, Manfred: Unrechtskenntnis und Vorsatz im Steuerstrafrecht, Heidelberg 1984.

Maurach, Reinhart: Die Beiträge der neueren höchstrichterlichen Rechtsprechung zur Bestimmung des Wahnverbrechens, NJW 1962, 716ff., 767ff.

— Deutsches Strafrecht, Allgemeiner Teil, 4. Auflage, Karlsruhe 1971.

Maurach, Reinhart/*Gössel*, Karl Heinz/*Zipf*, Heinz: Strafrecht, Allgemeiner Teil, Teilband 2, 7. Auflage, Heidelberg 1989.

Maurach, Reinhart/*Schroeder*, Friedrich-Christian: Strafrecht, Besonderer Teil, Teilband 1, 6. Auflage, Heidelberg 1977.

Maurach, Reinhart/*Zipf*, Heinz: Strafrecht, Allgemeiner Teil, Teilband 1, 7. Auflage, Heidelberg 1987.

Mayer, Max Ernst: Der allgemeine Teil des deutschen Strafrechts, Heidelberg 1915.

Meyer, Jürgen: Kritik an der Neuregelung der Versuchsstrafbarkeit, ZStW 87 (1975), 598ff.

Mezger, Edmund: Vom Sinn der strafrechtlichen Tatbestände, Festschrift für Ludwig Traeger, Berlin 1926, S. 187ff.

— Anmerkung zu RG JW 1927, 2006ff., JW 1927, 2006ff.

— Anmerkung zu OLG Nürnberg SJZ 1949, Sp. 708f., SJZ 1949, Sp. 709ff.

— Strafrecht, Ein Lehrbuch, 3. Auflage, Berlin, München 1949.

— Anmerkung zu BGH JZ 1951, 177ff., JZ 1951, 179f.

Mlosch, Frank: Der Irrtum über die normativen Merkmale von Rechtfertigungsgründen, Diss. Gießen 1980.

Mühlmann, Erich/*Bommel*, Gert: Das Strafgesetzbuch, Straubing 1949.

Natorp, Hans: Der Mangel am Tatbestand (sein Verhältnis zum Versuch, untauglichen Versuch und Putativdelikt) und seine Strafbarkeit, Breslau 1921.

Neumann, Ulfrid: Die Abgrenzung von Rechtsfrage und Tatfrage und das Problem des revisionsgerichtlichen Augenscheinsbeweises, GA 1988, 387ff.

Nierwetberg, Rüdiger: Rechtswissenschaftlicher Begriff und soziale Wirklichkeit, untersucht am Beispiel der Lehre vom Vertragsschluß, Berlin 1983.

— Die Unterscheidung von Tatfrage und Rechtsfrage, JZ 1983, 237ff.

— Der strafrechtliche Subsumtionsirrtum — Tatbestands- oder Verbotsirrtum, Wahndelikt oder untauglicher Versuch?, Jura 1985, 238ff.

Niese, Werner: Wahnverbrechen oder untauglicher Versuch bei falschen eidesstattlichen Versicherungen vor unzuständigen Behörden?, NJW 1949, 812ff.

v. Olshausen, Justus: Kommentar zum Strafgesetzbuch für das Deutsche Reich, Band I,
— 11. Auflage, Berlin 1927.
— 12. Auflage, Berlin 1942.

Opp, Karl-Dieter: Methodologie der Sozialwissenschaften, Einführung in die Probleme ihrer Theorienbildung, Reinbek bei Hamburg 1976.

Otto, Harro: Buchbesprechung: Ellen Schlüchter, Irrtum über normative Tatbestandsmerkmale im Strafrecht, NJW 1985, 2685f.

— Grundkurs Strafrecht, Allgemeine Strafrechtslehre, 3. Auflage, Berlin, New York 1988.

Platzgummer, Winrich: Die Bewußtseinsform des Vorsatzes, Wien 1964.

Podlech, Adalbert: Die juristische Fachsprache und die Umgangssprache, in: *Koch,* Hans-Joachim (Hrsg.), Juristische Methodenlehre und analytische Rechtsphilosophie, Kronberg/Ts. 1976, S. 31 ff.

Preisendanz, Holger: Strafgesetzbuch, 30. Auflage, Berlin 1978.

Probst, Manfred: Die Abgrenzung zwischen Wahndelikt und untauglichem Versuch beim umgekehrten Irrtum über normative Tatbestandsmerkmale, Diss. München 1969.

Puppe, Ingeborg: Die logische Tragweite des sog. Umkehrschlusses, Festschrift für Karl Lackner, 1987, S. 199 ff.

Pusinelli, Gerhard: Das Wahnverbrechen, JR 1951, 196 f.

— Zur Frage der Strafbarkeit des untauglichen Versuchs, JR 1951, 197 f.

Reiß, Wolfram: Zur Abgrenzung von untauglichem Versuch und Wahndelikt am Beispiel der Steuerhinterziehung, wistra 1986, 193 ff.

Roxin, Claus: Die Irrtumsregelung des Entwurfs 1960 und die strenge Schuldtheorie, MschrKrim 1961, 211 ff.

— Literaturbericht, Allgemeiner Teil, ZStW 78 (1966), 248 ff.

— Offene Tatbestände und Rechtspflichtmerkmale, 2. Auflage, Berlin 1970.

— Unterlassung, Vorsatz und Fahrlässigkeit, Versuch und Teilnahme im neuen Strafgesetz, JuS 1973, 329 ff.

— Tatentschluß und Anfang der Ausführung beim Versuch, JuS 1979, 1 ff.

— Zur jüngsten Diskussion über Schuld, Prävention und Verantwortlichkeit im Strafrecht, Festschrift für Paul Bockelmann, 1979, S. 279 ff.

— ESJ Strafrecht, Allgemeiner Teil, 2. Auflage, München 1984.

— Täterschaft und Tatherrschaft, 5. Auflage, Berlin, New York 1989.

— Strafverfahrensrecht, 21. Auflage, München 1989.

Roxin, Claus / *Schünemann,* Bernd / *Haffke,* Bernhard: Strafrechtliche Klausurenlehre mit Fallrepetitorium, 4. Auflage, Köln, Berlin, Bonn, München 1982.

Rüßmann, Helmut: Zur Abgrenzung von Rechts- und Tatfrage, in: *Koch,* Hans-Jürgen (Hrsg.), Juristische Methodenlehre und analytische Rechtsphilosophie, Kronberg/Ts. 1976, S. 242 ff.

Salm, Karl: Das versuchte Verbrechen, Karlsruhe 1957.

Samson, Erich: Irrtumsprobleme im Steuerstrafrecht, in: *Kohlmann,* Günter (Hrsg.), Strafverfolgung und Strafverteidigung im Steuerstrafrecht, Köln 1983, S. 99 ff.

— Strafrecht I, 7. Auflage, Frankfurt a. M. 1988.

Sauer, Wilhelm: Allgemeine Strafrechtslehre, Eine lehrbuchmäßige Darstellung, 3. Auflage, Berlin 1955.

v. Savigny, Eike: Grundkurs im wissenschaftlichen Definieren, 4. Auflage, München 1976.

Sax, Walter: Zum logischen und sachlichen Gehalt des sogen. „Umkehrschlusses aus § 59 StGB", Eine rechtslogische Untersuchung, JZ 1964, 241 ff.

— „Tatbestand" und Rechtsgutsverletzung (II), JZ 1976, 429 ff.

Schaffstein, Friedrich: Tatbestandsirrtum und Verbotsirrtum, Göttinger Festschrift für das OLG Celle, 1961, S. 175 ff.

Schlüchter, Ellen: Irrtum über normative Tatbestandsmerkmale im Strafrecht, Tübingen, 1983.

— Zur Irrtumslehre im Steuerstrafrecht (1. Teil), wistra 1985, 43 ff.

— Zur Irrtumslehre im Steuerstrafrecht (2. Teil), wistra 1985, 94 f.

— Grundfälle zum Bewertungsirrtum des Täters im Grenzbereich zwischen §§ 16 und 17 StGB, JuS 1985, 373 ff., 527 ff.

Schmidhäuser, Eberhard: Strafrecht, Allgemeiner Teil, Studienbuch, Tübingen 1982.

— Strafrechtlicher Vorsatzbegriff und Alltagssprachgebrauch, Festschrift für Dietrich Oehler, 1985, S. 135 ff.

Schneider, Egon: Logik für Juristen, 2. Auflage, München 1972.

Schönke, Adolf / *Schröder*, Horst: Strafgesetzbuch, Kommentar, bearbeitet von Theodor Lenckner, Peter Cramer, Albin Eser, Walter Stree,
— 21. Auflage, München 1982.
— 23. Auflage, München 1988.

Schreiber, Rupert: Logik des Rechts, Berlin, Göttingen, Heidelberg, 1962.

Schreiber, Hans-Ludwig: Grundfälle zu „error in objecto" und „aberratio ictus" im Strafrecht, JuS 1985, 873 ff.

Schumann, Heribert: Anmerkung zu BGH JZ 1987, 522 f., JZ 1987, 523 ff.

Schünemann, Bernd: Nulla poena sine lege?, Rechtstheoretische und verfassungsrechtliche Implikationen der Rechtsgewinnung im Strafrecht, Berlin, New York 1978.

— Grundfragen der Revision im Strafprozeß (1. Teil), JA 1982, 71 ff.

— Die deutschsprachige Strafrechtswissenschaft nach der Strafrechtsreform im Spiegel des Leipziger Kommentars und des Wiener Kommentars,
1. Teil: Tatbestands- und Unrechtslehre, GA 1985, 341 ff.
2. Teil: Schuld und Kriminalpolitik, GA 1986, 293 ff.

Searle, John R.: Sprechakte, Frankfurt a. M. 1974.

Seume, Manfred: Die Bedeutung unrechtsbetonender Ausdrücke wie „rechtswidrig", „unbefugt", und dergleichen in Strafgesetzen im Hinblick auf die Abgrenzung von Tatbestands- und Verbotsirrtum, Diss. Erlangen-Nürnberg 1968.

Siebel, Wigand: Grundlagen der Logik, München 1975.

Spendel, Günter: Der sogenannte Umkehrschluß aus § 59 StGB nach der subjektiven Versuchstheorie, ZStW 69 (1957), 441 ff.

— Kritik der subjektiven Versuchstheorie, NJW 1965, 1881 ff.

Stöger, Fritz: Versuch des untauglichen Täters. Zugleich ein Beitrag zur strafrechtlichen Lehre vom Unrecht, Berlin 1961.

Stratenwerth, Günter: Der Versuch des untauglichen Subjekts, Festschrift für Hans-Jürgen Bruns, 1978, S. 59ff.

— Strafrecht, Allgemeiner Teil I, Die Straftat, 3. Auflage, Köln, Berlin, Bonn, München 1981.

Stree, Walter: Anmerkung zu BayObLG JR 1981, 296f., JR 1981, 297ff.

Systematischer Kommentar zum Strafgesetzbuch, verfaßt von Hans-Joachim Rudolphi, Eckard Horn, Erich Samson, Band I, Allgemeiner Teil, 5. Auflage, Frankfurt a.M. 1987ff.

Thomsen, Andreas: Das Deutsche Strafrecht, Allgemeiner Teil, Berlin 1906.

Tischler, Werner Georg: Verbotsirrtum und Irrtum über normative Tatbestandsmerkmale, Dogmengeschichte eines Abgrenzungsproblems, Berlin 1984.

Traub, Fritz: Anmerkung zu BGHSt 13, 235ff., NJW 1960, 348f.

— Die umgekehrte „Parallelwertung in der Laiensphäre" — Wahndelikt oder untauglicher Versuch? — BGHSt 13, 235, JuS 1967, 113ff.

Warda, Heinz-Günter: Die Verbotsirrtumsregelung des § 31 WiStG in ihrer Abgrenzung gegen die allgemeine Irrtumsbestimmung des § 59 StGB (Zugleich ein kritischer Beitrag zur modernen Irrtumslehre), JR 1950, 546ff.

— Die Abgrenzung von Tatbestands- und Verbotsirrtum bei Blankettstrafgesetzen, Berlin 1955.

— Grundzüge der strafrechtlichen Irrtumslehre, Jura 1979, 71ff.

v. Weber, Hellmuth: Die praktischen Auswirkungen der Aufnahme des Unrechtsbewußtseins in den Vorsatzbegriff, DStR 1936, 91ff.

— Anmerkung zu OGH SJZ 1949, Sp. 709f., MDR 1950, 119f.

— Der Irrtum über einen Rechtfertigungsgrund, JZ 1951, 260ff.

— Vom Subsumtionsirrtum, GA 1953, 161ff.

— Negative Tatbestandsmerkmale, Festschrift für Edmund Mezger, 1954, S. 183ff.

Weber, Ulrich: Anmerkung zu BGHSt 15, 210ff., MDR 1961, 426f.

Wegner, Arthur: Strafrecht, Allgemeiner Teil, Göttingen 1951.

Weinberger, Ota: Rechtslogik, Wien 1970.

Welzel, Hans: Der Irrtum über die Rechtmäßigkeit der Amtsausübung, JZ 1952, 19f.

— Der Irrtum über die Zuständigkeit einer Behörde, JZ 1952, 133ff.

— Der Irrtum über die Amtspflicht, JZ 1952, 208f.

— Zur Abgrenzung des Tatbestandsirrtums vom Verbotsirrtum, MDR 1952, 584ff.

— Anmerkung zu BGH JZ 1953, 117ff., JZ 1953, 119ff.

— Der Parteiverrat und die Irrtumsprobleme (Tatbestands-, Verbots- und Subsumtionsirrtum), JZ 1954, 276ff.

— Regelung von Vorsatz und Irrtum im Strafrecht als legislatorisches Problem, ZStW 67 (1955), 196ff.

— Das deutsche Strafrecht, 11. Auflage, Berlin 1969.

Wessels, Johannes: Strafrecht, Allgemeiner Teil, Die Straftat und ihr Aufbau, 17. Auflage, Heidelberg 1987.

Wolf, Erik: Der Sachbegriff im Strafrecht, in: Die Reichsgerichtspraxis im deutschen Rechtsleben, Band V, S. 44ff.

Zipfel, Walter: Die Zuständigkeit zur Abnahme von eidesstattlichen Versicherungen im Sinne des § 156 StGB, NJW 1951, 950ff.

Zippelius, Reinhold: Juristische Methodenlehre, 4. Auflage, München 1985.

FSC
www.fsc.org
MIX
Papier | Fördert gute Waldnutzung
FSC® C083411

Kolibri 360 GmbH
Ferdinand-Jühlke-Straße 7
99095 Erfurt, Deutschland
produktsicherheit@kolibri360.de

Druck:
CPI Druckdienstleistungen GmbH
im Auftrag der
Kolibri 360 GmbH
Ferdinand-Jühlke-Str. 7
99095 Erfurt